世界公民叢書

未來的・全人類觀點

A travelogue and memoir of the author's journey by bicycle along the Silk Road, and an exploration of the history and future of exploration itself.
KATE HARRIS
無界之疆
LANDS OF LOST BORDERS
A JOURNEY ON THE SILK ROAD
凱特·哈里斯——著 鄧伯宸——譯
"Lands of Lost Borders is illuminating, heart-warming, and hopeful in its suggestion that we will explore not to conquer but to connect."—Booklist
天邊地境：作為一粒懸浮陽光中的微塵。
離去，很簡單：踏出門，騎上車，進入人生的風裡。

徒說知識無益，一切皆是實驗與冒險。
人生乃集未知之大成。

——維吉妮亞・吳爾芙（Virginia Woolf），《海浪》（*The Waves*）

無界之疆

【目錄】本書總頁數312頁

第III部

Nizhnevartovsk
Ust-Ilimsk
Усть-Илимск
Bratsk
Братск
Tomsk
Achinsk
Krasnoyarsk
Omsk
Novosibirsk
Kemerovo
Novokuznetsk
Abakan
Barnaul
Biysk
Pavlodor
Irkutsk
Иркутск
Ulan-Ude
Улан-Удэ
Chita
Чита
Kyzyl
Semey
Ust'-Kamenogorsk
Ulaanbaatar
Улаанбаатар
Mongolia
Mongolia
蒙古
Urumqi 烏魯木齊
Almaty 阿拉木圖
比斯凱克
Bishkek
Issyk Kul 伊塞克湖
Kyrgzstan
吉爾吉斯
INNER MONGOLIA
XINJIANG 新疆
Beijing
北京
Kashgar 喀什
GANSU 甘肅
HEBEI
Tianjin
天津
Kargilik 葉城
GANSU
Taskurgan 塔什庫爾干
格爾木
Golmud
NINGXIA
SHANXI
SHAANXI
蘭馬巴德
5
中國
China
Xi'an
西安
4
QINGHAI
青海
Leh 列城
JAMMU AND KASHMIR 查謨-克什米爾邦
HENAN
HIMACHAL PRADESH 喜馬偕爾邦
TIBET 西藏
Lahore
Chengdu
成都
HUBEI
Chandigam
北阿坎德邦
SICHUAN
Chongqing
重庆
ANHUI
PUNJAB
旁遮普
HARYANA
UTTARKHAND
尼泊爾
Nepal
拉薩
Lhasa
ARUNACHAI PRADESH
New Delhi
新德里
UTTAR PRADESH
北方邦
Kathmandu
SIKKIM
不丹
Bhutan
GUIZHOU
HUNAN
JIANGXI
RAJASTHAN
加德滿都
ASSAM
Lucknow
勒克瑙
BIHAR
NAGALAND
MEGHALAYA
FUJIAN
孟加拉 Bangladesh
MANIPUR
YUNNAN
MADHYA PRADESH
印度
India
JHARKHAND
TRIPURA
緬甸
Myanmar
GUANGXI
GUANGDONG
阿麥達巴
WEST BENGAL
MIZORAM
CHHATTISGARH
Hong Kong
ODISHA
Hanoi
MAHARASHTRA
Naypyitaw
Laos
HAINAN
TELANGANA
Hyderabad
Paracel Islands
South China Sea
GOA
KARNATAKA
ANDHRA PRADESH
Thailand
Bangkok
Vietnam
Bengaluru
Chennai
Bay of Bengal
Pattaya City
Cambodia
Mysuru
TAMIL NADU
Andaman Sea
Ho Chi Minh City
Spratly Islands
Kochi
KERALA
Gulf of Thailand
Palawan
Sri Lanka
Laccadive Sea
Colombo
KEDAH
PENANG
TERENGGANU
SABAH
PERAK
ACEH
Brunei
Medan
Malaysia
RIAU ISLANDS
NORTH KALIMANTAN

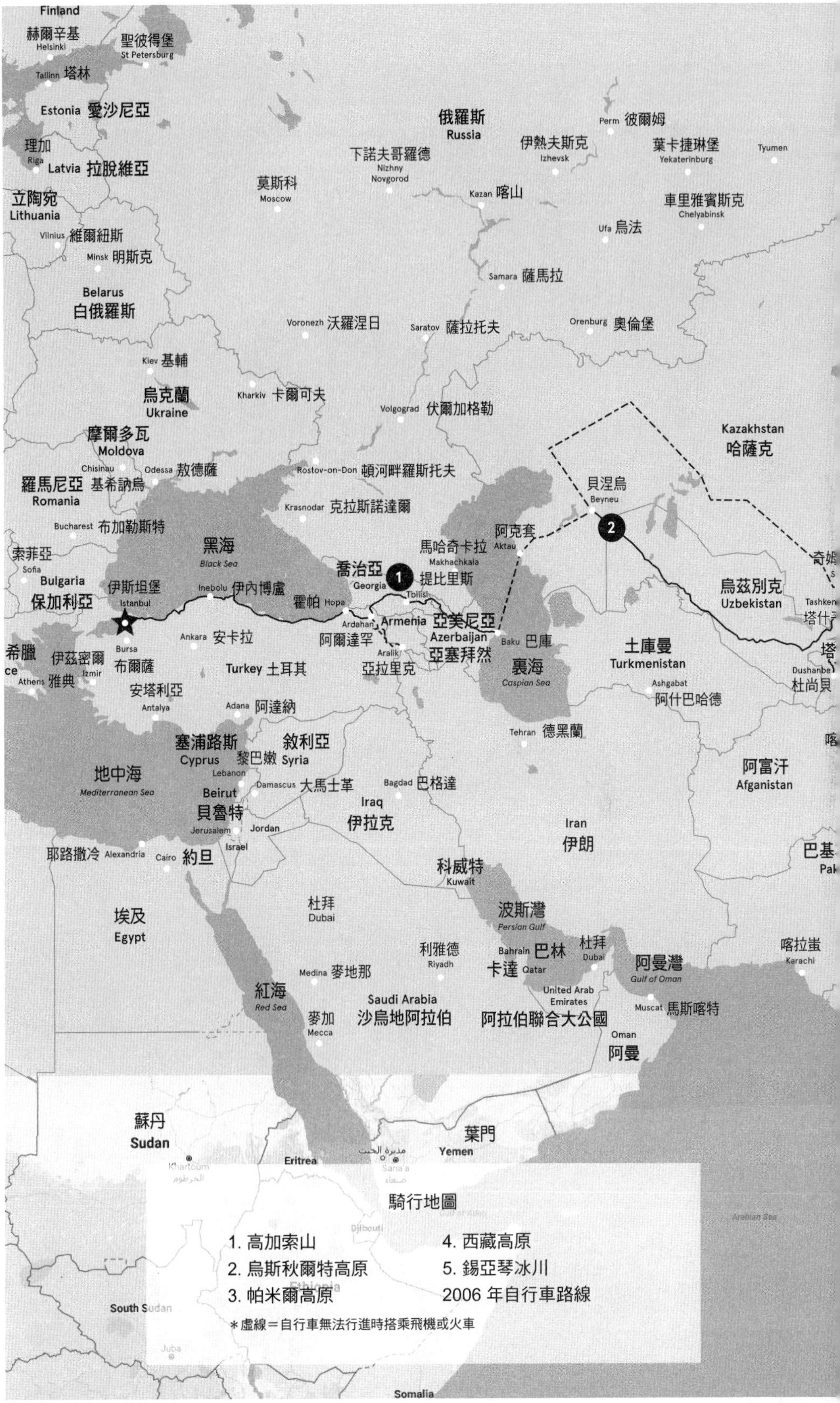

Finland
赫爾辛基
Helsinki
聖彼得堡
St Petersburg
Tallinn 塔林
Estonia 愛沙尼亞
理加
Riga
Latvia 拉脫維亞
立陶宛
Lithuania
Vilnius 維爾紐斯
Minsk 明斯克
Belarus
白俄羅斯
莫斯科
Moscow
下諾夫哥羅德
Nizhny
Novgorod
俄羅斯
Russia
伊熱夫斯克
Izhevsk
Perm 彼爾姆
葉卡捷琳堡
Yekaterinburg
Tyumen
Kazan 喀山
車里雅賓斯克
Chelyabinsk
Ufa 烏法
Samara 薩馬拉
Voronezh 沃羅涅日
Saratov 薩拉托夫
Orenburg 奧倫堡
Kiev 基輔
烏克蘭
Ukraine
Kharkiv 卡爾可夫
Volgograd 伏爾加格勒
摩爾多瓦
Moldova
Chisinau
Odessa 敖德薩
羅馬尼亞
Romania
基希訥烏
Rostov-on-Don 頓河畔羅斯托夫
Krasnodar 克拉斯諾達爾
Kazakhstan
哈薩克
貝涅烏
Beyneu
Bucharest 布加勒斯特
黑海
Black Sea
阿克套
Aktau
馬哈奇卡拉
Makhachkala
索菲亞
Sofia
Bulgaria
保加利亞
伊斯坦堡
Istanbul
Inebolu 伊內博盧
喬治亞
Georgia
提比里斯
Tbilisi
霍帕 Hopa
烏茲別克
Uzbekistan
Tashkent
塔什干
Ardahan
阿爾達罕
Armenia
亞美尼亞
Azerbaijan
亞塞拜然
Baku 巴庫
土庫曼
Turkmenistan
希臘
Athens 雅典
伊茲密爾
Izmir
Bursa
布爾薩
Ankara 安卡拉
Aralik
亞拉里克
Turkey 土耳其
裏海
Caspian Sea
Dushanbe
杜尚貝
安塔利亞
Antalya
Adana 阿達納
Ashgabat
阿什巴哈德
Tehran 德黑蘭
塞浦路斯
Cyprus
敘利亞
Syria
黎巴嫩
Lebanon
地中海
Mediterranean Sea
Damascus 大馬士革
Beirut
貝魯特
Bagdad 巴格達
阿富汗
Afganistan
Iraq
伊拉克
Jerusalem
Jordan
Israel
Iran
伊朗
巴基
耶路撒冷 Alexandria
Cairo 約旦
科威特
Kuwait
埃及
Egypt
杜拜
Dubai
波斯灣
Persian Gulf
利雅德
Riyadh
Bahrain 巴林
卡達 Qatar
杜拜
Dubai
喀拉蚩
Karachi
阿曼灣
Gulf of Oman
Medina 麥地那
紅海
Red Sea
Saudi Arabia
沙烏地阿拉伯
United Arab
Emirates
阿拉伯聯合大公國
Muscat 馬斯喀特
麥加
Mecca
Oman
阿曼
蘇丹
Sudan
葉門
Yemen
Eritrea
Khartoum
Sana'a
Djibouti
Arabian Sea
South Sudan
Juba
Somalia
騎行地圖
1. 高加索山
2. 烏斯秋爾特高原
3. 帕米爾高原
4. 西藏高原
5. 錫亞琴冰川
2006 年自行車路線
＊虛線＝自行車無法行進時搭乘飛機或火車

00

前奏
天與地

Prologue

路的盡頭永遠都在視線之外。頭燈照不到的地方，碎裂的柏油路面隱入暗夜，不論我們騎得多快，總追不上前方倒退著吞噬單薄光束的黑暗。光投射在輪子前面的路上，路無盡地延伸，我記得，當時心裡想著，一旦抵達終點，我將飛出世界的邊緣。腳下便踩踏得更加賣力。

前一晚，梅莉莎（Melissa）和我仔細在輪子上貼上橘色反光膠帶。午夜剛過，爬出睡袋，穿上保暖長內衣，打包營帳，登上自行車，往中國西部小小的邊哨庫迪（Kudi）進發，只有頭燈相伴，兩朵蒼白的微光襯著點點星光。接近小鎮，熄掉頭燈。

凌晨三點，沒有月光。雖在七月，夜晚空氣寒涼，河邊有白楊和柳樹，枝幹細瘦，散發清甜氣息。天與地，明與暗，無有分際，唯有漆黑渾然一片。山嶽雖然不見，但可以感覺得到，周遭環峙聳立，巉岩森森。一個線條嶙峋的國度。

有時候，梅莉（Mel，譯註：梅莉莎的暱稱）和我摸黑前行，互有超前，車後籃筐巨大，作用有如保險桿。我們聽輪下的聲音行進，低沉平滑，表示是在路上，若是粗糙刺耳的礫石聲，表示騎到了路肩，便修正方向。說到騎自行車旅行，不過就是一些需要嚴肅面對的生活小事：飢餓、口渴、友誼、天氣、車下面世界的動靜。就是因為太過於專注傾聽路面，我沒有注意到金屬閃光，但梅莉發現了。

「出現了。」她小聲說。「檢查哨。」

一根護欄切斷了去路，再往前走，就是神祕的禁地：西藏高原。嚴格說來，庫迪並不在中國佔領西藏後所成立的自治區境內；但要進入西藏西部，這卻是唯一的一條道路，庫迪則是路上第一個，也是戒備最森嚴的軍事檢查哨，外國人若要通過，必須獲得准許並有導遊陪同，而梅莉和我兩者皆無。一來，我們不願意花錢申請，以免資助了中國對西藏的佔領；二來，我們也沒有多餘的錢去辦。此外，剛從大學畢業，總覺得自己年輕、自由，不免狂妄，以為天下無難事，事實上，到目前為止，也還真沒碰到過什麼事情是無法克服的。於是，深吸一口氣，互看一眼，直接就從沒有放下的護欄騎了過去。

沒事。左手邊，隱然有一河流，其聲如風。眼睛經過適應，稍微看得清楚了，但見群山有如暗沉的金屬，群星當空，像是剛焊上去似的。左手邊，梅莉，一抹飛馳的影子，我覺得她飄飄然，或許自己也如此，心情隨之開朗起來。天地似乎經過全新打造，視覺與聽覺都變得敏銳了。我看到一顆星星射向地平線，其後有殘焰拖曳。「看到了嗎？」我小聲說。當同樣的一顆星再度升起時，我們把車子往山溝裡一推，拔腿就逃。

手電筒的光掃過路面，明晃晃地逐漸接近，梅莉往山溝裡鑽，距離自行車幾公尺遠，我則沒頭沒腦地朝最近的建築物跑，整個人直挺挺貼著牆壁。聽著腳步聲漸行漸近，鞋跟敲擊著水泥地，我後悔得要死。這一來，我永遠都無法成為火星探險家了，只能在中國的牢獄中度過餘生，巴望著有些東西可以閱讀。臉頰緊貼水泥牆壁，望向天際。老天如果有眼，我在心裡喊著，只要有一個星座——大熊座，或仙女座——映入眼簾，我們就會得救。目光掃過夜空，尋找任何令我安心的徵兆，任何可以指引我的熟悉圖像——心想，還真夠諷刺的，眼看自己一生偉大的目標就要毀於一旦。但群星兀自運轉，拒絕擺出它們慣有的形象。腳步聲愈來愈近，然後，停了下來。

就在這時候，我看到了大熊座，一湧而出，現身天際。腳步聲又響起，靠得更近了，然後，逐漸遠去。我不敢動，不敢喘一口大氣，不敢瞄一眼梅莉，她還在山溝裡的某個地方裝死。幾分鐘過去，卻彷彿永無止盡，一輛卡車噗噗發動，往我們來的路上開走。夜晚重回寂靜。

抓起自行車，我們迅速穿越庫迪，腳下絲毫不停，唯恐機會不再。恐懼消退，取而代之的是欣喜，帶著一絲一廂情願的僥倖：那個拿手電筒的人其實看到了我們，可憐兮兮趴在溝裡，貼在牆上，求告上天，有如兩條狗，頭塞到沙發下，就以為整個身子也藏好了。再怎麼說，他定然看到了我們翻倒在溝裡的自行車，輪子兀自轉呀轉的。他決定一走了之，是個天大的謎，為什麼？我們沒問，事實上，我們甚至連氣都喘不過來。

儘管只顧著朝西藏高原前進，別無二心，但我還是注意到了有如炸彈計時器的滴答聲，多出來的反光膠布和車輪前叉磨擦，滴答，滴答，滴答，滴答，響個不停，聲音雖小，卻頗有不祥之感。心裡想，應該**修剪**一下。才想著，第二個檢查哨，如假包換，噩夢一般自黑暗中浮現。這一次，護欄是放下來的，胯部高度，有鐵鍊固定。檢查哨兩邊，水泥建築亮著燈，但看不到有人。

「呃……」我停止踩踏，讓車子滑行放慢。

「沒錯……」梅莉表示知道，聲音來自前面某個地方。

遲疑一下，我又開始踩踏。既然梅莉不打算收腿，我當然也不。「把你的心丟過牆去。」小馬俱樂部的教練總是這樣鼓勵我們。「心過身就過，馬和鞍也就隨之而過。」說完，附帶一笑。要檢驗一道邊界，唯一的方法就是衝向它，一躍而過——要不，如果情況需要，就用爬的。梅莉和我互看最後一眼，然後，膝手並用，拖著我們滿載的自行車，迅速打護欄底下鑽過，使盡全力，希望盡快進入禁地。

第 I 部

日子怎麼過的，沒錯，一生也就這麼過了。

安妮・迪拉德（Annie Dillard）
《寫作生活》（*The Writing Life*）

01

馬可波羅的啟蒙

北美洲

Marco Made Me Do It

North America

所有意義重大的旅行，或許都是從一個錯誤開頭的，或違規硬闖，或誤打誤撞，或思慮不周，就此啟動無可逆轉的長途跋涉。生長於安大略的小鎮，最高的海拔是乾草堆，最寬的地平線是玉米田，我最嚴重的錯誤——儘管錯不在我——再清楚不過了：錯在晚生了好幾個世紀，過不到自己想要的人生。

儘管父母親對不動產再內行不過，我們卻不停搬家。十歲以前，住在奧克維爾（Oakville），離多倫多不遠的郊區。父親是工程師，母親是藝術家，但兩個人從小收集馬糞、照顧菜園長大，也希望我和弟弟們同樣在鄉野中成長，所以十歲那年我們搬到巴里納法德（Ballinafad）北邊，一處長滿雪松的濕地，佔地數畝。小小村莊，連交通號誌都沒有，如今卻因為古雅而抓住了觀光客，雜貨店裡賣刺繡鞍墊及百花香，索價高得嚇人，但在我童年時候，這裡可是個校車過而不停的地方。十四歲時，我們又搬家，這一次是在巴里納法德東南邊，一處馬場，佔地七十畝，有樹林及草場，兩口天然泉水池塘，一座塞滿空箱子的穀倉，光線中充滿塵埃，一間小到我伸手就可碰到兩壁的木屋，還有一個棚子，搖搖欲墜，以前養羊的——但沒有房子。

三個安靜不下來的小孩、兩個有耐心的大人、一隻沒怎麼受過室內訓練的拉布拉多小犬及一隻性子孤僻的阿比西尼亞家貓，就這樣擠進一輛十二呎長的拖車，一住三個月，也就是利用這段期間，把快要垮掉的羊棚整修成一個勉強可以住人的地方。之所以說「勉強」，因為廁所不是化糞池的而是堆肥的，有一次，一隻老鼠搭弟弟背包的便車上學，一年春天，我做功課時，一條蛇打從雙腳間遊過——所有這些小事，雖然頗令父母親困擾，卻讓我開心歡喜，因為，唯其如此，才增加了住那兒的冒險樂趣。每次鎮上採買回來，客貨兩用的車子才停，我們一湧而出，我都會挑戰弟弟：「看誰先到羊棚。」「**農墅！**」母親糾正我，堅持事情自有其內在的本質，而非其原初設計所用的那個字眼，但我早已經跑遠了。

跟拖車比起來，翻新後的羊棚，九百平方呎，簡直就是富麗堂皇。我甚至不介意跟兩個弟弟共用一個臥室好多年。在以前的家，我有自己的房間，總會聽到大衛和詹姆斯嘰嘰喳喳的講話聲和笑聲穿牆而來，聽到他們在開玩笑，或是模仿那些年教過我們的老師，譬如丁沃爾夫人（Mrs. Dingwall），她的名字可笑，卻說得一口優雅的英國腔，兩相對照，格外有趣，還有皮倫小姐（Miss Pillon），物理老師，教室裡四處扔粉筆，具體說明地心引力之弱，藉此為學生建立理論科學與閃躲本能之間的關聯，令人終生不忘。早上，父母親都會發現我窩在弟弟房間地板上的羽絨被裡，賴在柔軟的床墊上捨不得起來。

附近同年齡的孩子不多，三姊弟只好自己找樂子。我們玩築沙灘遊戲，把草坪拖車慢慢弄到池塘邊，將沙子裝進車斗，但大衛退得太靠近池邊，車斗沉重的負載一拉，車就進了水裡。要不我們就是在彈簧床墊上後空翻，一玩好幾小時，假裝自己是在地心引力較弱的行星冥王星或火星上。一年冬天，詹姆斯想要清除彈簧墊上的冰，鶴嘴鋤一不小心鑿穿一個洞，但我們照跳不誤，技巧地避開洞，又跳了好多年，直到一個朋友將它跳穿，才結束了我們的太空漫步實驗。後來聽祖母說，路易斯與克拉克遠征（Lewis and Clark Expedition）裡面的威廉·克拉克（William Clark）跟我們有親戚關係，我們也就開始遠征，跨上生鏽的自行車，要開闢一條通往太平洋的新路線，中途在巴里納法德的雜貨鋪停下來，補充遠征口糧：紅甘草。

但無論往哪個方向走，到頭來三姊弟都撞牆。有時候，碰到一堵圍欄，還可以翻越過去，但更多時候，不是公路就是長相千篇一律的住宅區，全都是鋪好的道路，根本連閃都閃不掉，只有死路一條。年紀越大，越覺得周遭世界怪異、侷促，越不友善，更加舉步維艱。大衛與詹姆斯倒不煩惱這些。他們樂得待在屋裡，組合《星際爭霸戰》（*Star Trek*）的太空船模型，要不就用父親組裝的電子合成樂器譜曲作歌。我卻不同，周遭世界越是文明馴化，我越是渴望相反的一面：沙漠和極地苔原、山嶽和冰河、強風凌厲的峭壁和陡峭無底的深淵。那種勇氣與細心缺一就可能一失足成千古恨的蠻荒絕地。但身在安大略西南邊，我只能到書裡面去找。

我讀的書，一如我想過的生活，我偏愛荒天野地。做功課、收馬糞之餘，校車上及餐桌上——非要父母威脅撤掉甜點，我是不會把書放下的——我與貝都人（Bedu）漫遊魯卜哈利沙漠（Empty Quarter），在南極羅伊茲角（Cape Royds）尋找企鵝蛋，腳踏木製雪屐由東至西跋涉穿越格陵蘭，拍攝月球暗面的照片，回應育空（Yukon）的荒野呼喚，裝扮成朝山的佛教徒穿越西藏高原。「對一個不是自己的國家，我滿懷思鄉之情。」亞麗珊卓・大衛尼爾（Alexandra Dacid-Néel）在她偷渡穿越西藏的行旅記錄中這樣寫道——西藏，一九二四年比今天更排外的一個國家——「那階梯，那僻靜，那終年不融的雪，那遼闊的天空，令我魂牽夢縈。」

在大衛尼爾的《拉薩行旅》（*My Journey to Lhasa*）中，我找到了心目中年輕女性冒險家的最新典範。儘管她穿著羊皮披風勇闖西藏時已經五十五歲（由她的西藏裔養子楊丹〔Yongden〕陪同），我並不介意；對我來說，動機重於年齡。大衛尼爾既不是要透過旅行「找到自己」，也不是因為某種感情危機而亟欲跳脫一成不變的生活，彷彿女人只有在悲傷、喪失或追求愛情時才會縱身高飛尋求冒險犯難似的。令人欣慰的是，大衛尼爾再瞭解自己不過，她所要追尋的是一個如她內心同樣荒涼的外在世界。她到西藏時，無論文獻上或地理上都已經不再是一張珍貴的白紙，那兒已經有許多歐洲人，從外交官到傳教士到軍人，他們繪製了地圖，撰寫了報導，甚至在拉薩擁有不動產。這個法國女人並未因此而卻步，使我感到極大的鼓舞，這表示縱使有前例在先，仍然可以一探究竟，甚至，邊界云云，就本質來說，也不過就是人為的界線而已，因此，原則上來說，也值得予以打破。推動大衛尼爾上到高原的，是無遠弗屆的好奇心，是旺盛的企圖心，以及喜歡夜裡在星光下旅行——部分原因是要避免白天遭到逮捕。只不過，在她那個時代，她要躲的，不是中國警察而是西藏官員。

第一次迷上西藏，是很小時候的事了，大概十歲或十一歲吧，當時，讀到一本馬可波羅絲路遊記的簡約繪本。絲路，一條古代的商旅路線，數千年來，帶著人們和貨物、貪婪和理想來往於歐洲與亞洲之間。這書原是母親小時候看的，扉頁上有她的簽名，筆法優雅，彷彿是在肯定書中的冒險，我看了很是歡喜。書裡講的，是十七歲的馬可波羅隨駱駝車隊遠走異域，凝望著地平線融入奇幻的海市蜃樓——綠松石瓦的圓頂、飄移的沙漠、迷宮似的巴札（bazaars）及冰雪覆蓋的山巒。而馬可波羅呢，勇敢、驃悍，渾身散發冒險家的膽識。當時就下定決心，長大後要以他為師。

同時，我也在一本地圖冊上循著絲路畫出他旅行的足跡，這實際上包括許多條路，穿插分歧，經過君士坦丁堡、特拉布松（Trabzon）、埃爾祖魯姆（Erzurum）、布哈拉（Bukhara）、撒馬爾罕（Samarkand）、巴達赫尚（Badakhshan）、喀什、于闐、契丹，每個名字都令我心嚮往。但更令我心嚮往之的，卻是這些貿易樞紐之間的腹地：西藏高原，高聳的岩石、冰雪與天空，此外，還有帕米爾山脈，及山中逃避雪崩的綿羊，羊角奇大無比，騰躍優雅近乎飛行的雪豹，以及飄移的沙漠塔克拉瑪干，面積僅次於戈壁及撒哈拉，其名字的由來，根據傳說，意思是「有去無回」。

任何地方，縱使不曾有人涉足，縱使此去無有歸程，我都將欣然前往，只要能夠於一瞥之間洞悉存在的根本疑惑：我來自何處，我是否獨存於宇宙，以及，所有這一切的終極意義——哪怕只是概括的——又是什麼？事實上，類似西藏高原與塔克拉瑪干沙漠這樣的地方，未必能夠給我答案，充其量也只是一種生活方式，其荒涼與存在本身如出一轍。此外，比偏遠的山嶽及沙漠更令人神往的，是高高在上、邈不可及的星辰，遙遠的恆星，照亮無人知曉的其他世界。如何才能到達那兒，我完全無法想像：旅行家一號及二號（Voyager I and II）太空船早在我出生時就已經升空遠去。

到八年級上科學課時我才知道，一九七七年，美國太空總署發射旅行家號，研究太陽系最遙遠的幾顆行星，然後永遠航入星際太空不再回頭，是人類最深入宇宙的人造物體。想到這些機器信使快速通過太陽風頂層——我們太陽系的最外圍一層——進入一個可能是有史以來最偉大的故事，我不禁興奮莫名：在那兒，他們會看到什麼？會遇到誰？遠自銀河系之外傳來的訊息得來不易，我們又豈能就此坐視？

我還真恨不得自己有機會搭上一艘旅行家號，儘管太空船上並沒有維生系統。就此一去，航向遠方，既無路可逃又沒有回程票，當然，我會思念家人和朋友，會懷念我的書、我的弟弟，甚至羊棚。但千真萬確，我要追尋的是最深遠的漫遊，別無所求。幾年以後我讀到華萊士・史蒂文斯（Wallace Stevens）的一首詩〈The the〉，感謝終於有人說出了我心裡的話。

desire（願望）這個字，究其根源，意思是「屬於星星的」，念到高中時候，這看起來再清楚不過了。研究過所有能找到地圖之後，帶著一種恐慌的心情，我得到一個結論：不管怎麼說，我這個人就是野性太強，這個世界不適合我。我住的地方，所到之處全都被四通八達的公路網絡及建築群落所包圍，不僅如此，整個地球，大部分地方同樣也都陷入了綑綁。我的家庭供不起我海外旅行，我擔心的是，等到我存夠了錢自己去西藏時，西藏已經馴化得有如巴里納法德。瘋狂渴望一個沒有地圖的世界，但這股在我內心隱隱作痛的不安根本找不到出口。最後，我明白了，唯一的希望就是離開地球。因此，我寫了一封推動人類火星任務的信，寄給二十二位世界領袖。

「我是一個十七歲女孩，我有一個夢想。」我向比爾・克林頓（Bill Clinton）、唐尼・布萊爾（Tony Blair）、尚・克雷蒂安（Jean Chrétien，譯註：一九九三年當選加拿大總理）、傑克・席拉克（Jacques Chirac，譯註：前法國總統）及一九九九年其他有影響力的國家元首提出訴求：「夢想人類到火星去。」

雖然可供選擇的地方極多，為什麼會挑中這個紅色的行星呢？因為，在生理上，有如金髮姑娘（Goldilocks），人類非常挑剔，什麼都要恰到好處才行，而大部分的行星，不是太熱、太冷，要不就是太大，或太過於氣化，不適居住。至於火星，雖然大氣層太薄，不利於生存，也並非完全適合，但其他方面卻十分相近，無論大小或成分，大致上都與地球相近，只因為自轉較慢，一天比地球長三十九分鐘，又由於密度較低，地心引力也比較小。但這樣一來，既能多得些時間，腳步又比較輕盈——又有什麼不好呢？此外，深度五倍於大峽谷的深谷，乾燥數倍於塔克拉瑪干的沙漠，高度三倍於埃佛勒斯峰的山嶽，地質上，火星是一個一等一的世界——等待著探險家去開張。至於小綠人，這個紅色星球上可能沒有，但綠色的微生物卻真有可能存在，因為，地球上同樣乾燥、寒冷的環境都已經發現了單細胞生物。火星地表滿布坑洞疤痕，表示過去曾經溫暖潮濕，比較有利於生命存活。總而言之，對於「我們是孤單的嗎？」這個古老的問題，隔壁的這個星球，或許真能提供一個答案。

在我的宣言中，我向世界領袖大力宣揚，探索未知的精神深植人心。我說，我們已經擁有送人類上火星的一切科技，今天唯一缺乏的就是政治決心。我又說，我們未來在火星上可能獲得知識，譬如證明外星生命的存在，為人類帶來極大的福祉，譬如讓我們不會覺得太孤單。我強調，這樣的探索定會點燃全世界年輕人的熱情。「正因為有麥哲倫和哥白尼這樣的夢想家和冒險家，他們的大無畏，他們的追根究柢，才得以使知識的領域得以拓展，使人類能夠理解得更多，看得更遠。」我這樣寫道，指出人類現代的火星任務將可以媲美這些歷史性的探索——成為一番可以與他們同垂青史的偉大事業。

回信收到幾封，無非虛應故事。但話又說回來，我的長信儘管未能開啟一個星際探險的新時代，卻也讓我贏得了哈克魯特獎（Hakluyt Prize），火星學會（Mars Society）頒給我人類火星探險與移民最佳學生作品獎，獎品包括一支八吋的布希奈爾（Bushnell）望遠鏡，用這支望遠鏡，一天夜裡，在羊棚外面的草地上，在父親協助下，我生平第一次看到了土星環。此外，我還贏得一項全額補助旅行，出席國際火星學會大會（International Mars Society）。

在巴里納法德，多數青少年都追求別的東西，只有我，嚮往的是火星。那一年，大會在科羅拉多波爾德（Boulder）舉行，站在講台上，我怯生生地朗讀我的宣言，觀眾席上滿座的科學家、工程師及其他生錯了時代的探險同好，或許，他們也和我一樣，覺得自己被困在一個重重包覆的星球上，備感沮喪和壓抑。奧斯卡獎製片人詹姆斯．卡麥隆（James Cameron）及阿波羅號月球漫步者巴茲．阿德林（Buzz Aldrin）也都在場，他們起立為我鼓掌喝采，只不過是給孩子一個溫暖的鼓勵，但那一刻，聽在耳裡，我覺得全然釋放。他們和我是一國的，我興奮莫名。這裡才是我的歸宿，我立志成為一個科學家，到火星去。

長久以來，科學一直是我喜愛的學科，不僅是為了那個紅色的星球，更是因為科學展可以讓我有個外宿的藉口，和最要好的朋友梅莉莎共度好幾個週末。梅莉莎的家距離我們一個小時車程，除了暑期的小馬俱樂部，平常我們很少在校外碰面。六年級的時候，我們兩個做了一項實驗：人類唾液中的細菌是否比犬類口水中的更多樣（聽起來挺「噁心」）——實驗一開始，我們設計我的兩個弟弟，騙他們捐唾液，弄得他們狼狽不堪。結果，我們在科學展中贏得獎牌，頗有幾個評審為之側目，當時我還以為，自己將來會在微生物學上大放異彩，後來想起來都不免驚訝。

這都要怪十三歲那年聖誕節得到的一台顯微鏡。我很快就瞭解，父母送的這份禮物，與其說是一件科學儀器，不如說是一種觀看的新方式，每一件事物彷彿都是第一次觀看。一般的日常事物——我的大拇指角質層，一滴池塘的浮藻——貼近細看，看起來全然陌生，前者成了地圖上沒有的山脈，後者，一汪充滿生命的無名海洋。當我深入觀看一個單細胞藻類時，整個胃為之翻騰起來，它那長長的拉丁名字，它那稀薄透明、不安的形體，徒然證明生命就是如我一直所推想的那樣：是一個謎，我們很難說得明白，更別說整個看得清清楚楚。幾年之後，高中時期，達爾文的演化論為我編織了一個全新的生存畫面，彷彿凝視著一幅生物圖像，年復一年，研究它的眼睛、耳朵及鼻子，追索它臉上的毛細孔及皺紋，然後，剎那間，捕捉到了它的**表情**。搭乘**小獵犬號**（Beagle），達爾文旅行七年，環繞南美洲，收集奇異的生命形式，開始形成天擇的演化理論，瞭解了這個過程，對於科學，為我上了另一堂可貴的課：乘著科學的翅膀，你可以無遠弗屆。因此，當摩爾海德—凱恩基金會（Morehead-Cain Foundation）提供我一份全額獎學金，到教堂山（Chapel Hill）北卡羅萊納大學念生物時，儘管從未看過學校長得什麼樣子，對美國南方也全然陌生，毫不猶豫地，在電話中就接受了。獎學金另外還提供暑期旅行資助，這才是我最想要瞭解的。我渴望親眼一睹西藏高原或塔克拉瑪干沙漠，頁面上的畫素或文字根本滿足不了我。

旅行資助款還沒撥下來，就用獎學金買了一雙耐用的健走靴，外加入學前一年暑假在猶他州為期二十八天的戶外課程。在這之前，我只在安大略省立公園做過家庭式的假期汽車露營，儘管讀的書不少，也參加過巴里納法德的探險活動，但說來汗顏，真正長途跋涉旅行所需要的裝備和技巧我全都付諸闕如。猶他州是一次啟蒙：我學會了攀登山嶺及橫越沙漠，攜帶五十磅重的背包，裡面塞滿求生所需的一切——主要包括燕麥粉、防水油布、睡袋及幾本偷帶的書。我學會了利用等高線圖在沙漠中尋找水源，萬一沒有找到，也知道如何在漂浮著死青蛙的雨水窪裡搶下一口水。毛細孔吸飽了紅色塵土，我也變得像那顆紅色星球了。每一天，滿腦子不成熟的火星奇想，弄得我神魂顛倒。那是折磨，那是昇華。基本上，我全盤接受。

接下來的四個夏天，我跋涉同樣遼闊的岩石與天空，隨身總是肩負沉重的書籍。獎學金的旅行資助，我將之延伸到天涯海角，除了火星，幾乎什麼地方都去過。旅行資助即使是獎學金學生也不保證一定可以得到，但只要提得出充分理由，並以書面企劃有說服力地陳述探險的緣由，實際上，我靠自己就可以爭取得到。如此這般，婆羅洲的叢林裡，我追蹤蘇門答臘犀牛；

在蒙古戈壁，我追趕野馬；滑雪穿越阿拉斯加的朱諾冰原（Juneau Icefield），上冰河學的田野課程，結果卻連一條冰河都未見到，到頭來，只求去看另外一條小冰河。阿拉斯加與英屬哥倫比亞（British Columbia）的接壤，冰雪、岩石與天空如湧，景色壯麗，害得我腳下打滑摔跤，但或許也要怪自己的滑雪技術太差。總之，摔跤或磨練滑雪技術，成了我延遲返回大學的最佳理由，透過 Google 在英屬哥倫比亞偏遠的小鎮阿特林（Atlin）——冰河學課程的終點站——找出售的小屋。另外，我也極度嚮往南極洲——我心目中的朱諾冰原加強版——但到南極去旅行花費極大，絕非獎學金的資助所能應付。

碰到這種時候，我瞭解，還是要靠自己去爭取，只要在對的時間，向對的人，提出有說服力的企畫，出之以動人的文辭，令人難以抗拒，便可以使他們無法開口說不。如此這般，念大學期間，我訴諸於書寫，這並不是我喜歡舞文弄墨（不過確實也是如此），而是要叫他們送我到我想去的地方，譬如南極洲的麥克莫多乾谷（McMurdo Dry Valleys）。如此這般，花了多年工夫，誠心誠意說服了一位傑出的科學家，承蒙他的慷慨，我還真的到了那裡，擔任他的研究助理。出之以同樣的努力、學習、訓練、犧牲，以及更具有說服力的書面申請，我也成功地把自己送到了火星——其實只不過是重回猶他州，一處同樣火紅、偏遠，人跡罕至的地方，叫漢克斯維爾（Hanksville）。這裡曾經是布屈．卡西迪（Butch Cassidy）及荒野幫（the Wild Bunch）的沙漠巢穴，他們隱身紅色峽谷，逃避執法者的追捕；如今，漢克斯維爾由一群穿著太空衣的科學家和工程師進駐，進行一項為期兩週的火星模擬任務。全地形攝影車全程拍攝記錄，山艾樹成叢，白色太空艙閃閃發光，世界一片鏽紅，令人有如置身電影之中。

一時之間，還真是好玩，一場大人的家家酒。但身穿帆布太空衣，和四名隊友緩步行走於猶他荒山凝視山脈之際，一塊有機玻璃裝飾板卻映入了眼簾，這情形還真讓人倒胃口。峽谷山壁，餘燼的顏色，伸手觸摸，感覺到的卻不是陽光曬暖的平滑砂岩，而是自己所戴手套的合成纖維。太空衣外面，各種天候呼號，我所聽到的卻只是無線電靜電，要不就是塑膠頭盔內被放大了的自己的呼息，其聲有如擊鼓，彷彿對著自己的脖子呼吸。火星上維持生命的那些科技，讓我覺得自己與現實嚴重脫節，彼此間的互動沒有感覺，毫無生機，荒謬，豈止是一點而已。

「好了，夥伴。」指揮官羅傑下令，五十來歲人，工程師。「解散，各自找些生鮮口糧！」

火星上口糧不足，我們到當地的雜貨鋪四下裡逛著，一身太空衣，千萬不能「刷卡」，想要成為火星移民，那可是最嚴重的違失。我和提芙妮——分子生物學者——走向蔬菜區，另一個工程師亞倫和地質學者夏赫爾則推擠著衝向碎牛肉冷凍櫃。這時候，遠遠看到葛諾特——天文學者——呆立在牛肉乾攤位前面，頭盔結霧，面對他家鄉奧地利所沒見過的美味：蜜汁的、椒鹽的、醃烤的、醺辣的梅斯基特烤肉（mesquite barbecue）。

「別愣在那裡。葛諾特。」羅傑吼道。「我說**生鮮的**。」

半個小時後，我們在結帳櫃檯集合，兩手滿滿都是地球大餐。中年收銀員以前見識過我們這一類的人。「太空營待你們不錯吧？」羅傑對自己那身有點緊的太空衣顯然有點不爽。「不是太空營。」他在頭盔裡吼道：「是火星模擬任務！」

「放輕鬆點，哥兒們。」亞倫打圓場，拍著羅傑的背。葛諾特眼見機不可失，偷塞了兩袋牛肉乾到櫃檯上。提芙妮翻閱著一份名人小報，假裝不認識我們，彷彿另外一路的觀光客，只不過一身莎莉．賴德（Sally Ride，譯註：美國物理學家，前美國航空暨太空總署太空人）的穿著而已。一老婦人磨蹭著進到店裡，看到我們，又磨蹭著退出去。

「所以囉。」收銀員打包好了我們的最後一份口糧，說道：「這些，我看太空總署要開一張收據吧？」

畢竟，我的動機或許和卡西迪那一幫子野人並沒有太大差別，無非都是要逃離一個既定的現實，躲到一個地圖上找不到、法律管不著的地方，我行我素。奇怪的是，在火星上，我的隊友似乎什麼事情都不在意，不在意沒有新鮮空氣，不在意沒有鳥鳴，不在意支配自己生活的自由。事實上，理想的火星移民必須具備一種深沉矛盾的人格特質：情緒上，他們必須要善體人意，懂得將心比心，唯其如此，才能在環境壓力極大的小社會團體中活得愉快，但另一方面，他們又相當不在意地球上的生活模式，將之完全拋諸腦後。他們必然具有無畏的勇氣與膽識，才會一頭栽入前人不曾闖入的險境，但他們卻又不是那麼獨立自主或蔑視權威，始終都是唯命是從。換句話說，他們是善於交際的隱士，是聽話的冒險家。我總以為，自己就是最佳人選。

凡事無不奉命唯謹，講話用的是字首字母縮略詞，呼吸的是循環空氣，兩個星期過去，我受夠了那種活在泡沫中的生活，儘管一切紅得多采多姿。我從未跟其他隊友承認這一點，但我的地球思鄉病卻一發不可收拾。因此，模擬任務的最後一個晚上，大家都熟睡了，我溜出封閉艙，沒戴塑膠頭盔，沒穿帆布太空裝，沒向任務管制中心確認我的計畫，也沒有用無線電回報我的每一個噴嚏。火星上那道虛擬的門檻，只要一越過，我就會因為多種因素而暴斃，包括中毒、肌肉凍僵，失壓。但在這裡，地球迎我，以一陣夾帶鼠尾草氣息的強風，以一片釘滿星斗的夜空。

有了新的狂熱，象徵著舊的信念開始動搖。回到大學，我比以前更加用功，希望有朝一日成為一名太空人，但內心深處卻也不免自問，自己是否真的想要永久移民火星，如果那意味著一種終身志業的話。課餘時間，除了帶領一個太空社團，我在一個海洋微生物實驗室當志工，工作是刺激太平洋玄武岩層上肉眼無法見到的長條基因鏈。儘管沒有機會乘坐潛水艇去採集這些海床樣本，但實驗室設在一個沒有窗戶的地下室，倒也提供了類似感官剝奪的經驗，差別只在於無須冒險罷了。每當走到外面，蒼白而眼花，總覺得自己潛在水裡好幾個月似的。書則有如氧氣氣泡，維持著我的那一口氣。一天下午，從實驗室昏暗閃爍的日光燈下出來，遮臉擋住太陽，坐在校園草地上，帶著我的老朋友馬可波羅，希望藉這位童年的英雄幫我把眼睛調整一下，適應比較開闊的地平線——這一次，是他未經節略的全本光榮史。

但翻開《馬可波羅遊記》，讀著讀著，不禁大感駭異，我碰到的居然是一個不認識的威尼斯冒險家，我極度渴望跋涉穿越的那片大地，他竟然從來不曾涉足過。相反地，這個馬可波羅遠遠地繞過塔克拉瑪干的移動沙丘，膽小地塞住耳朵，生怕被精靈的聲音誘入沙漠一去不回。在帕米爾，他也許連一隻活生生的大角羊都不曾見過，只見過羊角雕成的碗，羊角疊成的圍牆，卻怎麼也沒想到，這種羊後來卻用了他的名字來命名，*Ovis ammon polii*（盤羊馬可波羅亞種）。經過西藏高原時，他不屑地說，那裡只是一片毫無生機的荒地。「一路行來，二十餘天，不見人煙。」他抱怨說：「因此，旅人必須帶足一切所需，還會經常碰到數量甚多的野獸，陷入極大的危險。」這個所謂的探險家，碰到高山和沙漠時，唯恐跑得不夠快，詛咒荒野，怪它們只會妨礙行程和利益。

其實，我又豈能深責於他，不管怎麼說，絲路只是十二世紀的一條貿易通道，而馬可波羅不過一介商人而已。跟隨做生意的叔叔來到契丹，馬可波羅年方十六，受到忽必烈汗的賞識，委以重任，評估整個蒙古帝國貨物的價值與品類，當時的蒙古帝國，幅員橫跨亞洲直抵歐洲邊緣。馬可波羅盡忠職守，以至於他的遊記讀起來有如一本目錄，全書詳列絲路沿線的貴重商品，包括：亞美尼亞的銀、巴達赫尚的紅寶石、喀什的黑色魔法（black magic charms）、印度的象牙。至於明顯未經開發的地區，譬如西藏，則著墨不多。

這一切，令我大失所望。一如我唸過的高中教科書，把許多探險家都錯誤地描繪成為偉大的先驅——從克里斯多福．哥倫布（Christopher Columbus）到約翰．富蘭克林爵士（Sir John Franklin）——說到底，馬可波羅所在乎的不過是財富和名聲而已。純粹為了遠行而遠行，在四處走走看看的基本需求推動下，沒有外在的財富和征服動機，除了亞麗珊卓・大衛尼爾之外，有幾個人做得到？坐在校園中庭，覺得悵然若失，我決定自己走一趟絲路，抱著朝聖的心情到馬可波羅避之惟恐不及的真正荒野去。起先，我考慮騎馬，但令人擔憂的是塔克拉瑪干缺水，我很快就放棄了。駱駝比較適合這一類的乾旱環境，但地形地勢之崎嶇難行一如昔日。突然間，一個念頭闖入腦海，自行車倒不失為一個最佳選項：自己騎，絕不是隨便說說。

當天晚上，打電話給父母親，大略說明我異想天開的計畫。電話那頭很長一段的沉默。然後，母親說：「拜託，找個朋友一起去？」

因此，我問梅莉是否想要加入我的自行車之旅。我安慰她說，就只是絲路起頭中國的那一段而已；號稱最難克服，馬可波羅最為忌憚的地方。那年夏天，橫越美國大陸暖身，次年，大學畢業，然後直奔絲路。就這樣，在帕米爾高原，我們躲避山崩，在塔克拉瑪干沙漠，我們含沙咬牙穿過沙塵暴，然後，在星斗尋路西去時，我們向東偷溜進入西藏。

02

世界屋脊

西藏高原

Roof of the World

Tibetan Plateau

說到冒險的技巧，那還真不是簡單的事。爬過中國檢查哨的護欄下方時，梅莉謹慎小心，背部和金屬橫桿之間拿捏了足夠的空間。而我呢，匆忙害怕，匍匐得不夠低，不知道是背部還是頭盔刮到了金屬護欄，碰響了固定橫桿的鐵鍊，總之，弄出了金屬聲響。狗吠，燈亮，一聲喊叫刺破黑夜——但我們已經走遠，衝入黝暗的漆黑，與之融為一體，腳下踩踏，快到無法更快，除了星斗，其他一無所見。摸黑騎進坑洞，緊接著又是路標，車子幾乎失控。只要感覺到有頭燈追來，我就準備放棄自行車，往山中或河裡逃。但幾分鐘過去，然後，幾個小時過去，毫無動靜。

最先放鬆下來的是手指頭，鬆開了龍頭把手，然後是兩條濕透了的腿。事實上，西藏自治區還在幾百哩之外，還有好幾個隘口要過，但庫迪畢竟是這條路上最大的官方障礙。由於檢查哨位於狹窄的谷口，緊鄰一條洶湧的河流，在中國當局的心目中，任憑誰都插翅難飛，這也就意味著，既然到了這一頭，梅莉和我大可以喘口氣，就算有人看到我們，也會以為我們是獲准過來的。當然，如果是追蹤我們而來的警察，那又另當別論。

終於，曙光照亮周遭大地，揭露群山的粗礪。極目所見，峰巒參差綿延，極盡猙獰。光線的角度低時，岩石呈鏽紅色，太陽升至較高，淡化轉為棕灰。一群灰鳥，不知其名，俯衝河上；到了這個海拔，混濁的湍流變成清澈小溪，河水的巧克力奶色澤與紋理不再。整個人覺得虛虛的，輕飄飄，彷彿一抹影子，但白日才剛開始而已。一路上，每逢到轉彎，我就預期迎面而來的麻煩：一隊警察、一堵高坡、一隻毛茸茸的巨獸。對我來說，碰到任何事情都不足為奇，因為，面對這個世界，未知更甚於無知，周遭一切搖搖晃晃，恍惚而不真切。我這才瞭解，我是因為缺水而暈眩。

伸手往下摸水瓶，但第一個空了，另一個卻不見了——可能是在檢查哨的混亂中弄丟了。我叫梅莉繼續走，自己則停下來到路邊的流泉裝水。由於專心汲水，沒有聽到汽車開過來，才一轉身，它已經到了跟前，噗噗作響，狀似威嚇，車門上印著政府標誌。眼看一名中國男子——胖乎乎的，一身畢挺的海軍藍——下車，我知道完了，那也是那天上午第三次了。

一言不發，中國條子踢了踢腳踏車的輪胎，又試著要將車子抬起來，但實在太重，居然分毫不動。搖了搖頭，回到汽車，在置物箱裡摸索著，我心想，一定是在拿逮捕令，可能還有手銬。但等他轉回來，卻是三根脆生生的黃瓜。

「哈囉。」他咕噥著說，一邊把蔬菜遞給我。

「啊。」我整個人為之一呆。「謝謝！」

同樣不發一言，他上了車，開走。

趕上梅莉，我的尷尬遭遇她一概不知，接過我遞給她的黃瓜，儘管一臉的驚訝，但一個騎自行車走天涯的人絕不會拒絕來點零嘴的。繼續前行，邊嚼邊騎，中午時分，抵達一處高度一萬呎隘口的底部，從這裡開始，要上攀多處低氧的隘口，循階而上，穿越平均海拔將近白朗峰（Mont Blanc）的西藏高原。由於體力與精神兩皆不濟，當日難以為繼，我們找了一處足夠寬敞的凹地紮營，準備消磨一個下午，也顧不得中國警察有可能隨時找上來。黃瓜條子可能早已經通知了他的同事，料定我們的腳踏車那樣沉重肯定跑不遠，反正不急在一時。

但那天下午，找到我們的不是警察，而是我們的新朋友。去年夏天，在舊金山的一家民宿認識了班恩，知道他是自行車技師，便隨口邀他加入梅莉和我次年夏天的自行車中國之旅，沒料到他一口答應。在喀什的旅館，我們又認識了兩個德國人，弗洛里安和馬提亞斯，直到幾天前，我們才組成一支自行車隊，由我和梅莉先發，途中一時興起，在山陰處小歇，總以為幾個男生趕上來，會看到我們在路邊打盹，把我們叫醒。不料傍晚時我們醒來，他們並未出現，也不知道他們究竟是在前面還是仍在後頭。

過了檢查哨之後，我們已經不指望還能見到他們。事實上，他們的確差一點錯過了我們的藏身處，班恩看到了岩石間梅莉的鬈髮，但見紅光一閃，還誤以為是駱駝，後來停下來細看才發現是我們。一旦會齊了，梅莉和我談起我們的遭遇——卡車司機！叫喊聲！沒命地摸黑奔逃！然後，聽他們的故事。

「我們在遠處打量檢查哨，當時是白天。」班恩說：「和妳們一樣，我們打算晚上再通過，但後來，看到那幾隻警衛犬，瘋狗似的！」

「是我，我討厭狗。」馬提亞斯插進來說，一口濃重的巴伐利亞腔，每個字聽起來都很重。

「於是，就在大白天，我們直接騎到檢查哨——」班恩說。

「把我們的護照秀給警衛看——」弗洛里安接著說。

「他們手一揮，就讓我們過了。」班恩結尾，得意地一笑。「什麼都沒問。」

在西藏高原爬得越高，我的呼吸越順暢，覺得雙腿輕盈，歡喜莫名。每踩一圈，便帶我更接近星星，但白天卻只有湛藍不變的天空，接近中午時分才見浮雲。山坡上，雲的影子流動，彷彿清澈溪流的溪床，因此，爬上隘口便好像是在某種東西的表面往上游，游過一道門檻，或從地上游向天空，從中國游向西藏。

國道二一九號，進入並穿越西藏西部的唯一道路，車輪死命抓住足以使關節脫臼的碎石路面，才兩個大轉彎，我們便已高高在上，俯瞰之前的營地，但見班恩及兩個德國人在下面拉磨似的，磨蹭依舊。梅莉和我喜歡早起，大地在清晨的斜光中醒來時，我們已經上路，時間充足，多到彷彿天黑前可以到達任何地方，拉薩或月球。弗洛里安、馬提亞斯和班恩則喜歡晚起，煮一大鍋甜稀飯，總要拖到中午才動身，趕上我們或找到我們的營地，通常都已經是傍晚時分。

梅莉和我並肩往上，很少講話，努力騎著，形成兩道平行的孤獨。這樣轉動著輪子，一騎幾個小時，最終會到哪裡我不知道，就只是沉浸在內心深處無所求的喜悅裡——說是「無所求」，卻有著一股使性子的味道，那種偏要沿著蜿蜒的道路，蹬著沉重的自行車，穿越喜馬拉雅山的任性。但專注於這樣的努力，卻頗有幾分西藏密教的心法——呼吸、踩踏、呼吸——轉眼間，我融入一切物事：落在我肌膚上的塵土、四肢的疼痛、緊繃與放鬆、遙遠下方有如光脈閃爍的河流，銀光熠熠，可以確定，絕不是數天前營地旁邊的那條泥河了。騎得夠遠，世界變得陌生、不認得了。再騎遠一點，連自己都變得陌生、不認得了，遑論同騎的旅伴。

「漂亮的面膜，哥兒們。」梅莉蹬著，腳下不曾稍停。「防曬油塗夠了？」

我咧嘴一笑，撐開厚厚的一層汗水、砂礫和防曬油，我絕不會抹掉再塗，我信得過，這一層效果絕佳，不透光也不吸光。

「就只會說嘴！」我回敬她。「妳那一頭亂髮都成了駝峰了。」

我們是怎麼認識的，不太記得了，但我相信多少和排球有關。十歲的時候，我們家搬到巴里納法德北邊，在學校裡，我是一個新來的書呆子，梅莉呢，沒有星羅棋布的雀斑，一頭連她自己都恨的紅髮，加上那沒把別人放在眼裡的幽默，以及回眸一笑的魅力，沒有人不喜歡她。我們沒什麼共同點，直到上體育課，幾個孩子當中，就只有我們兩個奮不顧身救球，不論多麼徒勞，也不論地板磁磚有多麼傷人。我們的球隊連續三年輸掉小學的比賽——不只是每一場，而且是每一局。但我不在乎，梅莉也是。生活的意義，依我們的觀點，無非就是盡其在我。路要怎麼走，別的我們不知道，但我們知道，即使走得太遠也不為過。

西藏也是如此。往上爬升一小時，騎在一線天中，高山還是擋不住當頭的太陽，於是，我們停下來補抹防曬油。我在臉上多抹了一些，梅莉則是塗在下背部，為的不是防紫外線——這方面已經有她的襯衫防護——而是要濕潤色澤腥紅的脫皮。偷渡檢查哨的前一天，梅莉彎下身子整理排檔，T恤往上翻，下背部整個暴露在高海拔的日曬下，皮膚紅腫發炎，已經不是一般的曬傷。她不喊痛不叫苦——頂多只是拿自己的痛楚消遣一下，頗有苦行主義的味道，我佩服她，偶爾卻也令人受不了——但我看得出來，騎車時她始終保持挺直，以免扭傷了曬傷的軀體。在一條坑坑洞洞的路上，這可是很辛苦的。

濕潤之後，梅莉暗暗一咬牙，嘆口氣，意思是要重新上路了。但我可不。「聽到了嗎？鳥叫？還是那些男生？」我故意逗她，希望分她的心，多休息一下。我之所以喜歡騎自行車，絕大部分的原因是停下來實在是一大享受。「嘿，妳餓不餓？」

當然，她餓了，我們永遠都在餓。雖然帶足了一個月的口糧，從燕麥粉到泡麵，我們的胃口卻遠大於籃框的容量。前一天，我們還考慮吃掉一頭山羊。一個騎摩托車的中國人，或許看我們全都一副營養不足的樣子，將山羊遞給弗洛里安。弗洛里安，一個數學家，個性溫和，解微分方程沒問題，叫他殺生，只怕萬萬不能。只見他懷裡摟著山羊，用徵詢的眼光看我們。馬提亞斯舔舔嘴唇，班恩點了點頭，垂涎欲滴。山羊懂事似地動了一下，仰起粗短的小臉，朝著梅莉可愛地咩叫著。

「這樣吧，兄弟，還給他！」她說，聽那口氣，彷彿山羊若是有個三長兩短，她定會把班恩給吃了。一個素食者，只要是四條腿、毛茸茸的，都可以融化她的心；最近，在一家加油站，她就不惜花了半個小時，蹲著拍攝一群嬉戲的山羊羔子。梅莉的建議顯然讓弗洛里安鬆了一口氣，小心翼翼地將山羊物歸原主，中國騎士將之塞進麻布掛包，揚長而去。如此這般，就著二一九號公路的路肩，我們席地而坐，吃起不新鮮的餅乾。
「不出所料。」咬了一口，梅莉咕噥著。
「什麼？」
「巧克力，一絲絲都沒有。」
對著吃了一半的餅乾，梅莉皺起眉頭，光鮮的包裝，明明寫的是十足的巧克力。我倒是沒怎麼在意，三兩下就把自己的份解決了。在中國，上不實廣告的當，這又不是第一次。向西藏進發前，兩個月裡面，騎車穿過整個新疆，梅莉和我買過冰棒，號稱草莓、西瓜、綜合水果及巧克力口味，到頭來，無一例外，全都索然無味，褐色的冰棍，點綴著幾粒紅豆。豆子！有誰會用莢豆來做冰棒呢？還有，究竟又是為了什麼，我們偏偏要繼續買呢？
或許，這就和我們非法硬闖一個缺氧有如火星的禁地一樣，同樣是出於一種僥倖心理。要不就和朝山的香客一樣，信心堅定，口唸佛咒，深信終會將自己帶到一個不一樣境地。回到車上，我想像車輪並非行在世界的表面，而是有如脫弦之箭，只要我停止踩踏，哪怕只是一秒鐘，它就會消失無蹤。山的金屬光澤，天空的湛藍無雲，道路的曲折迂迴，全都成了一個夢，一個唯有行動才能使之持續的夢。
三個小時過去，歷經千峰皆不是，終於，當我看到路前頭的梅莉丟下單車翻起筋斗來時，我知道我們到頂了。人輕飄飄的，有點暈眩，雖然是站立不動，卻像是在翻著筋斗。這樣的時刻，人生少有，整個人脫胎換骨，飛躍著成為你自己。我騎著單車上到了一個以前只有搭乘飛機才到得了的高度，卻仍然能夠呼吸，這一來，好像自己多了一個肺，具備了在紫外線中視物的能力。多希望我們就此上到了西藏高原，但事實上，還有幾個隘口要過，而且一個高過一個，但這一刻，第一次，我相信自己辦得到。

梅莉和我以熱巧克力互相慶祝，一邊等待班恩、弗洛里安和馬提亞斯趕上來。巧克力飲料是中國產品，也就是說，可可的成分少於包裝上的標示，但光是氛圍就提供了足夠的風味，身在高聳的喜馬拉雅山上，攜手最知心的好友，夫復何求，但仍熱切期盼更多——更崎嶇的道路，更猙獰的高峰，更深更遠的天空。更多更多不斷發生的事情。

沒有料到的是，這句話卻痛苦地應驗在下坡上。當我們趕著衝下隘口，一路上，每一個隆起、坑洞、石礫，雖然都只是小小的，集合起來卻成了一條標準的腦震盪路面。進入了西藏這塊禁地，你就得付出代價：兩腿、屁股、腦袋，無一不痛，頭腦根本無法有條理地思考，因為，整個腦袋唯一還知道的就只是身體與單車連成一體有如風鑽般的劇烈震動。爬上隘口的艱辛我心裡有數，但絕沒有料到下坡卻來得更為兇猛。等到我們在一處山谷中的冰河碎石上紮營時，我頭痛欲裂，疼痛彷彿閃電在兩眉之間流竄。整個人癱在睡袋裡面，我知道，我再也無法繼續。

但第二天醒來，卻又急著上路衝刺。或許是麥片加花生醬恢復了力量，也或許是濃稠的三合一雀巢咖啡發揮了效果。總之，每天早上出發時我都滿懷信心，自己即將會有重大發現，儘管自己走的只不過是世界上人口最多的大陸上一條古代的貿易路線而已。這裡幾乎已經不算是一塊未知領域，但那種感覺卻千真萬確；一個星期後，梅莉和我騎上一個一萬七千呎的隘口，我們絲路之行中海拔最高、氧氣最稀薄的一段，遠處，幾乎不再有下坡路段。

突然間，大地開展如翼，四野坡斜，緩緩入山。放眼望去，沒有林木，沒有綠色植被，沒有色彩，除了遠處波光粼粼的綠松石色鹽湖，宛如天上一汪水窪。地平線隱隱約約，並不分明，時不時有沙塵旋風揚起，當著我們的面前，距離不過數米，無聲無息，怪誕詭異，旋轉越過道路，化成一個無解的問號。這個旋轉的世界上，我，身在何處？

這裡，登山者可以在山峰頂上找到海貝化石；這裡，最平坦的平原比美國最高的連峰還要高；這裡，風帶鹽味，每一條地平線遼闊有如海洋。歡迎來到西藏高原，地球上最高聳的一片土地，天與地完美的折衷。

這片高原有過一段沉痛的現代史：北京奧運前夕，遭到暴力鎮壓，游牧部族強迫遷移打散，僧尼自焚新聞不斷。梅莉和我來訪則是早幾年的事，時在二〇〇六年，正逢平靜時期。對於幾個蓬頭垢面的自行車騎士，中國當局當然不會放在眼裡，但梅莉和我明白，事情隨時都可能有變，因此，當一輛軍用卡車從後面跟上來並派出兩名士兵時，還真把我們嚇得要死。

來人臉戴深色墨鏡，足踏黑色長靴，一身叢林綠的迷彩軍服，對照於現場植被光禿的地景，這樣的偽裝打扮看起未免怪異。當他們一把抓住單車時，我們的恐懼達到了頂點，但其實他們只是要騎車而已。士兵輪流上路，搖搖晃晃，彼此用手機拍照，喘得像是在吹生日蠟燭。幾趟來回之後，把車還給我們，揮手道別，顯然並不在乎我們即將要違法闖入阿克賽欽（Aksai Chin）。

這是一塊鹽與風的土地，罕見人煙，觸目荒涼，卻是亞洲最具爭議性的疆域之一。西藏的文化遺產，印度的條約主張，中國的實質佔有，阿克賽欽淪為一場領土的爭奪，全肇因於它的戰略地位。事情的開端，起於一九五七年中國祕密修築一條穿越其間的道路，亦即我們腳下的這條泥巴路，就此為這高原空曠無人的角落綁上了一條慢燃的導火線，長達一千多哩。十五年之後，印度才探知二一九號道路的存在，隨即引爆一場邊界戰爭。為了爭奪當時印度總理尼赫魯（Jawaharlal Nehru）口中這片「寸草不生的」荒地，中國與印度不惜兵戎相見，手榴彈、機關槍、迫擊砲互攻，死傷相藉。即使到了今天，中、印之間喜馬拉雅山沿線的領土糾紛仍層出不窮，彷彿地圖上的標示及線條墨水未乾，就已經遭人弄糊，大塊邊界土地仍然模糊不清。

梅莉和我帶來的中國公路地圖集——防曬油的手指頭把油膩膩的紙頁翻得吹彈欲破——完全看不到這些爭議，斬釘截鐵地標明西藏高原屬於中國。不過話又說回來，這和德國人所帶來的地圖就有所衝突，基於外交的原則，後者將阿克賽欽以虛線標示。

習慣上，我們總以為國家是不證自明的，地圖是可以信賴的權威，邊界流的是正統的血液，千真萬確。但在西藏這樣的地方，土地本身根本抓不住這些界線。邊界云云，很難說得清楚，因為，一道護欄就可以將之重新界定，其存在純粹是提示性的，捉摸不定。至少在阿克賽欽，我嗅到的就是這種況味——地平線上，它們無所不在，沒有圍牆，只有風在巡邏。說到邊界，究其根本，只不過就是要把土地與人民圈起來，將永恆強加於流變。

一個沙塵旋風掠過，揚起灰沙裙襬。大口吸入荒涼，我繼續騎著。接著便了然，這個氣旋竟是快速趕上來的中國車隊形成的，我們連忙避開，讓車隊通過，好幾十輛吉普車，拖著一長列的廢氣。碰到巡邏阿克賽欽的士兵，雖不覺得緊張，但突然間，我在他們當中看到了自己，沮喪之情卻猶有過之。小說家唐・德里羅（Don DeLillo）說得好：「志向大的人，寫歷史。」志向小些的呢，就把自己送到陌生地去冒險，到了那裡，第一件事，千篇一律，就是畫張地圖。

邊界和探險，沒錯，還是等回到家，比較能夠好好呼吸時，再多花一點時間好好地思考吧。眼下這一刻，我的整個心都放在自行車上。有時候，幾乎無路可言，就只是沙上一道淺淺的痕跡，要不就是一大片石塊，和山裡其他石頭長得一個樣子。有些地方，路乾脆整個消失到溪流底下去了。冰河融化的水在腳趾間流過，拖著自行車穿越其間，好幾個鐘頭都感覺不到自己的腳。還有那頂頭的風，那才是真正的冰凍，猛烈，從不稍停，彷彿世界的風眼就藏在喜馬拉雅山的深處，用冰川噴湧出來的冰劈砍著這個世界。

更糟的是，我們的腳踏車滿載，好個龐然巨物，堆得滿滿的：帳篷、睡袋、零件、工具和食物——泡麵、花生醬和包裝亂寫一通的零嘴，所有我們賴以活命的，眼看所剩無幾。西藏西部其實不乏雜貨店和餐廳，但梅莉和我要補充口糧卻沒有現金，至少是拿不出來。我們把腳踏車龍頭的空心管子當作撲滿，僅有的一百美元現鈔全都塞到裡面，但路上幾個月下來，錢和鋁已經結合成一體了。

偶爾，西藏人跟我們分享一頓飯，成了熱量補充的另一種來源。高原上，這一刻，我們還踽踽獨行，下一刻，游牧人家突然從山裡冒了出來，有如一陣輕煙，有如風中羊毛，男男女女，老老少少，面龐油亮古銅，兩頰皸裂透紅，頭髮濃密如甘草。男人一身晚禮服，繁複有如百衲，頭頂喜氣洋洋氈帽。女人脖子上掛著大塊紅寶石、綠松石及珊瑚。如果我們走運，他們會邀請我們一同回到帳篷，享用糌粑，一種青稞燴餅，及黏稠的犛牛奶茶。

「嚐起來像……某種動物？」馬提亞斯琢磨著，上唇油亮，然後又咕嘟灌上一大口濃稠的漿液，點了點頭。「像是犛牛。」

帆布帳篷進進出出。一老人微笑看著我們，心不在焉地捻著念珠，手掌上的老繭有如暗沉的錢幣。坐在硬梆梆木頭長凳上飲著茶，眼睛漸漸適應了昏暗及燃燒犛牛糞便所產生的煙的刺激。一個簡單的家，卻有數不清的光亮器物：看似陶瓷的杯子及碗缽、貼著我看不懂的中文標籤的錫罐、瓶瓶罐罐，以及一個停擺的鐘，風搖布牆，纖瘦的指針巍巍顫顫。所有這些東西，從這裡搬遷到那裡，不知道他們是怎麼做到的，也不知道一般是多久搬遷一次，總之，還有那無數的細節，我都渴望一探究竟，但言語不通，無從問起，唯一能做的就只是默默微笑，手指頭劃起大塊大塊糌粑送進嘴裡。

帳篷裡面，對面一根支柱，上面釘著一張銅版紙印刷的海報，吸引了我的目光。油亮的漢堡、金黃的炸薯條、一碗一碗的草莓、鮮橙及冰淇淋、起泡的奶昔，擺滿了整張紅白格子的野餐布，周邊林木蔥鬱，旁有瀑布。在整個中國西部，無論是喀什的漢人餐廳、新疆穆斯林的泥磚小屋、或西藏佛教徒的帳篷，我們都看到過同樣的海報。令我感興趣的，不僅是畫面上可望不可及的盛宴——都是存在於想像中，遠在萬里之外難以取得的食材——此外，還有一種奇特的熟悉感，令我心有戚戚。就我所知，這海報裡的林野是安大略的景色，而在我安大略的家裡，釘在我臥室牆壁上的海報卻是山嶽和沙漠，是風行無阻的地平線。我們是各取所缺。

用餐完畢，馬提亞斯拿出他的德文版《西藏七年》（*Seven Years in Tibet*），這書講的是一個奧地利登山者從印度戰俘營逃入西藏的故事。只見他快速翻到書的中段，將一張黑白照片出示給主人看，照片是一個年輕人，笑咪咪的，光著膀子，是丹增嘉措，第十四世達賴喇嘛，因非暴力反抗中國佔領西藏而獲得諾貝爾和平獎。西藏人都圍上來，伸長脖子觀看。

在中國的統治下，擁有這位西藏精神及世俗領袖的照片是非法的。西藏，更正確的名稱叫作「博得」（Bod），據史書記載，西藏人提到他們的故國時都是這樣稱呼。七世紀至九世紀，是西藏帝國的光榮時期，博得的幅員達到今日印度、巴基斯坦、阿富汗、塔吉克、吉爾吉斯及中國的一部分。大約六個世紀後，馬可波羅循著絲路來到高原，他所到達的地方，疆域就小得多，他稱之為「圖博」（Thebeth）——不像是一個民族國家的名字，根據現代的概念，是一種地理上的說法，源自一個突厥古字，意思是「高地」。當時的西藏是在蒙古的統治之下，但根據馬可波羅的報導，這個「窮鄉僻壤的國家」，人民拒絕使用忽必烈汗紙幣，寧願繼續使用鹽做為通貨。

接下來的幾個世紀，西藏分別受到中國數個朝代的統治及大英帝國的侵略，但也享受過少有的和平及自治。自治結束於一九五〇年，當時，中華人民共和國入侵這個佛教國家，最終迫使達賴喇嘛交出政權。八年後，拉薩爆發變亂，中國出兵鎮壓，達賴喇嘛流亡印度，數以萬計西藏人民隨之出走。一九五九年，中國號稱「解放」這個國家，又有數十萬人逃亡；所謂「解放」，表示中國正式宣布原來的西藏政府為非法，原來的獨立國家則降格成為西藏自治區。「西藏」一詞，中國話的意思，更精確地說，是「西方的寶庫」。從此以後，高原豐富的銅、鋰、金、銀礦產充實了中國的經濟成長，西藏的國界變成區界，由檢查哨駐守，限制進出——不是外國人，根據我們的第一手經驗，而是在地人。西藏人篤信無常，這也難怪。帝國在他們的腳下興盛、衰頹，他們的疆域擴張、退縮，最後還反過頭來與他們為敵，高原上的日常在在證明，腳下所立，無一處不是虛幻。

馬提亞斯從書上撕下照片送給老人，老人捧著輕觸額頭，摺好放入披風收藏，動作小心，避免弄皺達賴喇嘛的容顏。謝過一家人，起身離去，就著自行車短褲擦掉兩手的奶油。回到路上，掉頭遠望，帳篷如握，彷彿小小白色信封郵票上的經幡，黃、綠、紅、白、藍，每個顏色代表一個元素及一種心境，每面旗子寫滿經文，寫慾望與痛苦、慈悲與無常——書寫，漸行漸遠漸淡。

班公措（Pangong Tso），一個從西藏漫入北印度的湖泊，堪稱是最能說明邊界地帶的代表：一處隨著季節變化從固態到液態到氣態來界定疆界的地方。湖水甚為遼闊，呈綠松石色，看起來頗有熱帶風貌，儼然特提斯洋（Tethys Ocean）的殘餘。五千萬年前，印度次大陸與歐亞大陸撞擊，特提斯洋溫暖湛藍的海水沒入印度次大陸底下，海床褶曲成為西藏高原。海拔將近四萬呎，湖水誘人，其實極為寒冷，但話又說回來，我們已經有好幾個星期沒洗澡了。

梅莉、德國人和我丟下自行車，立刻跳進水裡。仰躺水面輕微晃動，湖水凜冽，胯痛大為紓解。幸運的是，這次並沒有像梅莉和我騎車橫越美國時那樣皮破血流，道理其實很簡單，自行車短褲有護墊，下面如果再穿內褲那才是最大的失策，只不過，我們晚了幾千哩才知道罷了。湖水輕柔，抵銷了體重，天地在此扯平。我試著尋找拉達克（Ladakh），北印度一個有「小西藏」之稱的地方，但湖水實在太遼闊，看不到另一端，卻只看到班恩仍然在岸上猶豫，焦躁不安。最後，他總算踏進水裡，皺起眉頭看著腿邊的湖水，然後又暴衝而出，說他看到水面有油花。

「班恩，那要怪你自己。」我跟他講道理。「是你自己弄髒的，你的防曬油。」

但他已經在擦身體，怒氣未消。西藏可怕的坑坑洞洞使他的鎖骨舊傷復發，儘管眼前這段路應該是此行中最輕鬆的一段，卻也沒能改善他的心情——按照地圖來看，將近一百哩路都是和緩下坡，但等高線圖卻沒能告訴我們路面砂質，呈半下陷狀。二一九號公路上，每隔幾呎就堆積著大堆的礫石，這表示眼下任何一天，維護工人都可能會來壓實砂子，填補坑洞，壓平洗衣板般的凹槽，但也正是這些成堆的礫石使得班恩傷上加傷。幾個星期下來，維護工程卡車來來去去，一天一輛、二輛，甚至三輛，上面擠滿身穿黃色安全背心的中國工人。「趕快工作！」車子經過，班恩就朝著他們怒吼。「把路修好！」但工人根本搞不清他在吼些什麼，只顧著友善地打招呼，笑著揮手，匆匆駛過，去別的路段上工。

高原不是班恩理想中的香格里拉，他只用了幾個字就把心裡話講了出來。香格里拉（Shangri-La），是西藏這些年來得到的另外一個標籤，主要是拜詹姆斯．希爾頓（James Hilton）一九三三年的小說《失去的地平線》（*Lost Horizon*）所賜。這本書及改編後賣座鼎盛的電影，給人們一種錯誤的想像，把香格里拉描繪成一個隱藏在西藏深處的世外桃園，是人類墮落前的庇護所，是一個純真、永生的祕境。但真正的西藏高原，至少我們正騎車經過的西部角落，卻完全相反，「毫無疑問是世界上最荒涼的地方」。尼赫魯豈不也說，阿克賽欽，不過一片荒原而已，但卻不惜為之一戰。

但說老實話，西部高原的荒涼，其景觀恍如外星世界，其美令人屏氣凝神，難怪大家都搶著要據為己有。提到西藏，往往出之以浪漫情懷，稱為世界屋脊，彷彿高原是某種精心設計的屏障，但在那裡，目之所及，我所愛的，無非是那份粗獷原始。高原巍巍，完全說不上什麼庇護，但卻提供了一個新的思考角度：從令人目眩神搖的高度，你看到了一個**真正的**世界屋頂，那一層稀薄的氧氣和氮氣，襁褓般地包覆著，把我們跟天堂隔開，或將天堂與我們隔開。薄薄一層藍色外緣的緩衝，不過六十哩厚，使地上的一切生命免於逸入太空無際的虛空。

六十哩，如果我能騎車直上青天，一天也可以騎那樣的距離，但騎車穿越西藏，那可就會把人累到虛脫。景色壯闊，令人五臟六腑翻騰的路上，風聲過耳，輪胎咔嗒作響，對每個人來說，這都是高原迷人的地方，唯獨班恩例外，多數時間戴著耳機，幾個小時騎下來，聽的都是刺耳的音樂。馬提亞斯大方地把 iPod 借給班恩，選錄幾首有限的曲子重複播放，包括《海灘救護隊》（*Baywatch*）主題曲和艾薇兒·拉維尼（Avril Lavigne）的〈Sk8ter Boi〉。我很難想像還有比這種電影原聲帶更折磨人的，但遠遠看過去，只見班恩兩眼出神，他顯然乘著音樂的翅膀飛走了，去到別的地方，回家，到一九九〇年代末期，任何地方，唯獨不是此時此地，天地間我唯一想要待的地方，西藏。

通過庫迪檢查哨後一個月，我們四個人抵達小城阿里（Ali），西藏西部一個滿都市化的地方，班恩的絲路終點。沒完沒了的疲累，我們其他幾個人把每一分鐘的吃苦當成享受，他全都受夠了，反正中國簽證再過一兩個星期也要到期，他便找了一輛貨車搭便車，從阿里到拉薩，搭機至北京，飛回曼尼托巴（Manitoba）。臨別，梅莉和我送他一份禮物，一支經過脫水處理的犛牛陰莖，結果，一下飛機就被加拿大海關沒收，後來我們獲悉，都覺得可惜。

聽其他騎自行車偷跑進入西藏西部的人說，到阿里的警察局去自首，或許可以取得臨時的合法身分，這樣一來，到拉薩去，路上檢查哨的密度更高，麻煩比較少些。既然如此，梅莉和我壯著膽子進了警察局，交出證件，填了一堆看不懂的表格，一副誠心懺悔的模樣，官員不情願地把護照還給我們，裡面多出一張憑證，上面寫著：「外國人旅行許可」。「恭喜，凱特。」走出警局，梅莉對我說：「火星人，終於合法了！」

人在西藏高原，覺得格外自在，感覺像是一種隨性的深度造訪。但這並不是說，對一個當時自己幾乎一無所知，仍然有待學習的文化或複雜的歷史，抱持著一種便宜行事的心態。相反地，我感覺到的是一種對這片土地的愛，高原簡約的輪廓及不毛的地貌，一片升高並改變的大地。和梅莉騎出阿里時，旅行家一號永遠飛出太陽系之前拍攝到的那張照片「淡藍斑點」，沒由來地在我腦海中浮現。這圖像告訴我們，在深廣太空的黑暗中，人類的家園就只是那樣一個小小的藍色斑點，用天文學家卡爾・薩根（Carl Sagan）的話來說，是「懸浮於陽光中的微塵」。沒錯，旅行家號的儀器盡忠職守，在執行它們的科學任務中，連土星星環微粒的大小都記錄了下來，但話又說回來，這張不經意捕捉到的快照才真正可貴，其意義重大，勝過大量的資料：一種根本變化的展望。任何探險，這難道不是最有意義的結果，重新揭開古老的世界——和我們自己？

西藏高原讓人得到一種類似宇宙的反思。身在其間，我比一粒微塵更小，慢慢騎在這片以前是海床的叢山峻嶺中，一個月下來，沒洗過一個澡。這情形還真有點像是在月球或火星上，但比較好的是，我能夠呼吸，能夠大聲笑出來，能夠感覺到風吹在臉上，用不著向任務控制中心報告，用不著透過無線電靜電說話。唯一短暫懷念太空衣保護層的一次，是有一回快速下山時，一個輪胎漏氣，害我失去平衡摔到地上。

「好空氣，凱特！」梅莉確定我沒受傷後說道。從光著的手掌上剔出幾粒碎石，後悔沒有戴上手套。幾個月下來，吸足了汗水、塵土和防曬油，一雙手到頭來已經打造得韌性十足，因此，即使在高海拔的八月也寧願丟到一邊。梅莉幫我補好已經有如一床百衲被的內胎，固定輪胎，我則用攜帶式打氣筒充氣；打氣筒因灰塵而發出吱吱尖叫。等回到自行車上，才發現這一摔還有附帶損傷：外套下半部被岩石劃破，細小的白色羽絨飄出，彷彿我正在融化。

雲，湧下谷坡，斜陽柔和，色呈琥珀。空氣冷冽清爽，風有如生命流動。外套裂口雖然貼上了強力膠帶，仍有羽毛脫漏，但我無所謂了。我的羽毛、汗水，甚至手掌上的脫皮，無論什麼，盡付高原，培養彼此的情誼。還記得，當時心裡這樣想著，身為探險家，既然必須畫張圖，那麼，就這樣畫吧：晚上，高原的天空轉移，變暗，太陽從雲隙撒下最後餘暉；群山有如落月照我，微光倏忽消失。

03

自然的歷史

英格蘭與新英格蘭

Natural History

England and New England

幾個星期後，梅莉和我飛回加拿大，傳說馬可波羅曾經將寶石縫在衣服裡偷渡，我們不遑多讓，也有沙塵縫入袖口。看著中國縮小，吃著微波的飛機餐，論味道，略勝泡麵一籌而已。四個月騎了四千公里之後，靜靜坐一會兒，腳下無須踩踏，仍然飛速前進，還真是覺得輕鬆。但不消多久，大約一部飛機電影之後吧，我坐不住了，梅莉也是。飛機還沒在多倫多著陸，我們就講定了，哪一天定要騎完其餘的絲路，亦即歐洲與亞洲之間那段更巨大的空間。

自行車還來不及拆箱，又托運上了往英格蘭的班機，到牛津去唸研究所，在那裡，幾個新朋友和我，以自行車之旅揭開學習的序幕。我們盤算了一下，開學前剛好有足夠時間騎到史特拉福（Stratford），莎士比亞的故鄉，派崔克．史都華（Patrick Stewart）——在《星際爭霸戰》中以尚路克．畢凱艦長（Captain Jean-Luc Picard）知名——將在《暴風雨》（*The Tempest*）中飾演普羅斯佩洛（Prospero）。

從襤褸的睡袋中醒來，拉開營帳拉鍊，還以為看到的會是西藏高原，但映入眼簾的卻是綠油油的英格蘭，地形地勢宛如在中國所看到田園海報。兩天下來，多明尼克、金、傑米和我，四騎同行，經過中古村落的小屋，經過城堡般的莊園。莊園兩條草坪平整，距離極長，有如飛機跑道，後來看到一架飛機降落在其中一條上，才知道果然不虛。沿途大啖樹籬上的藍莓，個個唇舌皆紫，到了史特拉福才知道戲票已經售罄。為了要搶購第二天的當日票，我們乾脆就在皇家莎士比亞劇院（Royal Shakespeare Theatre）的前庭上搭營，連營釘都不需要，直接就用自行車的重量拉緊帳篷。營地張揚醒目，豎著一塊手寫的卡紙板，上書：「派崔克．史都華的最大粉絲」。

事實上，我們沒有一個人迷星際爭霸戰系列。我偶爾會重看其中的《銀河飛龍》（*The Next Generation*），但兩個弟弟和我卻偏愛《重返地球》（*Voyager*）中的凱薩琳·詹勒威艦長（Captain Kathryn Janeway），不僅因為她敢去前人不曾去過的地方，更因為在那兒困守了數十年。多明尼克，崇尚自由的魁北克文學青年，主要是衝著莎士比亞來的；傑米，律師，火紅頭髮，成長於育空（Yukon）的灌木營地，此行目的其實只是自行車之旅。至於金，滿腹理想的家庭醫師，來自安大略，一個床邊喜劇天才，只要是好故事，她絕不放過。我們都獲得羅德獎學金（Rhodes scholarship），搭同一班紅眼班機（red-eye flight）飛到倫敦。儘管有時差困擾，當金、多明尼克和傑米欣然同意以一趟自行車之旅開始研究所學程時，我就知道我們會合得來。

天亮醒來，發現已經有三個緊張的傢伙在我們營帳前頭排隊。幸好當日票夠多，劇院洗手間漱洗完畢出來，日場座位已經到手了。燈光暗去，怪異的音調響起，莎士比亞的文字將劇院化為陰森的北極島嶼，那兒，落雪不止，清醒與瘋狂只有一片薄冰之隔，那兒，在極地的黑暗中，傑米和我雙手緊握。

「啊，美麗的新世界！」米蘭達（Miranda）喜形於色。「那裡一定有這樣的人。」

「妳太不了解它了。」她的父親，普羅斯佩洛，調侃著說。

當傑米知道我們兩個秋天都要去牛津，互相認識了，便開始用電子郵件聯絡。我騎車走絲路，偷跑進西藏時，傑米則在埃及學阿拉伯文，並騎摩托車進入敘利亞。在煙霧瀰漫的中國網咖中讀他的部落格，我Po自己在路上寫的東西給他，傑米讀後回覆，訊息往返，我們瞭解了彼此共同的嚮往與惋惜——嚮往荒天與野地，惋惜兩者在這個世界上俱都失落。「有如巴斯葛（Pascal）所說，那就好像在你的心裡有一個上帝打造的洞穴，但洞穴裡卻被虛空、寂靜與空無充滿。」他從埃及寫來，縷縷訴說那無以名之，只有山嶽與沙漠才能滿足的嚮往，深得我心。

九月，我們分別前往渥太華，「航海週末」（Sailing Weekend），加拿大最新一屆羅德學者（Rhodes Scholars）的聚會，飲酒饗宴，參訪國會，然後出發橫渡大西洋，唯一可惜的是不再是搭船。原本我擔心自己根本去不成英格蘭。絲路回來之後，要去渥太華之前，我幾乎抽不出時間寄出護照，這表示我的學生簽證還沒辦好。幸運的是，亞瑟．克羅傑——一位好心的羅德學者學長，一個加拿大公務員的傳奇——安慰我說，他會透過英國大使館的關係把事情搞定，還提到另外一名羅德學者也是同樣情況。

沒錯，那就是傑米，剛從埃及回來。臉色蒼白，紅髮有如火炬。說起話來極其認真，同時帶著一種他特有的平靜，一副非要贏得世界大學辯論冠軍的架式——沒想到後來他真的做到了。錦標賽那一年在馬來西亞舉行，辯論開始時，海嘯侵襲泰國南部。贏得比賽之後，不是飛回加拿大完成他的法律學位，而是直奔泰國海岸災區，花一個月時間協助清理災後殘骸。結果迷上了殘骸，滿懷人類學的熱情。見面的第一晚，我們接吻。

當時是在渥太華，是在我們拿到學生簽證後不久。幾天後，一輛巴士載著我們夾雜在一群大做牛津夢的羅德學者中間，我還記得，自己滿心驚訝，一個來自安大略小鎮的太空學員，居然走進了這樣一個童話故事。不只是和傑米剛萌芽的愛情，獎學金本身也是。無疑地，這中間一定有錯，遴選委員會出了什麼問題，但不管怎麼說，我拿定了主意，定要全力以赴。在牛津，原來打算念科學——部分原因是我的首要目標是成為一個太空人，前進火星——但最後一刻改變了心意，改為主修科學史碩士學位。我告訴自己，既然自己要做一輩子的科學，幹麼要把牛津的兩年在實驗室裡蹲掉呢？更何況所有的實驗全都一樣：了無生氣，缺乏人味，必要時可以複製。相反地，博德利圖書館（Bodleian Library）卻無與倫比。

課業上的監督雖然不緊，皮耶特羅．柯爾西（Pietro Corsi）教授，一個歌劇式的義大利人，五十過半年紀，單單談到達爾文長達七年對藤壺的死心塌地就面紅耳赤，熱情洋溢，他的專業是演化理論史，講課的風格則是非線性的，別有古風。「昨天晚上，我和一位高齡的生化學家晚餐，老先生八十四歲了，談起科學史，儼然實證主義者，還活在一八七〇年代！」柯爾西同情地搖著頭。我和其他研究生交換一個困惑的眼神。「你們知道的。」他繼續說道，揮動著他穿斜紋軟呢的膀子。「在真理的追求上，相信邏輯，相信理智的進程，對科學家是一種誘惑，我的意思是說，我一點都不懷疑，他錯了，可憐的人，但你卻不能殺了他！」然後，抬起一副陰沉、了然的眼神，掃過教室。「牛津是個怪地方，什麼事都不准，正因為這樣，什麼事都有可能……」

牛津多數地方，從七彎八拐的卵石街道到柯爾西的課——鼓勵天馬行空，但那畢竟是旁門左道，動輒訴諸於關聯。譬如科學哲學與詩之間的關聯，如果按照艾蜜莉．狄金生（Emily Dickinson）對後者的定義，只會讓你覺得彷彿連腦袋瓜子都給拿掉了。一天晚上，窩到床上，由於第二天上課要討論湯瑪斯．孔恩（Thomas Kuhn）的《科學革命的結構》（*The Structure of Scientific Revolutions*），我打算讀他幾章來幫助自己入睡。但完全不是這麼回事，整晚沒睡，發了瘋似地讀完最後一章，結果，孔恩的論點把我對這個世界的理解整個瓦解掉。按照他的說法，本質上，科學理論也是演化選擇，是最適合於現有事實的虛構故事——直到有新事實發現，迫使一個範例讓位給另一個更好的虛構故事。此外，他又辯稱，科學家在早期階段都會擁抱新範例——直到收集了足夠的證據引發一次新的科學革命——之所以如此，並非對現有事實做過嚴肅思考，或至少，不僅僅只是而已，更是出於主觀的、非理性的、本能的信念執著。讀孔恩及其他科學哲學家的作品，就像是深入細看一個科學家腦袋瓜子的內部——一個類似史巴克（Spock）那種裁定終極事實的人——到頭來，只會發現一個極端神祕的內在。我自己就比較偏愛神祕主義，尤其是安妮．迪拉德（Annie Dillard）那樣的作家，但卻從不天真地以為他們的動機與方法跟那些科學家並沒有重大差異，只不過，重溫迪拉德的作品，在這方面，我還得做好準備。「天主教教堂與物理實驗室之間有什麼差別？」她有一次問道：「它們不都是在說『哈囉』嗎？」天亮了，放下孔恩的書，我敲敲自己的腦袋，確定還在。

牛津的另外一堂課，更令人沮喪，談的居然是戰爭與科學之間的關聯——伽利略望遠鏡的兩個目的。帕多瓦大學（University of Padua）授予這位義大利數學教授終身教職，獎勵他在望遠鏡的軍事目的上做出重大的改進。但伽利略本人使用望遠鏡卻是和平的，是要觀察天空，觀察月球表面的坑洞、太陽的黑子、環繞木星的衛星及金星的盈虧——透過這些觀察才使靜態的宇宙動起來。一天中午，我拿著一具伽利略望遠鏡的完全複製品，站在布羅德街（Broad Street）上，戴上教授給我的黏糊糊的紫色實驗室手套，避免指紋沾到金色斑點的皮質鏡筒，但我所看到，就只是國王兵器（King's Arms）酒吧的招牌，望遠鏡裡，招牌上的字全都模糊扭曲——跟帶著酒意離開酒吧的學生所看到的，說真的，想來沒有什麼差別。

那麼，研究科學史最棒的部分又是什麼呢？一般來說，說到做功課，我都只當它好玩，但關於這一點，我還真有功課要做，那就是讀探險日記，譬如達爾文的**小獵犬號**之旅。

雖然念高中時就知道達爾文，卻從來沒有讀過他的日記。書中談到他二十二歲航向南美洲，當時的達爾文，一個有錢人家子弟，無所事事，醫學院沒念完（看到血就反胃），鄉村牧師又當不成（把收集甲蟲看得比拯救靈魂更重要），父親對他早已經感到不耐，他便求父親讓他加入小獵犬號的探險——但不是當個博物學家，而是以一個紳士的身分去和船長作伴，因為，船長羅伯特．費茲羅伊（Robert FitzRoy）擔心，長年脫離有頭有臉的社會圈子，到頭來會瘋掉。達爾文甚至必須自掏腰包，當然，富裕的家庭也出手幫了他一把。

小獵犬號一旦出航，達爾文如魚得水——長期暈船例外。從他的日記來看，年輕的博物學家顯然受到一股內在衝動的驅使，不安於室，心如野馬，而這也正是我認得的自己。「與惡劣的天候抗衡」，露天生活「難以言喻的魅力」，使他陶然忘我。無論沿南美洲海岸曲折而行或登岸長時間工作，眼之所見，無不使達爾文深感震驚——佛德角（Cape Verde）使海洋為之泛紅的變色章魚，巴塔哥尼亞（Patagonia）蝴蝶如雪花飄落的天空——有時候使他不得不承認他幾乎無法舉步。日記的最後幾行，達爾文鼓勵有抱負的年輕探險家抓住一切機會展開長途旅行——而且總不忘建議，盡可能走陸路，希望別人避開他一輩子都未能擺脫掉的暈船嘔吐。

透過這本日記，我愛上了這個心地單純、會暈船的旅行家，但繼續讀下去，卻又跳了出來。六年海外生活，回到英格蘭，達爾文很快娶了一房妻室，定居鄉下茅屋，從此未再旅行他處。但持平而論，也正是這段從不安於室轉而落地生根的時期，達爾文精心打造了他的天擇演化論。生了十個孩子，包括一個夭折的，加上原因不明的身體不適，到頭來讓他就此在英格蘭安頓下來。但達爾文最令我不解的並不是他結束了他的長途旅行。讀了亨利．大衛．梭羅（Henry David Thoreau）之後，我才知道，從康考特（Concord）的一間小木屋，你照樣可以四處漫遊，我期許自己，有朝一日，也要從阿特林的一間小木屋行走天下。最令人困惑的不是他的閉門不出，而是他居然連好奇心都打包了。

在這本無所不談的自傳中，達爾文敘述了自己變成「一部機器，將大量收集來的事實轉化成為通則」的過程。他磨利了自己的分類辨識技巧，研究藤壺、鴿子及其他從小獵犬號收集得來的標本，但也注意到了自己的轉變，對音樂、詩歌與自然變得越來越遲鈍。「對於美好的景色，我還保留著幾分品味。」他承認：「但它們以前所帶來的那種微妙喜悅，如今已經不再。」科學成為老年達爾文唯一的熱情，但言下還頗有些樂趣，只不過真正抓住他的，無非是那種將事實分類納入理論架構的偏執。同時，他也悲嘆自己的理解力不再天馬行空、充滿想像，並視之為一種「快樂的喪失」。

若說青年達爾文與老年達爾文是同一個人，我實在無法相信。像他那樣從一個莽撞的浪遊者一變而成一個孤僻的科學家，思之令我不寒而慄，無法想像自己會蹈他的覆轍。烏雲密布，走過四顧無人田野，「欣然而有畏懼之心」，愛默生（Ralph Waldo Emerson）如此，我又何嘗不是？走出哈特福（Haertford）的研究生宿舍，越過泰晤士河上一橋，曲折行過基督堂（Christ Church Meadow）草場，小徑沿途橡樹高聳蔽天，然後下到狹窄的卵石街上，登上吱呀有聲的台階去傑米的住處，我也總是這種心情。

第一學期，儘管我倆形影不離，傑米還是給我寫信，在我的鴿洞或「鴿格」（pidge）——牛津學院門房管理室中所謂的信箱——總有手寫的優美文思在等我。「心理生活，精神生活才是真正的生活。」在一紙長信中他這樣寫道。「講到旅行和探險，本內迪克．亞倫（Benedict Allen）說得好，拿你的靈魂下注才是真賭。」——最近我們才去聽這位英國探險家的校園講座——「去一個地方，不要留下印記，而是要讓它給你留下印記。」

牛津校園，霧鎖塔樓，簷獸睥睨，像這樣的飛鳥傳信，文書暗遞，其實不難想像。什麼都不准，因此，什麼都有可能。整個校園裡，中庭莊嚴，綠草如茵，到處豎著「草坪勿入」的牌子，但老實說，細心維護的地方還真沒有什麼吸引力。莫德林學院（Magdalen College）的大門石造鐵鑄，我乾脆越牆而過，進入C・S・魯易斯（C. S. Lewis）構思納尼亞（Narnia）時常去散步的鹿園，要不就是沿著泰晤士河一路跑到宿舍，抓住僅有的時間淋浴，穿上我僅有的洋裝，優雅的黑色長裙，其上有微微星光點綴，合成纖維材質，不怕起皺，方便塞到背包裡，有時候，一忘就是數天，然後穿著去參加正式的舞會。說到舞會，在牛津，每隔一個星期就有一場。

從這樣的場合出來，傑米和我步行回家，午夜的街上滿是學生，衣衫花稍，擇路避開卵石，鈉燈光暈昏黃，作香檳色，恰好可容星光灑落。斯情斯景，在我看來，很可以為我多采多姿、見識大開的牛津兩年下個註腳：一種犯了錯躲過懲罰的美妙感覺，彷彿活在童話故事裡。

初冬，一個週末，英格蘭雨下個不停，不由分說，傑米拉著我就走，直奔義大利五漁村（Cinque Terre），選擇這裡，只因為陽光充足，紅酒和青松子醬又多又便宜，還有，雪萊在這裡淪為波臣。碧藍的地中海，海水溫暖，我們游泳，然後到岩石上曬太陽，為彼此朗讀詩人的詩句。傑米是個雪萊迷，這位在劫難逃的浪漫詩人，叛教在先，否定上帝存在，遭到牛津開除，搞到後來，牛津只得在一間學院為他塑像，一尊大逾真人的大理石裸像，立為典範。牛津最有名的校友中，從雪萊到美國總統比爾・克林頓，沒有讀完學位的不乏其人，傑米從不諱言，他也要效法前人。從律師跳到發展研究（Development Studies），身為學生，他經常翹課，放著學期報告不動，卻給我寫信，還大言不慚說，「他根本就不相信發展」。至於論文，他打算寫一篇東西，從美學的角度反駁這整個學門，可以確定的是，此舉定將觸怒師長，將他掃地出門。

而我呢，如果做得到，我可不想半途而廢，但也明白，牛津所學與自己的外星志業無關：申請麻省理工學院博士班，研究極端環境微生物學，因此，對於一個人文科學的學位也不太放在心上。因為會念書，拜獎學金之賜，來到了英格蘭上牛津，一旦來了，卻很快就學會了放下，或者不如這樣說，去關心自己真正在乎的事：不是怎樣達成去火星的目的，也不是靠別人的肯定獲得成功，而是把它當作一個機會，去思考，去夢想，自由自在。換句話說，就只是將之當成一個探險的場所。

既然志不在於弄點成績出來，那研究些什麼東西呢？以我來說，我迷上了博德利圖書館裡那些早年喜馬拉雅山探險家的報告，詳讀已有幾百年歷史的測量地圖，試圖點點滴滴釐清梅莉和我在西藏高原上所走過（偷跑過）的路線。仔細檢視每一張地圖，阿克賽欽以西的一大片空白引起了我的注意，部分原因是它讓我想起了朱諾冰原。我得知，這一大片緩慢流動的冰是錫亞琴冰川（Siachen Glacier），是一片直到二十世紀初年才有人探查的空白。當年，女強人芳妮．布洛克．沃克曼夫人（Fanny Bullock Workman）挽起她的粗毛呢襯裙，跋涉上到了它的基部。

她的連指手套裡緊緊握著的是一幅標語，宣告——不是要求，非常感謝——「支持婦女投票」。氣喘吁吁，吃力地跟在後頭的是杭特．沃克曼醫師（Dr. Hunter Workman），再後頭，是十二名雇來搬運裝備的挑夫。沃克曼夫婦，業餘博物學家，家境富裕，來自美國。杭特因為長期疲勞，醫生開了處方：新鮮空氣及海外旅遊，兩夫妻便出發展開自行車之旅，走遍西班牙、印度、緬甸、錫蘭、爪哇及部分非洲。騎到沒路可騎了，兩人便徒步翻山越嶺，進入當時的英屬印度的巴爾提斯坦（Baltistan）——數百年前屬於西藏——今日則在有領土爭議的克什米爾境內。從那裡，他們越過喀拉崑崙山口，循南邊的一條絲路進入一片未知領域：錫亞琴冰川的銀色王座（Silver Throne）高原，在那裡，杭特拍攝了一張著名的照片：芳妮，一身粗毛呢長裙，頭頂飾有緞帶的帽子，擁護婦女投票權，在海拔二萬一千呎。

Siachen，源自巴爾提語（Balti），意思大約是「野玫瑰之地」，一種根植於冰河土的耐寒花種。根據芳妮一九一七年寫的書《東喀拉崑崙冰野的兩個夏季》（*Two Summers in the Ice-Wilds of Eastern Karakoram*），她寧願以「玫瑰」直呼這片冰川，喜歡這個稱呼的優雅與岩石、冰雪的粗暴所形成的不協調。芳妮說，她之所以去那裡，完全出於科學理由，是要去調查冰川，並為那兒所有的重要山峰做三角測量，但話是這麼說，我卻嗅得出來，說到底，這只是為純粹的心嚮往之所附加的一個說詞而已。而我呢，之所以要去朱諾冰原，無非也是要去走走看看，從一個不同的角度看這個世界，若真有人問，那我就是為研究冰川的地球物理學來的。我愛荒野也愛科學，但後者是附帶的，依我想，芳妮應該也一樣。

但這並不妨礙她成為一個認真的科學家：全面研究錫亞琴的人，她是第一個，為冰川生物及地質的多樣性編目，為無名的山峰命名，測量其等高線——所有這些成果揭露了一個事實，兩極地區以外，已知的冰川中，這一條是最長的。但讓她更為聲名大噪，勝過這些學術貢獻的，卻是每登上一座山頂便做出支持婦女投票權的動作——或許無法反映她的科學特質，卻更突顯了在一個沒有女性探險家的年代她身為女性的角色。但無論在哪一方面，她的理想在當代地理學界都遭到了忽視，她畫的地圖被評為不精確，她探勘所做的命名幾乎全都未獲採用。現代史家甚至更無情，將芳妮斥之為「鬧劇」、「半吊子」、「為令人充滿敬畏的高峰世界帶來了一點輕鬆的喜劇調子」。

在博德利圖書館（或學生口中的「博德」〔Bod〕）讀到這些批評，想到自己偷闖進入西藏的事情，那個胖乎乎的警察，遞給我的不是一張冷冰冰的罰單，甚至更冷酷的手銬，而是一根黃瓜。黃瓜！山中無幽默？只有從未真正到過喜馬拉雅山的人才會這樣說。大多數早期的喜馬拉雅山探險家，無不自豪自大，相對地，芳妮卻別具一格，因為她，這個世界最高海拔讓我們看到的是才情和特立獨行。我欣賞她的無限活力，佩服她一反女性的端莊文靜。錫亞琴冠以「玫瑰」之名，或許稍嫌太過，但一條冰川，無論叫什麼名字，並無礙於其為冰川。一如西藏高原，無論稱之為博得或西藏、天堂或地獄，並無礙於其為摩天的岩石與松石綠的湖泊——正如芳妮發自心底的讚嘆，那一種風景，「緊扣我的靈魂」。

達賴喇嘛蒞臨牛津，高原似乎貼得更近。謝爾敦劇院（Sheldonian Theatre）裡，撥開人群尋找位子，學生和教授爭睹這位笑咪咪的僧人，一個從小就被人民當神一樣膜拜的人，一個因中國徹底改變了拉薩，被迫逃離祖國有家歸不得的人（完全不可能，因為中國政府視之為恐怖份子），一個可能連布達拉宮都不再認得的人，因為，布達拉宮前面朝山者聚集的草坪已經不見，取而代之的是一條四線道的大馬路。但這會兒，坐在劇院裡，只見他一副寬邊眼鏡，兩眼炯炯有神，笑呵呵地講自己的笑話。相對於他一生的嚴酷遭遇，那笑聲之無關痛癢，儼然成了一則活生生的公案。公案者，佛教禪宗傳統的參悟之道，跳脫邏輯，引導開悟——換成我，呵呵以對，想來達賴喇嘛也不至於介意。

在他的口裡，自己「不過一介僧人而已」，簡單談了些仁慈的道理。接下去，一堆學者，典型牛津式的，問了一堆不是問題的問題，全都只是要突顯發問者自己的博學廣識而已。有時候，傑米和我也會犯這種毛病，因為他可以從任何角度切入任何議題，雄辯滔滔，讓人看不出來他真正的想法。他自己或許不知道。「難道你不認為食物、飲水、教育、工作都是基本人權？」一天晚上，晚餐桌上，我的一個朋友逼問他。我知道，對他來說，發展云云，根本只是說得好聽而已，他全然沒把它看在眼裡，他質疑「進步」——人類集體汲汲營營追求生活上的方便與舒適——他真正關心的是苦與樂之間的關係，真正想要瞭解的是，為什麼沙漠中的一滴水嚐起來那麼甜。傑米非但沒有敞開來談這些，反而閃躲我朋友的問題，只見他不著邊際，學究一般閃爍其詞，對他來講，這樣輕鬆多了。但從我的角度來看，未免輕鬆得令人洩氣，這樣一來，連我都搞不懂，除了謹慎小心之外，還能圖些什麼。

達賴喇嘛對語意學沒什麼興趣。這中間，有一個哲學教授站起來，提到「慈悲」（compassion）與「仁慈」（kindness）之間的差別，指出達賴喇嘛的談話從頭到尾用的都是後者。

他稱讚達賴喇嘛用字的策略，說仁慈是一般大眾比較懂的概念，而慈悲則具有神性的含義，是超越的、難以企及的德行，因此，感覺起來比較不是那麼真實。

「啊，不！」達賴喇嘛呵呵笑著。「這都要怪我的英文不夠精確！仁慈、慈悲是同一個東西。沒有策略，哈哈！這些都是簡單的事情，嗯？說起來簡單，做起來比較難。」

離開謝爾敦劇院，還真想有個千年的時間來好好思考達賴喇嘛的話。我選擇到港口綠地（Port Meadow）去安頓自己一陣子，這塊有著千年歷史的公地，腹鼓如佛的牛羊迄今仍在這裡放牧。眾生受苦乃是眾所周知的悲劇，說到免於受苦之道，無非在於相互的尊重與節制，或達賴喇嘛所談的仁慈：一種對別人的同理心，承認自己之所欲並無異於任何其他人。相對地，貪欲與自我——無論是個人的或國家的——則是推動探險的力量，隨之而來的是人人爭先恐後，宣稱世間的一切皆為自己所有。在牛津，我每個星期都從自己的名人榜中剔除一個探險家偶像，最近的一個是理察．哈克魯特（Richard Hakluyt）——十幾歲時，火星學會頒給我的寫作獎就是以他的名字命名。實際上，哈克魯特本人並不是個探險家，但他卻是吹響歐洲人殖民「新世界」的號角，只不過對已經生活在那兒的人來說，新世界云云，結果卻不是那麼好就是了，至於今天在西藏的中國人，那就只能算是他的徒子徒孫了。但話又說回來，這一類的掠奪再怎麼令人反感憂慮，開始的時候，幾乎都是光明磊落的單純探險——但後來卻帶來了災難。

舉例來說，芳妮長征半個世紀之後，錫亞琴失去了世界最長冰川的冠冕（經證明塔吉克的那一條才是最長的），搞到後來，甚至得了一個更不堪的名聲：世界最高海拔的戰場。一九七二年，兩個新成立的國家，印度與巴基斯坦，在互不相讓的克什米爾劃了一條「控制線」，從此以後，邊界止於測量點 NJ9842，位於錫亞琴南部的山腳，由此略推，「從這裡往北到冰川」。兩個國家都不怎麼重視錫亞琴，一處棄置的荒原，因此，在領土的野心上，這裡也就得以置身事外。

直到一九七〇年代末期及八〇年代初期，情況才有了變化，一支由日本、英國和美國組成的登山隊伍，向巴基斯坦——不是印度——提出入境申請，打算攀登冰川上的山峰，理由很單純，從巴基斯坦比較容易進入錫亞琴。登山者並沒有選邊的意思，即便如此，他們護照上的戳章卻暗示巴基斯坦控有整條冰川。但如果連外國地圖也暗指錫亞琴屬於巴基斯坦，那就更加惹惱了印度。地圖錯誤的始作俑者，是美國國防部一九六七年的克什米爾地標領航圖，該圖將印巴控制線以虛線表示，斜斜地「從這裡往北到冰川」，這樣一來，就等於說錫亞琴包括在巴基斯坦國境內了。克什米爾的印巴控制線，曲曲折折沿著天然的山脈而行，但在美國地標領航圖上，這一段卻是一條有如彈道的直線，直接從 NJ9842 拉到了以前古絲路上的喀拉崑崙山口。我常在想，劃下這條虛線，這樣重大的決定，究竟是出於何方神聖，而這個決定究竟是出於無知，純粹是為了巡航目的（或許喀拉崑崙山口是一個理想的領航地標？）還是出於對美國軍方長期盟友巴基斯坦的祕密支持。不管怎麼說，地標領航圖上的線並不是正式的邊界，但其他地圖卻都將錯就錯，依樣葫蘆，又未就此提出提示，包括著名的蘭德麥奈利（Rand McNally）世界地圖、《牛津百科全書》及《國家地理雜誌》。事有湊巧，一名印度上校碰到了幾個打算乘筏而上印度河的德國人，看到他們的美國製地圖，地圖上顯示，錫亞琴實際上屬於巴基斯坦，不禁大驚失色。一九八四年，印度揮兵進入冰川，以防紙上邊界成真，巴基斯坦也出兵錫亞琴作為回應，如此這般，人類的荒唐升到了一個高度，一場高海拔的對抗隨之升高。

從此以後，在少有登山者敢於逗留的高山上，雙方兵戎對峙經年。一九九〇年代初期，停火生效，但在錫亞琴的衝突中，縱使多數傷亡肇因於自然的危害，譬如雪崩及高山症，而非兩軍的對陣，但死亡數字居高不下。為維持冰川上的部隊，每日投入數百萬元，又由於空運垃圾下山所費不貲，人類的廢棄物品乃填滿了溝壑。錫亞琴冰川，早年的探險家讚不絕口：「其壯麗無可言喻，其狂野自然天成，未經雕琢，令人油然而生高遠遺世之感，其強烈非比尋常。」這樣的一個地方，經過三十年的軍事佔領，在印度軍官的口中，終於淪為「世界上最高最大的垃圾場」。

為了一塊遠在天外的冰，如此小題大作，勞師動眾，所為何來？追根究柢，這條冰川並不具備戰略價值，一切作為無非在於它的象徵價值，為了面子，兩個國家都不願意失去錫亞琴，縱使雙方都想要擁有這塊土地，卻又寧願僵持摧毀亦在所不惜。從這個角度來看，這場冰川之爭本身就是一個公案，跑步回去的路上，從港口綠地遠望牛津，但見尖塔樓台連綿聳立，不禁驚訝於一個飽受戰火摧殘的荒原所能引發的啟發。

或許是讀了喜馬拉雅山的東西，驛動的心又躍躍欲試。或許是傑米太過於嚴肅，也或許是我沒能誘發他輕鬆的一面，一如他也未能誘發我的，如此一來，我們的關係純粹停留在深層的、探索的層面，至少我自己就花了極多的時間在這上面。因此，對我來說，不免覺得難以為繼。「或許我們只適合以文字相愛。」我向金吐露心裡話。我們在莫德林學院別具一格的研究生宿舍聖泉津（Holywell Ford）擺桌，這裡有藤蔓糾纏的石牆，有田園風的林木環境，頗讓我聯想到達爾文的鄉村隱居。幸運的是，小屋一棟，充滿了音樂、詩歌和歡笑，這都多虧了分別來自南非、澳洲、墨西哥、美國和加拿大的成員，他們個個不拘禮數，每個星期聚會，烹煮晚餐，提罈飲酒（公用的廚房缺少杯子），辯論嚴肅的學術問題，譬如，「如果全球公共衛生界有個名人，誰足以當之？」

來自不同國家及不同的研究領域，我們這一群「罈友」聲氣相投，全在於我們包容彼此的胡鬧和玩笑。傑米的作風全然不是同一個波長，這可能就是他不常參加我們在聖泉津聚會的原因，這樣一來，我花在騎自行車上的時間越來越多，要不就是在博德利圖書館看書寫東西，再不就是和罈友們胡鬧，譬如偷藏朋友的法蒂瑪聖母（Virgin Fatima）雪球，或和校園中的天主教聖徒「自拍」，拍好了後，法蒂瑪還Po到她自己的臉書上。聖泉津餐會之外，平常日子我就省吃儉用，吃特易購（Tesco）的穆茲利燕麥片（muesli）、免費咖啡及羅德樓（Rhodes House）的糕餅，上網到eBay大量購買即期的克里夫吧（Clif Bars）食品，錢省下來拿去買折扣機票，飛往摩洛哥及挪威，後來又到印度、智利和尼泊爾。在牛津，研究所的科學史專題討論每星期一次，剩下的日子，沒事我就去探險，只要帶著我的書，帳篷裡或圖書館裡，哪裡讀都一樣自在。日子過得從未如此收放自如——除了和傑米在一起時，但錯不在他，問題出在我那安定不下來的毛病。世界在呼喚，幹麼朝夕守著一個人？當他提議我們同居時，我決定各走各的。

分手後，到威爾斯去健行了一個星期，渴望找個風景夠大的地方容納內心的失落——我指的是，此生將徹底失去傑米之外，從此以後，鴿格中再也看不到他的信了。難道我犯下了大錯？如果單就信這件事來講的話，我錯了。當我回到牛津，幾乎就要和傑米重新和好之際，他說他寫了一些東西給我，但我若要讀，得先答應他兩件事情：其一，務必記得他是懷著極大痛苦寫這信的，其二，我要複印一份給他，因為那屬於他的生命檔案。然後，交給我一封信，不是平常鴿格中那種薄薄的一封，而是厚厚的一疊。

十六頁的長信，字跡潦草，我不想讀的時候只有自己一個人，便去了金的宿舍，花掉我兩個小時。這信為我們的關係做了精采的註腳，寫我們如何惺惺相惜，寫我的鐵石心腸，「硬到連一個律師都無法擊碎」，使一切毀於一旦。在這一點上，他說得沒錯，但想法上有問題，大可以放輕鬆些看待。我把信還給傑米，沒有複印。讓他原件歸檔。

第二天，他來電留言，說想要談談。我沒接電話也沒回電，但幾天後跑到凱特街（Catte Street）去找他。「等一下。」他請求。「我馬上回來。」回轉時帶來一張埃佛勒斯峰的海報，是他去倫敦聽一個有名的登山家演講（我們本來打算一起去的），跟他索取了簽名帶回來。「求和禮物。」他說，臉色蒼白，更甚於平常。我可能也一樣。凝視著海報，心裡空得容得下一座山，渴望到那片荒野去，任何地方，但見斜光如傾，彷彿可以一躍而入，令人震懾。

退而求其次，讀有關喜馬拉雅山的東西也不錯。我決定拿錫亞琴冰川寫我的碩士論文，詳細論述連續劇一般的探險傳奇及在那片冰上演出的地緣政治，但也一併探討透過科學合作解決衝突的可能性。科學性的探險及其後所繪製的地圖既然可以在錫亞琴導致戰爭，那麼，中立的、不帶國家色彩的事實追求，科學難道就不能另外走出一條路來？

一個要好朋友提醒我，「科學維和」可以解決錫亞琴的衝突，也就是說將這片冰上戰場劃為非軍事緩衝區，專門做為科學研究之用。這個點子雖然只是一個夢想，但以前就有人做過：舉例來說，在南極洲劃地割據的國家就曾經達成協議，互不同意對這片大陸的佔領，集體將之擱置，做為科學之用。這樣一片偏遠、寒冷、無人居住的大陸，有那麼的國家覬覦，既然都能達成這樣的一項協議，同樣偏遠、寒冷、無有人煙的冰川，印巴之外少有人過問，為什麼不可以效法呢？當然，鮮為人知或偏遠孤立未必阻擋得了貪念，有時候，這種特質反而會強化覬覦之心，荒涼如阿克賽欽就是明證。儘管如此，針對錫亞琴達成一項以科學為訴求的協議顯然是可以理解的，就此可以化解毫無意義的軍事對立，還冰川一個無主狀態。

就我在牛津的所學，人類的探險史基本上就是一部帝國擴張和原住民受壓迫的歷史，相對於自己以前視之為純粹出於好奇與探索的壯舉，這份人類的遺產還真令人哭笑不得。以科學與探勘為名，在爭持不下的邊界地區謀求和平，看來未嘗不是一種贖罪。單是這份使命感——還要加上喜馬拉雅山——就令我欲罷不能，因此，我認真考慮留在牛津修個博士學位。畢竟，羅德獎學金又給了我一年獎助，至於麻省理工學院的實驗反正跑不掉。但實際上，我並非想要成為一個科學史家；我真正嚮往的還是讀書、遨遊和寫作生活，而在牛津研究歷史正好可以讓我這個夢想得到落實。

我也知道，既要修博士，碩士論文就必須得個「優等」，因此，我前所未有地發奮努力拚我的論文。奇怪的是，再怎麼累人也比不上科學實驗和解題。讀書和寫作給我帶來神祕的力量，遠超過我花在它們上面的力氣。每天早上，騎車繞著牛津跑，好幾個小時，然後一整天在論文上下工夫，直到深夜，頭腦清醒異常，充滿問題。

牛津的第二年。「漂亮，很吸引人的一篇東西。」讀了我的論文初稿，柯爾西讚不絕口。我們談芳妮、阿克賽欽、地圖給控制權所帶來的混亂，討論外太空條約（Outer Space Treaty）——我研究錫亞琴的案例之一——以及想像「終結」一個邊境的美妙滋味。我剛鼓起勇氣要問柯爾西願不願意擔任我的博士研究指導教授——希望藉此拓寬並深化邊界爭議的議題——柯爾西的語氣卻變了。「但是，凱特，我不得不說。」聽口氣就覺得不妙，不是說著玩的。「我擔心妳的論文不符合科學史範疇，其中所關注的，大部分都是現在、未來，不是嗎？」

這樣一來，猶豫不決成了最難跨越的界線。聽了柯爾西的一席話，對於自己留在牛津修科學史博士的計畫，我的信心全失。我認真考慮立刻著手完成絲路之旅，騎自行車從土耳其出發到西藏，直上邊界爭議的錫亞琴——完成一條自己已經開始並想要落實所學的道路。但梅莉正忙於她自己的社區發展碩士學位，偏偏我天生又是個讀書的料。一生中最痛快的一場豪飲之後，眼看退堂鼓已經響起，無論做什麼又都得不到外界的認可，好一點的，頂多給個讚賞，凡此種種，使我裹足不前，受困於連自己都說不出個所以然來的無形界線。這，難道就是界線最強大的威力，是界線最後的勝利？界線云云，讓我們把自己實際上看不見的當成真實的、不可侵犯的，而且全盤接受？

總之，回到房間，我申請了麻省理工。

那年春天，交出我的錫亞琴論文，完全不抱希望。一個月左右之後，參加最後一次考試，一次超現實的、獨一無二的牛津經驗，學生都要戴上一頂軟帽，一套名之為「黑衫」的黑色學院袍服，胸口口袋處別上花，但不是什麼了不起的花，就一朵康乃馨：第一次考試是白色，最後一次是粉紅色，到別上紅色的時候，那就表示會有人等在考試學院（Exam School）外面對著你噴香檳、奶油及揮灑彩紙。碩士學位如此劃下句點，難免令人得意忘形，但還是比不上與好友提罇飲酒慶祝，彷彿人在雪球中搖晃直至玻璃破碎，整個人釋放到明亮的空氣中，意興風發，陶然忘我。

告別牛津在即，傑米約我吃飯敘舊。希臘沙拉與酒，聊天小酌，談起過往，回到許久以前的絲路、埃及、一處偏遠的北極島嶼，回首宛如天際銀河，或又只是史特拉福的近在咫尺？我們得到一個奇怪的共識，兩個人的碩士論文，研究的都是垃圾：我的錫亞琴冰川，他的開羅，全都是 Zabbaleen，阿拉伯語，意思是「垃圾人」。儘管我們有志一同，批判進步，或至少不認同進步所帶來的物質及精神殘骸，傑米卻注意到，我們所使用的方法大異其趣：他深入文明最深層、最墮落的核心，在乎的是未來，而我則遠走文明的外緣，喜馬拉雅山中最原始的角落，在乎的是過去（儘管柯爾西認為我還不夠深入，但我敝帚自珍）。盯著傑米，我驚訝不置，突然發現了我們之所以惺惺相惜最後卻分道揚鑣的癥結：我們是用望遠鏡不同的一頭觀看世界。

傳統上，到牛津念書不說入學，而是說「上」（come up）牛津，畢業則是說「下」（going down）牛津。按照我騎自行車進出西藏高原的經驗，這種說法真是再貼切不過了。匆忙打包行李和自行車，搭機飛到安大略，弟弟大衛開車送我到麻薩諸塞州，迎著我的是我的室友，一名中學教師，名叫莎拉，同住的還有兩人，其中一個女生，蒼白，很少露面，老躲在房間裡，偶爾出現也總是躡手躡腳，見不得人似的。經過她緊閉的門前，莎拉小聲說，像是順口提到，「她也上麻省理工。」然後指指我的房間，一個鴿子籠大的空間，我得把床墊捲得像熱狗麵包一樣才塞得進去。「啊，對了。」丟下我拆行李，莎拉說：「有妳的郵件。」

作繭自縛，我在心裡琢磨這句話。怨不得別人，乖乖接受吧。撕開牛津寄來薄薄的白色信封，我的手抖著。我知道裡面是我的成績，提醒自己，沒什麼大不了的，科學史只是繞個遠路，中途插進來的行程，陰錯陽差，感覺起來像是一場戲中戲。

讀著那張紙，又反覆看了一遍。世事紛紛，各以不同的速度掠過心頭。

萬萬沒有料到，牛津給我的碩士成績是個「優等」，儘管滿肚子的懊悔，麻省理工的開頭卻也挺好。幾乎連行李都來不及拆，我的博士指導教授譚嘉・柏塞克博士就叫我跟著她的學生去黃石國家公園做田野調查。生於克羅埃西亞，出身加州理工學院，譚嘉是個傑出學者，為人和善，一個有親和力的老師，是那種熱愛在實驗室牆內研究自然世界的科學家，一種我早先根本聞所未聞的偏好。有一件事情，應該是一個警訊：即使錯過了為期一個星期的懷俄明州偏遠地區的田野調查，她似乎也不特別感到可惜。「不要忘了防熊噴霧。」她提醒我們，對賴著休息落後的人，明亮的眼睛裡隱然流露幾分鼓舞。

白天，跋涉於黃石溫泉，我們尋找樣本，從燙手的水窪中採集黏糊糊的微生物團塊。晚上，星空下圍坐營火晚餐，看間歇泉噴入空中，宛如銀河的泉源。每天夜裡，把自己塞進帳篷時，我心想這不過是家常便飯罷了，但沒想到，下一次以科學之名營宿，卻是在麻省理工學院自己的辦公室裡。

清晨六點，鬧鐘響。從睡袋中坐起來，額頭撞到上方的桌子。我工作到很晚，其他事情之外，還要處理一個問題：要我計算海床的海雪（marine snow）變化。教授分派工作時，「海雪是什麼東西？」我悄悄問一個同行的學生。腦海裡浮現極地風暴，謝克雷頓（Shackleton）的船在南冰洋遇難，南森（Nansen）在浮冰上飄過西北水道（Northwest Passage）。

「浮游生物排泄物沉澱。」同學給出了答案。

這一來，我的以小釣大之計近乎完成了。懷俄明回來之後，譚嘉把我叫到辦公室，說黃石採樣的工作已經有夠多的學生在做，研究極端環境生物的人卻不足，問我有沒有興趣把博士學位的試驗室研究放到分子生物標記上。她解釋說，微生物死亡時，其殘餘在某種地質環境中以化石型態存留。脂肪之難以消除，死時一如生時，微生物的脂質，譬如多環三萜類化合物（polycyclic triterpenoids），可以黏附在沉積岩上長達數十億年。拿這些分子化石與現代微生物的脂質譬如深紅紅螺菌（*Rhodospirillum rubrum*）做比較，可以拼湊出地球上的生命演化史。數十億年前，我們這顆行星還是個截然不同的世界，大陸全然異於今日，氧氣極端缺乏。「使用同樣的技術，」譚嘉說：「有可能可以研究火星上的生命。」

搬出這顆紅色星球，她打動了我，縱使不是很情願，我搬進了實驗室，一待多年。

為什麼火星還是這樣陰魂不散地纏著我，我也說不明白。依我看，我是被它的重力迷住了，但不管怎麼說，任何一個麻省理工的物理學生都會斥之為妄想，因為這顆紅色行星質量小於地球，其地心引力弱了三分之一。其次，文學碰到力學，也只有無詞以對的份。「我們講自己的故事是為了要活下去。」瓊·迪迪安（Joan Didion）這樣寫道，多年之後，讀到這句話，我承認，旅行到火星去，對我來說，正在於此：在一個顯然有地圖可稽、已經被馴服的世界，我已經寫過一個生存故事。一個虛構故事正在等待典範轉移（paradigm shift），轉移到另一個虛構故事，或許更好，至少更為荒涼。

但還有比故事更重要的，說實在話，火星對我來說幾乎有如神明，是激發我生命的力量，就此來說，麻省理工則是一片使我得以更接近這個神明的穩固台階，畢竟，從這裡畢業的太空人遠多於世界上任何一所大學。問題是我不再確定自己是否真的還想去。更何況統計上獲選為火星移民的機率極其微小，事隔那麼多年，我雖然還戴紫色的丁腈橡膠手套，也用改良的小望遠鏡做觀察，但所看的既不是木星的衛星，甚至不是國王兵器酒吧，而是皮氏培養皿中一群沒頭沒腦的微生物。

我這並不是說世間一切——從細菌到黑洞——就沒有其他的荒原與祕境可尋。詩人布萊克（Blake）就在一粒沙中看到宇宙。天際的微芒，渺小不及我粉紅色的指尖，到了伽利略眼裡，卻是無限光景，針孔之光，縱使蒼穹有如神造般完美且渾然永恆也為之撼動。因此，我說服自己進駐實驗室，每當覺得自己有如老年達爾文被一堆資料驅使而索然不樂時，年輕達爾文的話語便在耳邊響起，催促我「抓住一切機會，只要可能，開始陸上旅行，若不然，遠走天涯」。而我卻不，只知埋首實驗室，白天分解膽固醇的微生物等值，晚上則處理海床排泄物變化的題組。如此這般，我開始質疑生活的意義，應該也不值得大驚小怪吧？

「凱特，凱特，凱特。」譚嘉揚起她抑揚頓挫的克羅埃西亞腔。「這不是科學問題。」她鼓勵我提出透過實驗比較容易處理的問題，譬如，採用不同濃度的硫和氧孵化，深紅紅螺菌可以產生什麼樣的多環三萜類化合物？

我承認，我不知道。

「沒有關係。」她笑著說：「那扇門後面是整間實驗室，答案就在裡面。」

在令人麻木渾沌的題組與實驗中，一年來了又去。暑假兩個星期去了趟印度，想去看錫亞琴冰川未果，除此之外，睡袋和我都待在辦公室，還滿發揮了一些作用。我敬愛譚嘉，不想讓她失望，因此，盡量不去想牛津，不去想去留的問題。寂寞難耐，前所未有，因此我約會，指望理想的感情關係可以療癒一無是處的生活。我甚至責怪自己就那樣與傑米斷了；其實我很少懷疑這項決定，儘管在英格蘭我很快樂。「我寫的東西，妳的一句稱讚，勝過我的牛津學位。」他寫信給我，但畢竟不想半途而廢，繼續修完他的發展研究博士學位。多數鐔友也都留在牛津。童話故事繼續，唯獨缺我。

如今，只有騎自行車才讓生活有意義。拿出我一貫的拚命三郎精神，我參加了麻省理工的登山越野賽，這卻使得譚嘉擔心，因為學校的自行車隊隊員往往要花兩倍時間才拿到博士學位。事實上，我卻懷疑比賽只是讓我們繼續騎下去的主要因素；若不如此，那就只有不時分泌的腦啡，才使日常壓力與做實驗及題組的單調無聊變得可以承受。身體維持挺直，騎在車轍深陷、路徑彎曲的賽車道上，非要全神貫注不可，研究所的功課我幾乎全都拋諸腦後。在全國大學院校自行車登山及越野錦標賽不斷得獎，但比賽之於我不在擊敗對手，而是要對抗自己那個專斷的、支配的、理性的自我：每當我的心靈大喊停止時，某種更原始的、心血管的本能就會催促我繼續。

所以我不斷比賽，一場又一場，想像賽道一段一段串成絲路。多少回合的比賽加起來可以回到拉薩？踏板踩多少下可以到達錫亞琴冷眼窺視努布拉河谷（Nubra Valley）的地方？左手邊身穿粗花呢的，不是芳妮．布洛克．沃克曼嗎？前面那個，自行車架上念珠喀啦作響的，不正是亞麗珊德拉．大衛尼爾？

我加速追趕她們，但幾圈下來她們消失不見，但並不見有岔路，也沒有任何替代路線或疏散道路，只見群眾吶喊，表情千篇一律。最後，世界歸於靜默，我再度回復孤單，猶如老年達爾文習慣性地來回他的村舍，或一個太空人無止盡地在地球低軌道上打轉，每參加一次比賽，我的賽道又輾壓得更深一分。

最後，多虧了瑪麗亞．祖柏博士（Dr. Maria Zuber），我總算重回絲路。瑪麗亞．祖柏，麻省理工地球、大氣與行星學系（Earth, Atmospheric and Planetary Sciences department）系主任，苗條、果斷、聰明過人，常令我如沐春風。地球科學的專業，她曾經領導、參與過好幾個太空總署的任務，製作小行星及行星地圖，其中包括火星。也正因為這個原因，使我興起認識她的念頭，看看能不能搞出一個不同的火星研究計畫來。畢竟，我曾經因為這個行星而立志做一個科學家，時至今日，仍然熱切期盼一圓舊夢。

「所以呢？」她開門見山，絲毫不假辭色。我在54大樓她的辦公室裡坐定。麻省理工的建築多數都以數字標示，沒有名稱，剛來時還覺得古怪有趣，等到離開時卻覺得冷漠。「妳打算怎樣過妳的人生？」

「我一直想做一個探險家。」我不諱言，但馬上就後悔了。這樣的一個志向，就一個十七歲懷著夢想的高中生來說未免怪異，但就一個二十七歲有修業年限的博士生來說卻令人擔心。

令我驚訝的是，祖柏反應熱烈。「很好呀！妳還真是選對了時代。」她興高采烈，彷彿我做的是一個十分要緊的選擇。「這是一個發現的時代，不管史書上會怎麼說。」整理著桌上稍微散亂的紙張。「我是說，我們坐在桌邊，這裡，一間辦公室裡，從電腦螢幕上就可以探險火星，妳說棒不棒呢？」

我皺了皺眉頭，希望不明顯。

「想想看。」她繼續說，滔滔不絕。「麥哲倫呢？他必須航行洶湧的大海，歷經好幾個月乃至好多年，要冒壞血病、食人族、疑難雜症的風險，不一而足！但今天呢，兩腳蹺在桌上，健怡可樂（Diet Coke）在手，我們照樣可以遨遊另一個世界。做個探險家，沒有比這個時代更好的了。」

她的桌上還真有一罐汽水，中間稍微下凹，令人想到深夜裡心情惡劣到極點時的狠狠一捏。祖柏兩腳牢牢釘在地上，很難想像它們會到別的地方去。我想到太空總署一艘太空探測船就是以她講的這位葡萄牙探險家為名：一九八九年，麥哲倫號發射前往金星，用雷達穿透遮蔽的雲層繪製地圖，讓科學家——包括祖柏——研究金星的火山活動及地形構造。軌道飛行五年之後——相當於完成博士學位的時間——太空總署故意將探測船在金星濃密的大氣中化為灰燼，這一連串的事情有如一個寓言故事讓我突有所悟。

勉強自己將注意力拉回到祖柏身上，這會兒，她轉移了話題，談下學期的計畫和資源、研究方法學。邊聽，我邊點頭，眼睛卻瞄著牆上一幅鑲框的火星地圖，稍微有點歪斜，上面滿布名字，下面窗台上，幾株枯萎的植物。

「……然後我們大口嚼黃瓜（munch cucumber）。」祖柏講完了。

「什麼？」我說，嚇了一跳。

「然後我們進行運算（crunch the numbers）。」她重說一遍。「就那麼簡單。」

禮貌地謝了祖柏接見我，出了她的辦公室。然後我辭掉實驗室的工作，出發去長途旅行。

第II部

從來不曾迷失，便不曾活過，
不去瞭解怎麼迷失的，那就死到臨頭，
唯有置身未知領域方得重生。

蕾貝卡・索奈特（Rebecca Solnit）
《迷失指南》（*A Field Guide to Getting Lost*）

04

潛流
黑海

Undercurrents
Black Sea

絲路，如今已經成為過去，人云亦云。過去歐亞之間一條充滿活力的貿易及思想交流路線，曾幾何時，多數的交易，說難聽的，都是毒品及暴力，說好聽的，也只是神話及紀念品而已——一路騎著自行車下來，對於這些商品，梅莉和我都希望能免則免。但嚴格來說，與其說是騎車，還不如說是牽車。推著，而不是踩著，超載的輪子穿過伊斯坦堡人群熙攘的街道，儘管戴著安全帽，我還是竭力保持端莊穩重。「撐住呀！」一個十多歲瘦長的土耳其小傢伙嘲笑我們，用英語。我假裝沒聽懂。

一月的那個早晨，天空陰沉，無形無狀。香料市場中，揹相機的觀光客閒閒逛著，薑黃粉及紅辣椒粉堆得有如金字塔。餐廳櫥窗裡，體熱猶溫的五花肉轉動。新清真寺（the New Mosque）外面，一男子，白鬚垂胸，兜售土耳其國旗，一襲紅布，斗篷一樣裹在身上，或許是在提示國家主義的超級大國，也或許是連他自己也要一併出售吧。注意到我在看他，男子衝著我大吼了幾句，驚起一群鴿子飛起。廣場上，胖嘟嘟的灰鳥散布，宛如撒了一地的彈珠圓球。

脫下安全帽，丟到車把手上。歷經世代，從伊斯坦堡還是君士坦丁堡的時候，以及拜占庭之前，有一件事情是確定沒變的：這地方一向就是熙攘往來的購物商場。梅莉和我穿過人群，騎車前往博斯普魯斯，一道曲折蜿蜒的海峽，切開伊斯坦堡，穿過兩個大陸，流經二十哩，從黑海進入馬爾馬拉海（Marmara），最後進入地中海。我們走走看看，海峽水色稠綠，有漁民撒網，經過售魚餌的攤子，模樣嚇人的銀鯷裝在塑膠杯裡。找到售票亭，排隊等候，推自行車過登船板時，對岸傳來召喚祈禱的吟唱。

倚著渡輪欄杆，梅莉和我看著伊斯坦堡消失身後，霧氣吞噬穹頂、尖塔、大型廣告看板。眼看它不見，倒也不覺遺憾。這個傳說中的絲路貿易樞紐，如今多數已成廢墟，要不就是現代化得連在夢裡都無跡可尋，至於馬可波羅詛咒的那片內陸僻壤則是千年如一日，未曾稍變：駱駝勞苦，慢了沙漠行旅，高山插天，直上冰雪孤獨。或者，是我希望如此吧。此刻回望伊斯坦堡最後一眼，就算一切順利，再見到一個有這樣多人的地方怕也是一年以後的事了。

雲鎖天空。空氣混雜著鹽味和煤煙。梅莉和我縮著身子取暖，一個土耳其商人上到甲板，禮貌地保持著距離，抽著菸。五十來歲模樣，結實，短鬚，一張臉彷彿隨時要打哈欠似的。「騎單車最好別走黑海。」他跟我說，凝視著博斯普魯斯髒汙的水面，好像許久以前在這黑乎乎的水裡丟失過什麼東西，指望它隨時會再度出現一般。「冬天，非常多雨。」他說：「應該往南走，卡帕多奇亞（Cappadocia）、科尼亞（Konya）、愛琴海……」

我朝他笑笑，聳聳肩。這樣的警告我們早聽別人說過，但冬天在海平面騎車又有什麼意思呢？只要坐在電腦螢幕前，一罐健怡可樂在手，隨便哪一天，都可以給我暴風雨及壞血病，慢慢走向蒼白的死亡。「我跟火星分手了。」見過祖柏之後不久，我打電話向梅莉宣告；「太遙遠的事情不適合我。」

花了點時間，把事情做個了結，我終於自由了，梅莉也一樣，我們決定完成五年前早已開始的絲路之旅。也就是說，花大約一年時間，騎自行車從土耳其重回西藏，登上錫亞琴冰川——一個馬可波羅根本不曾涉足的地方，但其空曠、嚴酷及全無商品交易絕對是他深惡痛絕的。除了一圓童年的探險家之夢，想清楚要如何活出自己外，我也想將自行車的絲路之旅當成牛津論文的延伸：研究人類如何打破世界的荒原建立邊界，從山脈到人心，以及如何透過科學，特別是荒野的對話，溝通這些割裂。坐擁不能當飯吃的大學學位，身無幾文現金，除了營帳、自行車及幾本書，少有隨身之物，就這樣，我上路了。我為自己的人生決定感到驕傲，根本不知道什麼叫害怕。

螺旋槳攪動一帶綠水，進入海峽煙靄茫茫的碧綠水域。歐洲在左，亞洲在右，底下是一條深不可測的流動界線。博斯普魯斯（Bosporus）的希臘文意思是「牛渡」——但我究竟會上升還是下沉？眼下，為時太早還說不上，又或許，沒什麼差別吧。

一六八〇年，一個年輕義大利貴族，名叫魯吉・費迪南多・馬希格里（Luigi Ferdinando Marsigli），將一條尾端繫重的軟管拋入博斯普魯斯海峽，軟管起先呈弧狀漂走，然後又朝著他而來，於是，他瞭解了一個土耳其漁人早已經知道的現象：海峽同時有兩道水流。外來人因為「發現」某種事情而獲得名聲及榮譽，在科學史及探險史上可說是司空見慣，但發現云云，其實在地人早就已經知道；不過話又說回來，馬希格里之所以出名，不在於他知道博斯普魯斯有一道潛流，而在於他找出了原因：黑海與地中海海水的含鹽量不同。當河川的淡水流入黑海，最後流出博斯普魯斯海峽時，來自地中海密度較大、鹽分較高的海水便流進來填補空間。航向黑海的渡船，一路上都要費力地頂著博斯普魯斯海峽的表層水流而行，但若能夠下潛幾米深，走來就毫不費力了。

商人捻熄香菸，下了甲板，幾分鐘後我進到裡面，梅莉正同一個年輕男子交談。男子長相斯文、面貌團團，琢磨半晌，才知道是傑若米，小學同學，九年級以後就未再見過，和未婚妻凱莉來伊斯坦堡度假，剛好搭上同一班渡船，這樣一來，我們錯過了下船，連家鄉的人都知道了。

「妳們兩個要在哪裡下船？」傑若米問。梅莉告訴他：「貝努（Beynou）。」他不禁面現憂色。「啊，我們不是剛經過那地方麼？」

難為情地推著自行車下船，我們到了安納多魯卡維基（Anadolu Kavagi），渡船的終點站，小亞細亞崎嶇海岸上一個小村莊。碼頭邊一間餐廳，與傑若米和凱莉一起吃了頓油膩膩的海鮮中餐，然後心不在焉地逛著，希望他們自去玩他們的；不想讓他們知道我們匆忙中列印的Google地圖告訴我們只有一條路：從貝努出發。我們雖然也帶了一張可以摺疊的絲路地圖，但實在太大幅，真要拿來導航卻不管用。儘管如此，他們非但沒有道別，傑若米反而好心要為我們拍攝起程的壯舉。由於實在沒有理由再耽誤，我們跨上車就走，前進錫亞琴。

但幾秒鐘之後，我們分路而走。碰到第一個岔路，梅莉向右，我向左，這一分，時間和用心都經過拿捏，只不過細節未經計畫而已。我們沒有討論在哪一條路轉，任誰都會以為我們已經走遠。在我看來，騎車走絲路，起頭一定是交織複雜得有如那些土耳其地氈，在伊斯坦堡的大巴札（Grand Bazzar），我就情不自禁地盯著那些地氈看，心癢難搔，最後才決定，旅途上還是不要太早買紀念品。這樣一想，才買了果仁蜜餅。

轉回來跟梅莉會合，我向傑若米大喊：「只是熱身而已啦！」裝出一副好整以暇的模樣，卻掩不住口裡噴出來的霧氣。說到騎自行車走絲路，那可是要每天騎，整天騎，將近一年的時間——行前閒來無事時我這樣想——說到準備工作，其實也是每天騎，整天騎，騎了將近一年時間。如果這還有所不足，我的訓練秘笈裡面還有最後一招：增加大量土耳其甜點。

這趟渴望已久的重回絲路，記憶裡卻只剩下一些片段。場景有如電影裡的跳接，剪輯時省略了連貫的故事，之所以如此，或許是從開始記錄的第一天，以及接下來的許多日子，我們都是用一台手攜式攝錄機拍攝，希望為這趟長途跋涉做一部紀錄片。一出了村莊，我們氣喘吁吁騎過一條石子路，架起三腳架，按下錄影鍵，然後又騎上車，氣喘吁吁重跑一遍，用相機拍下整個過程。其餘的就只剩一片模糊了。有一次，我在路邊一張廢棄的長椅上打了個小盹，又有一次，一段下坡路，梅莉用來做剪輯的筆記型電腦從後架上跌落下來，居然落到車子前面，差一點就輾了過去。沿路樹木盡禿，田畝裸露，景色蒼茫蕭瑟，雨後，土地散發清新氣息。夜色逼近，我們在路邊一家飯店停下來，由於連一家加油站都找不到，無法加滿爐子的燃料罐，換句話說，儘管車籃裡帶的泡麵多到可笑的地步，但那一刻也都成了無用的壓艙物。

餐廳已經打烊，但老闆讓我們在他的草坪上紮營，還請我們喝茶——或是 çay（音「茶」）——用雙層壺煮出來的，我們很快就知道，這種用柴爐烹茶的壺在土耳其相當普遍。下層壺盛裝滾開的水，上層把茶浸泡至糊狀。先將後者倒入兩個細長的小玻璃杯裡，然後再用下層壺的水沖淡，只見他傾水入杯猶如一線，滴水不漏，妙到顛毫。最後，儀式般誇張的動作，兩只杯中各放入一顆方糖。空腹啜飲濃茶之際，老闆和我們說話，但見他神態誠懇，手勢有力，我猜想他句句都是發自內心。凝視著他，我不發一語，梅莉則頻頻點頭，間或「嗯嗯」有聲，表示同意。離開時，我問梅莉，他都說些什麼。「不知道！」她回答。

一輛汽車經過，引起附近狗吠，然後有人晃過來我們嶄新的隧道帳篷，在門口尿尿，要阻止已經來不及。小心翼翼拉開亮亮蟲——我們為亮紅的營帳取的綽號——的拉鍊，爬過前庭進入主廂。梅莉一邊脫掉汗濕的靴子，一邊用義大利腔嚴肅而緩慢地說：「請移開妳們的高跟鞋。」學我們從羅馬飛伊斯坦堡班機上義大利航空廣播的腔調。光這一點，加上他們把梅莉的自行車上錯了班機，就看得出來這家航空公司欠缺創新，只適合別種顧客。在伊斯坦堡等自行車的出現，耗掉了將近一個星期，弄得我們不知所措，跑腿，發電郵，上街補充不足物資，日子過得暈頭轉向，口袋也快速變薄。以探勘跨國界荒野保留區為名，我們為這趟絲路遠征尋求贊助出資，確實募到了一些資金及裝備，但若要到印度去就還不足數千美元。

但這些現在已經不重要了，梅莉和我都鐵了心，就此一路走完，絕不改變。但絲路的第一個晚上我就鬧失眠，這或許是糖和咖啡因在血管裡作怪。另一方面，數字死纏著我不放，也是在麻省理工前所未有的情形。一輛汽車路過，頭燈掃過帳篷上方，有如日出或日落，把帳篷裡照得明晃晃的。我在心裡飛快地計算，今天騎了三個小時，只走了區區六哩，當然，這也要怪我們為了攝影來回跑了兩趟。如果以這樣的速度，我心裡一沉，我們幾乎要花上三年才到得了錫亞琴。

梅莉和我決定從伊斯坦堡出發完成絲路之旅，很重要的一個原因是，我們估計小亞細亞的冬天不會像喜馬拉雅山那樣可怕。但那個土耳其商人說得完全沒錯。在黑海海岸，凍雨絕不是一天一時的氣候，而已經是在統治一方了。

接下去一個月，整個世界都和水密謀，跟我們過不去。水漫長空，其深如海，太陽無精打采懸在地平線上，而我也差不多，垂頭喪氣趴在自行車上。史特拉伯（Strabo），生於紀元前六十三年，安納托利亞（Anatolian）地理學家，根據他的說法，黑海原名亞克斯諾（Axenos），意思是「不友善的」，因這裡的族群強悍及寒冬風暴而得名。對古希臘人來說，這海就是世界的邊緣，過了這裡，就是噴火牛、守衛蛇的地盤，更有巨龍盤踞，傳說其牙有如種子，種下去便會長成巨人。後來，黑海又另得一名，稱為悠克西諾（Euxinos），意思是「對外鄉人友善」，其命名之不合常情常理猶如芳妮把錫亞琴叫做「玫瑰」。但話又說回來，黑海的天氣儘管不友善，人民卻極好客，夜復一夜，梅莉和我都受邀留宿民家。

在席諾普（Sinop）附近一家人家，柴爐火旺有如小太陽。爐火邊，搖椅上，小男孩蜷縮祖父膝頭，彷彿小舟停泊羊毛與智慧海灣。祖母緩步踱到梅莉和我坐的長椅，笑逐顏開，但僅有兩牙，金光閃閃可比金錠。阿塔圖克．凱末爾（Ataturk Kemal）像高掛牆上——鄂圖曼帝國末葉，這位「土耳其國父」在土耳其建立了今天這個政教分離國家，家家奉若神明。

扁豆湯、麵包及沙拉，一頓溫馨的晚餐，飯後梅莉和我打著哈欠，揉著眼睛，暗示我們都累了，要早點歇息。但卻難如所願，反而被大家簇擁著擠進汽車，開進城裡。一個十來歲男孩解釋說，是涵荻堂妹生日，我們要去她家慶祝。車子一到，男士們散去，到地方上的茶店喝茶，留下婦女和孩子擠在侷促的客廳裡說笑。很快地，空氣裡充滿熱氣及呼吸的廢氣，溫度計顯示：攝氏二十九度。梅莉和我，防寒內衣及毛線長褲，一身暴風雪天氣的行頭，身陷一場土耳其生日聚會，熱得我們汗如雨下。

第二頓晚餐開動。雖然第一頓晚餐供應的卡路里已經超過了一個星期的泡麵，但我行禮如儀，塞了一盤果仁蜜餅。派對有如一場旋風，令人應接不暇，氣球加上土耳其人加上笑話，鬧成一團，我們完全摸不著頭腦，只得跟著傻笑。電視播放著鐵克諾（Techno）音樂，震天價響，為聚會增添了一種俱樂部的氣氛，甚至連金牙祖母似乎都樂在其中，只見她裹著圍巾，有節奏地點頭擺臀。溫度持續上升。有人上 Skype 通話，攝像機對準我們，梅莉和我開心地朝螢幕上笑呵呵的陌生人揮手，回看自己的映象，明顯要慢上一點：兩個滿頭大汗的外國人，沒有翻譯，迷失在一場土耳其人的派對中。

涵荻趁我在 Skype 上分心之際，在我指甲上塗上玫瑰紅指甲油。我這個人不興這一套，但誰又能夠向一個生日的女孩說不呢？更精確地說，誰又能夠在土耳其說不呢？我可沒那個膽。在這裡，很少有人斷然說不，即使對方用詞粗魯、輕蔑。他們說「*yok*」，意思是沒的事、不存在、別這樣。一個在舌頭上其濃稠、可口一如果仁蜜餅的字，只不過它的含意對我們來說並不是那麼美好。印度有多遠？*Yok*。雨會停嗎？*Yok*。照它的意思，世界上一切都好，至於太陽在哪裡？*Yok*，而且語氣最強。

第二天早上醒來，果仁蜜餅還在作怪，早餐多吃了些，希望藉此緩和一下，並在屋裡磨蹭，賴著不肯上車。坐在爐邊，匆匆寫著日記，梅莉則和小女孩在一塊兒做著土英對照教科書上文法練習。提示不多，我知道梅莉搞得定。「妳不知道麥可．傑克森（Michael Jackson），對不對？」她唸道。「不。」小女孩一本正經回答。

終於，我的朋友嘆了口氣，意思是說該是走的時候了。我們慢慢打包，主人家的父親卻不贊同，說天氣太冷又下雨，前面的路太過於危險。「道路也就算了，是一條公路要道耶！」他警告我們，搖著頭，說他絕不會讓他的女兒做這種旅行，絕不。

梅莉，紅色鬈髮魅力十足，辯說，如果她不是騎車穿越土耳其，就沒有機會遇見像他和他家人這樣可愛的人。

這一來他沒話說了。「好吧，算妳有理。」親切地同意了。「沒錯，這倒是真的！」

我一言不發，卻在心裡罵她，怎麼那麼輕易就說服了他。那一刻我什麼都不要，就只想賴在這個舒適人家，享受溫暖與乾燥，在爐火邊看書，讓玫瑰紅的指甲色澤褪淡一點，再也不要回到外面去。

我真正渴望的是荒野，畢竟不是黑海。每一天都有人問我們對土耳其的看法。「你們的國家 *chok güzel*（非常美麗）。」我總是這樣回應，告訴他們，希望以後還能再來——但要在夏天。不過話又說回來，縱使有溫暖和陽光，也不見得能夠彌補黑海這一段路的缺點，尤其是像我們主人家的父親所警告的，一旦我們出發的那條鄉村道路——陡峭彎曲——突變成交通壅塞的公路要道時。沿岸的迷人與優美曾經膾炙人口一時，如今卻遭公路破壞無遺。許多天下來，彷彿騎車經過一個邊緣滿是浮渣泡沫的大浴缸。

這樣的比喻絕不誇張。六個國家濱海，二十多條河流注入，黑海幾乎灌足了三分之一個歐洲的水。但正如馬希格里所說，它唯一的出口就是博斯普魯斯狹窄的表層流，其最深層相對來說靜止不動。這些底層的水極度缺氧，但充滿了硫，一種無色的有毒氣體，散發腐蛋的臭味。除了少數頑強的微生物礁——依賴海床滲出的甲烷勉強維生——在那裡，很少生命存活。

沿海道路同樣悽慘。騎在一條四線道上，速度與悲慘之外，不見其他。溝中漂浮汽水罐及死狗，屍體腫脹有如毛茸茸的氣球，經過一個公車棚，見一婦人，眉頭深鎖，彷彿永世無法解開。途經一隻剛被撞斃的死貓，然後，看見另一隻溜過來往車輛，察看輾得稀爛的同伴。我們又勉強閃過路肩上一堆鯷魚，腐魚氣味追隨，數哩不散。這令我想到，十四世紀的拜占庭，魚子醬盛產，被視為窮人的食物。幾百年前，史特拉伯也說，在博斯普魯斯，空手就可以撈到東方狐鰹，一種金槍魚屬魚類。時至今日，看來撈到塑膠空瓶的機會倒是大得多。

黑海的帶氧淺水層及海底陸棚，以前儘管生態豐富，但沿海各國的濱海城市，不斷傾倒殺蟲劑、肥料、清潔劑及未經完善處理的汙水進入邊界水域，導致氮與磷充斥，觸發遍布的浮游植物大量開花，水面漂浮一層深紅色黏糊糊物質，海水受不到日照。當花朵凋謝腐敗，消耗大量氧氣，致使水面缺氧貧瘠一如黑海深層。在這種情況下，僅有少數外來物種繁殖，其中的紅皺岩螺，一種日本海螺，大量殺害黑海中各種雙殼貝類。海灘上隨處可見海貝，殼上有小孔，為小峨螺所鑽，鑽孔後隨即注入消化酶，然後吸食液化肉質。至於大峨螺，根本不浪費時間鑽洞，而是直接用強而有力的偽足撬開兩片貝殼然後食之。

整個看來，還是麻省理工舒服，就算我命中注定一生要與厭氧微生物及外來物種為伍，待在實驗室裡至少沒有雨，沒有路死動物。說到土耳其，既沒有可以讓我的想像奔馳之處，也不像絲路那樣令我魂牽夢縈，常在我心。在土耳其騎車，如果有人要給我一套太空衣，作為我與黑海氣候和交通之間的屏障，我會心懷感激。突然間，一個問題跳出來：有的時候，我逃離人生，有的時候，卻迎向人生，為什麼？其間的區別何等重大，何等惱人。

一輛卡車開得太過於逼近梅莉，帶起氣流將她從路肩捲入車道，幸運的是當時近旁沒有別的車輛。梅莉轉回到路肩，邊騎邊對卡車司機比出手指，但他沒看見，或許根本就不在乎。對他來說，我們兩個根本無異於他卡車巨大擋風玻璃上的小蟲。還是孩子的時候我就了解，當個探險家就是將自身置於危險的境地，當時心裡卻沒想到土耳其的大貨車。

「這是我們自己的選擇。」我沮喪不已。「怨不得別人，只有自己承擔。」

「還有馬可波羅。」梅莉加上一句。

她說得有道理，儘管有些歷史學家並不認為這個威尼斯商人曾經到過黑海以外的地方。在蒙古或中國現存的紀錄中，就壓根沒有馬可波羅這個名字，以忽必烈汗統治之高度重視外交，這顯然很不合常理。他甚至把亞洲幾次相隔好多年的重大戰爭都搞混了，也不曾提到萬里長城，而在他號稱生活了十年的那個家，當地一些極為奇特的東西，也不見他有過隻字片語。有鑑於這些錯誤及遺漏，某些學者，特別是英國歷史家法蘭西絲·伍德（Frances Wood），就說馬可波羅走到的地方很可能離東方還有好幾千哩，至於他的故事，則都是從同行的商人那裡聽來的。

依我看，她如果連尼爾·阿姆斯壯（Neil Armstrong）登陸月球也予以否認，可能也不令人驚訝。「我一輩子都覺得對不起馬可波羅。」伍德那本極具顛覆性卻也十足搞笑的《馬可波羅到過中國？》（*Did Marco Polo Go to China?*）出版一年之後，在一場演講中，她說：「起先，在我的想法裡，只是覺得打破一個傳說（不一定是要完全予以推翻）是一件好玩的事情，完全沒有想到馬可波羅受到重視的程度。」不可否認地，至少在一般人的心目中，馬可波羅的地位已經無可撼動，這個威尼斯商人已經被神化，已經是一個家喻戶曉的名字——而且已經等同於一個具有浪漫色彩的字眼「探險家」，儘管他只不過是去了一個——對他來說是新的，但對別人來說已經是舊的——地方，並寫下了他的見聞而已。事情有可能那麼簡單麼？這樣一想，令我興起一份奇想。

把馬可波羅的話當真看待的大有人在，這類學者辯稱，姑且不論他所犯的一些小錯——譬如把今天北京附近的「馬可波羅橋」十三個橋洞說成二十四個——在他的筆下，許多其他的文化及地理細節卻都正確無誤，絕不能歸諸於僥倖或胡謅。另外，縱使《馬可波羅遊記》這本書並非出自他的手筆，而是他與拉斯提契洛・達・皮薩（Rustichello Da Pisa）在威尼斯－日內瓦戰爭期中共囚一室時，由馬可波羅口述，經拉斯提契洛編撰而成。手稿中的任何錯誤與遺漏也可能要歸責於捉刀代筆者的不稱職。

我個人是站在相信的這一邊，只不過所持的理由不同：老實說，這本書太過於乏味無趣，不可能是出於虛構。如果馬可波羅真是這樣一個善於虛構的人，他有什麼理由要把自己的大作弄成一本由商人執筆寫給其他商人看的指南呢？他對絲路的記載太過於實用，絲毫不見好奇與美感，所在乎的就只有盈虧損益而已。但馬可波羅如果是用伊塔羅・卡爾維諾（Italo Calvino）寫《看不見的城市》（*Invisible Cities*）的手法寫了一本如夢似幻的作品，寫的是絲路的未來與過去——記憶與希望、殘破與重生——我可能就比較不相信了，但一定會更加喜愛。

沒錯，我是以現代的文學標準在看馬可波羅。在他的那個時代，《馬可波羅遊記》之聳人聽聞想來無異於一本虛構的科學小說，一萬二千座橋梁的城市，風熱得可以將人悶到化成灰燼，會燃燒的黑色岩石和黑色液體，至少對多數歐洲讀者來說，根本就是聞所未聞。他的書一直都是最出名、最有影響力的遊記，鼓舞了像哥倫布這樣的人尋找捷徑，通往亞洲的黃金及香料寶庫。書才一出版，就為馬可波羅贏得了「百萬馬可」的綽號，回應他宣稱忽必烈汗無比龐大的財富及領土。即使在當時，對於這個威尼斯商人看似荒誕不經的故事，人們就已經表示懷疑。之所以如此，或許其來有自。拉斯提契洛的開場白寫得實在太過於聳動有以致之：「從亞當誕生至今，無論是異教徒（Pagan）、薩拉森人（Saracen）或基督徒，或任何其他人類的後裔，所見所聞之廣之博，沒有一個人能比得上馬可波羅。」馬可波羅臨終臥床，幾個威尼斯貴族去看他，要他懺悔，威嚇說這是他最後自清的機會。但他悍然拒絕，擠出最後一口氣，說：「我所說的還不到我所看到的一半。」

我們也一樣，即使對父母親亦然。梅莉和我從絲路打電話回家報平安，講的都是好的一面：土耳其人的溫暖與友善，食物美味豐盛，壞血病根本不可能得逞，以及黑海景觀壯闊多變，水域永遠在我們左邊。或許馬可波羅也明白，有些事情還是不說得好。

雨急有如鼓聲，手錶的鬧鈴從帳篷頂上傳來，幾乎聽不見。我充耳不聞，梅莉則一躍而起，穿上自行車短褲、長內衣及雨衣，全都濕漉漉的，捲起睡袋，放掉睡墊的氣，隨身東西塞入車籃，開始在營帳前庭燒開水，藉著蒸氣暖手。我依然一動不動，身心俱疲，毫無動力。如果說班恩是被偏遠、艱困的西藏荒徑所擊敗，那麼，我則是在平坦無礙、淫雨連綿、人煙稠密的土耳其海岸達到了自己的極限。至於梅莉，我不確定她有什麼問題。

睡袋中，我瞄著她，帶著幾分驚訝，幾分陌生。我癱在帳篷地板上，她穿著妥當準備登車，我躺的地方與她坐的地方之間，彷彿隔著星際般遙遠的距離。梅莉明白我需要一些激勵，從防水塑膠盒裡抽出她的日記，將她為自己所列出來的「繼續下去的理由」唸給我聽。到目前為止是四條：

一、第一個月濕答答，但剩下的路程或許不會。
二、人生中總會有溫暖乾燥的歲月。
三、這是考驗妳不被打敗的試煉。
四、別無選擇。

塞在睡袋深處，我咕噥著說：「可不可以別唸了，等到雨停？」

「喝了它。」梅莉說，遞給我一杯熱騰騰的雀巢咖啡。即溶咖啡拱著我上路了。公路沿著海岸，直切急彎，一條暗黑的瀝青河流隨著車流翻翻滾滾。左手邊，黑海揚起各種顏色，數不清無以名之的色澤，從海藻到珍珠。我好像看到一條東方狐鰹躍出水面，一柄彎刀一閃，然後消失。也只有在這樣的時刻，我才體會到騎在這條路上的快意。但幾個小時過去，咖啡因耗盡，好不容易卯起來的那股勁又動搖了，彷彿失落了什麼要命的東西——一個輪子，或輪子的幅條，也可能是一顆心。

我們在襪子及手套上都會套上皺巴巴的購物塑膠袋，唯有如此才能避免整個濕掉，但上坡路騎久，汗水卻從裡面濕到外面。我並不喜歡停下來，因為寒氣逼人，尤其害怕為了這樣的原因停車。土耳其的停止標誌是一個 *Dur*，正好是法文的「辛苦」，因為，唯一比踩踏板更累的就是不踩。我們最恨的無疑是每天都會被土耳其警察在路邊攔下來。

「唉，老天。」梅莉嘆口氣，一輛巡邏車尖叫著在我們前面停下。「又來了。」

兩個警察大搖大擺從車上下來，要檢查我們的護照。從一身中性的 Gore-Tex 防水外套中看到兩張女性的臉回瞪著他們，大搖大擺的步伐一下子起了微妙的變化，成了盼顧自雄的昂首闊步。我縮到巡邏車開著的車門旁，享受著裡面撲出來的暖氣，他們則查核我們的護照——護照拿倒了。沒有關係，反正是做個樣子，那只是前奏，他們真正要的是拍張照片。兩個警察輪流跟我們擺好姿勢，一個咧嘴笑著，豎起大拇指，另一個就按下手機快門，然後，我們騎車進入雨中，身後傳來他們得意的吆喝。

幾個小時後，麻煩又來了。我們正尋找一處地方紮營，要足夠平坦隱蔽，在地勢陡峭又有人居的黑海海岸，這事還真不容易。終於，總算相中一塊田地，遠離道路，看來平緩，但正要走過去，兩名男子，攜帶手杖，身後跟著兩條狗和十幾隻髒兮兮的綿羊，上到我們站立的山丘頂上，打我們身旁經過，帶起一陣濕濡羊毛氣息。我們假裝欣賞風景，等他們不見後，正趕著要穿過公路，兩輛滿載警察的廂型車過來了，十幾個人，一身制服，氣勢洶洶圍了上來。

「要去哪裡？」為首的官員逼問，渾身上下充滿權威：雙拳多肉有如牛排，兩臂好似超大肉串。我可不想太快得罪他。

「印度斯坦。」梅莉回他。這是土耳其人對印度的說法，也是實話實說，但或許不是他要的答案。

「為什麼？」他又逼問，指了指我們的自行車。

這問題問得合理，卻沒有合理的答案。為什麼要騎絲路？因為，它在那兒，是某種具有象徵意義的歷史場景。因為，我想要探索世界的荒原，藉此瞭解自己。到目前為止，真的很抱歉，說到理由，還真是膚淺，膚淺得有如黑海帶氧的表流層，或許，探尋文明中最古老的公路從一開始就是一個錯誤的前提。

但我什麼都沒說。梅莉面對警察，面無表情，滿臉泥斑，衣服淋得透濕，兩腿累得打結——至少，我自己就是這樣感覺。

「因為覺得好玩。」她繃著臉對他說。

官員皺起眉頭。「妳們結婚了嗎？」

當然，我們的標準答案是「是」；我們的先生是土耳其貨車司機，都壯得像牛，名叫奧斯曼及穆斯塔夫，他們開補給車跟在後頭，隨時可能趕上我們。這時候，如果有一輛卡車呼嘯著出現——每隔幾秒就會有——我們便朝司機揮手微笑，開車的男子（永遠都是男的）儘管詫異，卻都會揮手回應，有時候還會鳴喇叭，增加了我們的說法的可信度。這是我們一個土耳其朋友幫我想出來招術，堅信這是「上上之策」。但到了下午稍晚時分，這一段路卻相當安靜，因此，梅莉和我只得脫掉手套，出示我們的假結婚戒指。

「幾個孩子？」他又逼問。我們說「*yok*」的時候，他對我們對土耳其語的了解顯然有點另眼相看。接著，他檢視我們的自行車：捏捏輪胎，試試剎車，想要抬起負重的車架但沒能成功。這時候，其他警察低調地拿起手機拍攝我們。官員問我們在哪裡過夜。我說 *cadir*，「帳篷」。

「恐怖份子。」他不以為然，雙臂朝著陰森森的群山一揮。「不適合女士。」

梅莉和我環顧四周，不見有恐怖份子或女士。

「今晚，妳們去薩姆松（Samsun）。」他說，用手比出騎車的動作。「住旅館，好嗎？」

薩姆松遠在六十哩外，而且天色近晚。

「好！」我們同意。「沒問題！」

警察開車離去，我們小跑越過馬路。泥巴結霜，黏在腳上，走向營地，一路帶光。裸露的田地上，亮亮蟲的紅色篷布看上去有如一支小火焰槍。其實帳篷很大，大到我們的自行車可以停在前庭，還有空間睡覺、煮食，如果有精神的話甚至可以辦一場舞會，但第一個月裡面，實在太累，連聊天的力氣都沒有。「唉嚕呼。」對著梅莉我咕噥有聲，她把水遞給我。「呣嚕呣呼。」她朝著我嗚嚕有聲，我為她的牙刷擠上牙膏。

那天晚上，我在營帳外面刷牙，看到遠處山脊上有兩個人影，樣子像是拿著槍。難道是警察，在追恐怖份子？還是之前經過我們的牧羊人，渾身濕透的綿羊跟著，楞杖在手？那天晚上睡覺，我們在睡袋中間放一罐辣椒噴霧劑，以防萬一。

幾天之後，當路上有光線晃動，我趕緊閃到溝裡，深信是貨車的遠光燈逼近我的自行車。後來才知道那只是太陽，空中一個蒼白的星號，是為黑海末端所下的注釋，字體非常小，這樣寫著：「理論上日照炎熱。」

跟梅莉說起這事，她看著我，彷彿我是個二百五，即便如此，在公路切入一個危險而狹窄的隧道時，她也開始變得心神不寧。隧道暗黑、滴水，兩線道，長近三哩，通過時，最安全的辦法就是沿著右邊的岩架走，寬度剛好足夠我們推車過去，但又不是寬到足以避開疾馳貨卡車的照後鏡。所幸，車子接近時我們都知道，因為，隧道會轟隆巨響，彷彿無法承受本身重量要崩塌下來一般，因此，我們可以緊貼岩壁不動。出發前，錄影留念，我要梅莉說幾句話。她咕噥著說穿過隧道需要「加速快走」。終於，我們到了另一端，進入光明，渾身發抖，幾近耳聾，但毫髮無傷，梅莉忍不住呵呵傻笑，失心瘋一般。「我看我的臨終遺言有了，還有影片永遠存檔：『快走』！」

沿交通繁忙的海岸找地方紮營其實是滿大的挑戰。一天黃昏，何處營宿尚無著落，白色的碎片白了天空，起先還以為是下雪，但很快就明白是火燒造成的灰燼。焚燒垃圾，我心想，從氣味難聞所得到的判斷。但那氣味也有可能是黑海翻翻滾滾，毫無徵兆地把缺氧底層產生的硫化氫噴散出來所致。事實上，聞到臭蛋的味道時，化學的作用早就已經破壞了你的嗅覺，不知道已經吸入了多少有害的臭氣。在土耳其三個星期之後，我估計公路汙染也造成了同樣結果——當然，不只是毒害梅莉和我，而且足夠封住我們對卡車廢氣的嗅覺感受。搞到最後，連腳架都沒了知覺，不用我動，單車輪子還在轉，它就自動把腳放了下來，好像在說：夠了夠了，受不了了。

把車子推到一家人家草坪上，故障的腳架在地上拖著。一個婦人在園子裡除草，一張臉皺紋打翻了似的，脊椎彎得好似括弧。後來知道她才四十多歲，不免吃驚。「*Merhaba*（哈囉）。」我打著招呼，她拖著腳步走過來，眼睛睜得老大。我們兩個，活像兩隻掏空的牡蠣，內臟全被日本峨螺消化吸收，眼睛有如兩口枯井。

「*Kamping*（露營）？」我冒險一試，這個土耳其字基本上和英文相同，只有發音帶些微鼻音，我老是發不太準。婦人不懂，我只好比手劃腳，做出帳篷、睡覺、煮食的動作。

「不管了，先紮營再說吧。」梅莉嘆口氣。「演默劇，道歉比徵求同意容易。」

我們從帳篷袋裡拽出濕答答的尼龍布。另外又來了幾個人加入婦人，觀看我們解開繩子，叮叮噹噹把金屬桿子弄到一塊兒，一一塞入濕得一塌糊塗的布裡，然後，唸咒一般，把一團混亂變成了一個住所。觀眾鼓掌，但都不發一語。直到我們卸下自行車上的裝備，攤開睡袋，點燃爐火燒水，才有一個年紀較大的瘦小男子——我們後來知道名叫哈珊——勸我們最好還是把東西都裝回去，解釋說，外面太冷，地面太硬。儘管沒有明說，但意思很明白：我們受邀到他家裡去住。

哈珊家裡，牆壁覆蓋褪色的油氈，家具上到處都是念珠。柴爐火旺，主房儼然蒸氣房，難怪在他眼裡我們的帳篷根本不能住人。他的姪女和兩個女兒都穿著時髦，至少比起我們那一身的破爛及毛褲毛帽。但最小的女孩兒喜歡我玫瑰紅的指甲油，這時候，我突然慶幸它們還不曾剝落。

姪女會說一些英語，從她那兒多少知道哈珊是個農夫，但種田只是他白天的工作，戲劇才是他真正的拿手。整個晚上，他不斷以誇張的肢體語言表達自己，時候越晚，戲劇表現越多，只見他時而拍腿時而尖叫，手指一會兒敲鼻子一會兒扯耳垂，每個動作都隱含著某種費人推敲的意思。他把我們兩個合起來取了一個別名：「梅莉卡」（Melika），每說到我們，都盡量用這個別名。我迷上了他的妻子，花頭巾兜著甜美的臉蛋，一邊為我們奉上帶殼榛果及柚木色的茶水，一邊笑他的耍寶。

女主人準備晚餐時，其餘人轉頭看電視新聞。我唯一關心的是氣象報告，全都是卡通的雨雲半遮黃色小太陽。新聞之後，看肥皂劇，演的是一個女子與一個殘障男子的婚禮。新娘一襲乳白色禮服，新郎坐輪椅，一身體面的黑色套裝。儘管婚禮的背景環境不明，很明顯的是，好像有人含憤進來要爭取這樁結合。一個善於逢迎的電視主持人跳出來做仲裁，但見他雙臂結實有力，張牙舞爪，說他知道事情的本末。一對新人手握著手，不發一言。新娘蒙紗的臉看著地上，新郎滿眼憂愁瞧著房間的另一邊。整件事情令我震驚不已，但話又說回來，或許我根本沒搞懂事情的來龍去脈。

哈珊的妻子回來，桌上擺好了高麗菜卷和淋上橄欖油及檸檬汁的生菜。她將麵包撕成小塊丟在桌上，用來做餐具。晚餐桌上，哈珊透過姪女問我們的工作。梅莉說她在研究能力建構（capacity building）及農村社區食品安全。按照姪女的翻譯，哈珊以為梅莉是個農夫，和他一樣，膝蓋一拍，大為高興。然後轉向我，「一個科學逃兵。」我告訴他姪女。她一臉的不解。

「一個嚮往冒險的人。」她看起來很困惑，是因為不懂，還是因為她以為我嚮往自己變成一隻乳齒象？我又找了幾個簡單的說法描述我是做什麼的，挺好奇答案會是什麼。結果只有一個標籤適合我，有幾分對，還滿異想天開的。

「一個作家？」我認了，拿出我的日記給哈珊。他接下，翻著，裡面滿是我對土耳其要命的交通、海岸的人口密集、道路的痛苦指數的埋怨、咆哮，突然我擔心起來，怕他讀懂。最後，他舉起我的日記，煞有介事地宣布：「賈拉爾．阿爾定．魯米（Jalal al-Din Rumi）！」他說的什麼，至少我後來猜到了，因為，那一刻，在那一串音節的結尾，我聽到了*Rumi*。

我整個人鬆了一口氣。既然他把我的隨手塗鴉當成了詩，也就證明他讀不懂我的日記內容。令我驚訝的是，我後來才知道，絕大多數土耳其人都知道這位十二世紀的蘇菲派（Sufi）詩人，但其實我也無須大驚小怪，因為他根本就是他們的民族偶像。魯米，出生於阿富汗，為逃避成吉思汗的侵略大軍，家人西遷，最後定居土耳其中部的柯尼亞（Konya），居住多年，過著富裕的貴族詩人生活，直到蒙神恩典的沙漠浪人夏姆斯（Shams）出現。根據傳說，夏姆斯將魯米珍藏的書籍統統丟到井裡，宣稱時候到了，魯米應該開始將他長久以來所讀及所談都付諸於生活。如此這般，開展了一段深情的友誼，使這位蘇菲派旋轉托缽僧靈感泉湧，成詩七千餘行。我讀過許多，每天晚上，在帳篷裡，在我的電子書上；我的電子書下載了幾百本小說、非小說，只不過我讀的似乎都是詩。土耳其公路上漫長疲累的一天之後，我渴望絲路這一段所欠缺的那種抒情強度，也渴望簡潔，我要的，無非幾行我能夠吸收的濃縮句子。然而，梅莉卻沉涵於《戰爭與和平》。

對於文字，她可有耐性了，但卻抵擋不了她對社交的投入。這會兒，只見她把家人及家庭生活的照片秀給主人家看，女生們對她的男友品頭論足，一副要從葡萄樹上摘取整串葡萄的架式，滿意之情流露無遺。我則置身事外，喝著茶，咀嚼著學者翻譯家柯爾曼．巴克斯（Coleman Barks）對魯米詩的精神狀態所做的描述：「毫無由來的沮喪、恍神、無言、失落及狂喜。」我把句子抄在日記裡，帶著點隱隱作痛的熟悉感：這豈不正是騎車穿越西藏高原的感受，在那裡，每一天都在樂與苦、天與地之間拉扯。但現在豈不也一樣，我心想，土耳其是不是也可以這樣說，即便感受沒有那麼強烈？其樂，在於饑寒交迫之際，茶店裡，爐邊飲一杯糖茶，或海上有皎月揮灑銀光，又或陌生人接待我們有如家人。至於沮喪，在於沒完沒了的平淡無奇，其中之一是道路——我發誓——永遠都是上坡。「唯一的法則是——」魯米給的忠告：「承受痛苦。」

終於，女眷們注意到我在打哈欠。牽著我們的手，引著梅莉和我進入過夜的臥房。哈珊反對我們在寒冷和硬地營宿在前，這會兒卻把我們丟在沒有暖氣的屋裡，睡在墊著花崗石——或某種類似材質——的沙發上。梅莉和我相視而笑。至少是乾燥的。薄薄一床羊毛毯子，每翻個身都揚起灰塵，我鑽到裡面，想著電視劇裡面那對夫妻，不知道結果會怎麼樣。牆外傳來聲響，電視聒噪著更多新聞，不消多久，我睡去。

05

寒冷的世界醒來

小高加索

The Cold World Awakens

Lesser Caucasus

沿著黑海一路走來，我一直把地平線上的積雲誤認為山脈。一天黃昏，雨停，在里澤（Rize）附近，我們總算轉運了，真相大白。群峰參差，有如燃燒的珊瑚，高聳城市上空，只一會兒，太陽沉落，卡克卡爾山脈（Kackar）隨之熄滅。但就那短暫的一瞥，土耳其的一切都可以不計較了：雨、交通，以及我日趨嚴重，看來無可動搖的支氣管炎。麥可・翁達傑（Michael Ondaatje）說，每一部小說——依我看，還有每一本遊記——第一句都應該這樣寫：「『相信我，此間自有秩序，非常模糊，非常人性。』若你要上城裡去，信步而行可矣。」但誰要上城裡去呢？我可是要回山裡去的。在那兒，千山如刃，舉向明月，一路下絲路。

那天晚上，一對土耳其夫婦好心收留我們，我連跟他們稍稍說幾句話都咳，喉嚨癢，灌再多他們倒給我的水也無濟於事。眼前，比較有效的治療就是他們由著我沖熱水澡。走出浴室，一雙高跟花拖鞋已經在門口等我，讓我走起來搖曳生姿，儘管小了好幾號。拖鞋是兩夫妻小女兒的，她見我穿上，咯咯笑出聲來。晚飯時，父母親要她跟我們練習英文。「哈囉，我的名字叫謝謝！」她怯怯地說。

離開之前，里澤的人家將另一家人的姓名和電話給我們，就這樣，梅莉和我變成了接力棒，一路在土耳其慷慨的朋友之間傳遞。最大的問題是，下一個城鎮未來的主人一般都不會講英語。我們靈機一動，想到一個萬無一失的辦法：到達的時候，我們向人多的地方去，撥打主人家的號碼，等到有人接聽，便將手機遞給隨便一個土耳其人（一臉錯愕）。「*Merhaba*（哈囉）？」陌生人對接電話的人說，是兩個不認識的騎單車女孩把手機遞給他。接電話的主人家馬上就明白，所謂不認識的人就是他們正在等待的外國自行車騎士，便向陌生人說明他們住的地方。電話掛上後，陌生人指點梅莉和我如何走法。如此這般，幾天之後，我們到了波爾奇卡（Borçka）一棟蓋了一半的公寓大樓，建在一處陡坡上。

磚頭建築，看起來好似沒有用到水泥就那樣疊出來似的，整棟大樓彷彿一腳就可以踢垮。一個中年男子帶著兩個小女孩，大概八、九歲，在樓下等我們，幫我們把自行車及袋子搬上混凝土剝落的樓梯，經過生鏽的鋼筋，進入一戶整修漂亮的寓所，空氣中飄浮剛出爐的麵包香。客廳裡，不能免俗地，一台電視，一幅凱末爾畫像，室內無論哪個角落，畫中人冰冷青藍的目光都如影隨形。我倒不是因此不敢四處走動，而是因為地板、沙發及幾張椅子全都坐滿了人：祖父母、叔伯、姑嬸，外加半打小孩，其中一個，四歲大，極為可愛，玫瑰雙頰，濃密睫毛，卻有一顆魔鬼心。

一碗油膩膩的湯，只見她連碗一起扔到地毯上，母親又是吸又是清的，一聲不吭，她卻呵呵笑著。又見她抓起沙發上的抱枕，使勁丟向兄姊，彈無虛發。祖父體弱，她卻踢他小腿骨，老人叫痛，她倒笑得更加開心。所有這些調皮作為，家人儘管口說不好卻不制止；每個人似都怕她七分，懼她三分。「唉呀，好玩。」祖母笑著，有氣無力，卻由著她，彷彿在說，孩子就是孩子嘛。我心裡卻想，變態就是變態，孩子顯然看出了我的心思，決定懲罰我，來踢我的小腿骨，差一點還讓她得逞。

那天晚上，梅莉和我用箱籠抵住臥室房門，生怕惡作劇長了腿溜進來。不管怎麼說，跟小女孩們共用房間卻是溫馨的，當然，我們的一舉一動也引起她們極大的興趣，無論刷牙的方式，穿的長內衣褲，以及睡前一言不發盯著沒有生命的磚頭，一看就是一個小時，她們都看得目不轉睛。那樣專心閱讀，讓她們不解。在土耳其人家庭，教科書之外，很少看到書籍，我不禁想，生長在這些小鄉鎮，想要讀書的，懷著夢想的，尤其是父母信誓旦旦絕不讓女兒騎單車穿越土耳其的，真不知道他們的人生何去何從。半醒半睡躺著，一股對父母親的愛排山倒海而來；從小，他們對我的一切探索活動，無不抱持鼓勵態度，包括文字的與世界的，但話又說回來，他們或許也後悔，把我養得太過於天不怕地不怕。第一次中國絲路行之後的幾個月，梅莉和我已經打包準備出發，再過四十八小時，班機就要起飛，臨行前，她去她家農舍的湖泊最後一次游泳，結果被一艘汽艇撞到，雖然沒被螺旋槳傷到，但卻撞傷了大腿，深度肌肉瘀傷，至少需要一個月物理治療才能恢復活動功能。說到夏天中國騎車的事，梅莉當然是沒搞頭了。

人在北卡羅萊納，我聽到消息，一時間不知如何是好。不管怎麼說，北京話、維吾爾話或西藏話，我都還不會（梅莉也都不會），甚至連輪胎都不會補，儘管發心要把它學會。而如今，突然之間，少掉了一個探險的搭檔。事情擺明了，我別無選擇。

「無論如何，我去定了。」電話裡我對父母親說。

「不可以。」

「我可以的啦！」

「就把它忘了吧！」

「愛你們，掰，我這就去機場啦！」

當我只飛到加州，而不是北京，然後騎車回北卡羅萊納，而不是遠走絲路時，父母親對我單騎由西岸至東岸橫跨美國所表現出來的寬心，讓我體會到，他們對我本來要做的事是何等的擔心。這讓我若有所悟，對未來探險的計畫便採取不同的對策。「媽咪、爹地，我要去火星了。」和祖柏在麻省理工見面後，我一本正經對他們說，意思是說這次有可能是單程票，對不起。他們又是不捨又是抗議，我才開心說是逗他們的，並告以真正的計畫。「好啦，好啦，沒事啦……我只是要完成騎絲路的心願，從高加索到喀什米爾，繞阿富汗邊界，再沿以前走過的路溜進西藏。」

看著這些小女孩兒，滿心希望跟她們分享自己的冒險策略，激勵她們走進實驗與探險的生活，但苦於言語不通，而她們已經進入夢鄉。

一夜之間，天氣驟寒，世界整個走了樣。沿路放眼，四野山巒高聳，所過之處，小溪清新凌空。黑海的冷雨變成了落雪漫天，路面經過輾壓，薄薄一層碎白。車輛雖少，但並非全無，有一次，一輛轎車放慢速度擦身而過，我看到好奇的面孔緊貼車窗，卻不曾多想，等上到了山上，看到那車停在頂上。一高瘦男子等在那邊，身著花呢外套，頭頂近禿抹油，因此，疏髮在風中紋絲不動。只見他拿一台手提攝錄機對著逐漸接近的我們。「妳們打哪兒來？」他問：

「到哪兒去？冷不冷？」

「加拿大，印度斯坦，不冷，但停下來不動就會，再見！」

沒走多遠，雪漸深，路漸陡，梅莉幾乎無法前行。「不公平。」她抱怨道，只見她的輪子有如托缽僧般原地打轉。「我跟妳一樣賣力，但每踩兩次，速度卻只有一半。」我之所以能夠維持前進的動力，還得歸功於在麻省理工研究所時學到的一些訣竅，也就是說，越是在容易打滑的地方，騎車越要拚了命地快。這項騎車的竅門，無非是要求自己全神貫注，自己雖然喜歡，但覺得此時此刻大肆張揚並非上策，於是提議我們到一家最近的烘焙店打尖。老闆娘送上我們叫的果仁蜜餅及雀巢咖啡時說，阿爾達罕（Ardahan）就在前面了。梅莉顯然沒有失望。「再一杯雀巢咖啡？」她開心地提議，在書本中安定下來。

幾個小時之後，道路開放，但只准輪胎上了鍊條的四輪驅動小巴士上路。由於之前的一場暴風雪，警察已經強制我們搭便車越過前面的一個山口，換句話說，即使百般不情願，我也只得再度把單車架上另一輛車的車頂。巴士吃力駛上卡爾斯高原（Kars Plateau），和西藏一樣，這裡也是板塊撞擊褶曲而成——歐亞及阿拉伯也都是如此——造成海拔高於五千呎的平原及山嶺，與亞美尼亞、伊朗及亞塞拜然接界。儘管土耳其大部分地區屬溫帶氣候，這裡卻是雪的故鄉，「*kar*」就是土耳其語的「雪」，*Kars*，高原名字，是其複數型，至少在我們抵達的二月，正是這般情形。巴士快速行進，所過之處風與雪盡掃一切風景，大片寒光籠罩，我默默在心裡後悔。既然這一段絲路都搭車了，為什麼不乾脆跳過黑海那一段要命的交通和冷雨呢？

「感謝神，這一段路我們不是用騎的。」梅莉喃喃說。

傍晚抵達阿爾達罕，鑽進一家餐廳，喝著扁豆湯，正好看到電視新聞在播我們，鏡頭前，穿花呢外套的高瘦男子在講話，畫面上，我們慢慢騎上山，一邊喘著一邊咕噥著，然後消失在一片白茫茫中。最妙的是，這個頻道播新聞完全是土耳其肥皂劇的手法：慢動作反覆播放，配樂與其說是搭配新聞，不如說更適合犯罪劇。關於我們的新聞並沒什麼特別的，騎在那樣冰川似的滑溜上，我們自己就做足了慢動作，根本不需要特殊效果。等我們消失好一陣子之後——時間長得彆扭——記者才把鏡頭調回他自己，繼續他權威的評論。

「他到底在說些什麼鬼？」梅莉驚訝不已。「我們根本沒和那傢伙講幾句話呀！」

掃視餐廳，想看看有沒有人把新聞跟我們拉到一塊兒，但或許是我們沒有圍圍巾，又沒有戴帽子和頭盔，很難讓人認出來，人們繼續喝他們的茶，眼睛盯著螢幕，沒注意到「新聞人物」就在他們中間，這對我們反而好。默默地，我們打包自己，一層又一層，裹得暖暖的，推著單車進入裂肺的寒冷。

次晨醒來，帳頂霜集，群星陌生，散落，一時間竟不知自己身在哪個星球，天空疑似殷紅。然後，帳篷晾衣繩上兩件人間器物映入眼簾，兩雙毛線襪及我的手錶，僵直垂著。我起身看時間，一不小心碰到帳壁，把個朗朗宇宙攪成了超新星。帳頂落霜紛飛，時空結構為之摺曲，冰凍的襪子飛來踢我大腿。時間，早上八點。

「醒了嗎？」我小聲對梅莉說，急著上路。

「沒。」她小聲回我，睫毛結霜。

身著長內衣褲，爬出睡袋，把帶來的衣服全都穿上身：羊毛褲、羊毛衣、雪褲，外加一件用布膠帶補了十幾個補丁的羽絨外套。這外套大有來歷，簡直就是一幅地圖，所有我經歷過的寒冷和寂寞都在上面：第一次自行車之旅的西藏高原、牛津停課期間的挪威滑雪、離開麻省理工之後的喀什米爾，以及和兩個朋友循芳妮・布洛克・沃克曼的腳步登頂喜馬拉雅山海拔二萬二千呎的小尖山（Pinnacle Peak）——一九〇六年芳妮在此寫下女性登山世界紀錄——這會兒，這些地方正挾其風華對著我扮鬼臉哩。我這個人，越是寒冷艱難，就越是生龍活虎，但梅莉卻缺乏這種追求深寒極凍的熱情，見她的睡袋紋風不動，我拿出日記，讀我所抄的詩為她打氣。「若問智慧是什麼顏色？」詩人伊凡・康乃爾（Evan S. Connell）寫道：「必定是雪的顏色。」梅莉咕噥出聲，於睡袋深處。雀巢咖啡，侍候。

在營帳前庭裡點燃營爐，帳門略開，以利通風。我們的純鈦鍋子這會兒和昨天晚餐煮焦的麵條糊成了一體，但顧不了那麼多，還是將之加滿，用的是我抱著睡一整晚不使結凍的那瓶水。煮出來的咖啡，味同煤渣，即便是滿口花生醬，也壓不住麵條的焦味。眼看馬克杯裡一團凍結的燕麥粥，我對梅莉說：「留著，以後用得上。」理由是，極地探險家為了補充熱量，有的時候，連自己的皮靴都要啃。但不管怎樣，梅莉很不以為然。

醒來幾個小時後，終於爬出營帳，原地跳躍暖身。打包需要赤手才夠靈活，結果是皮膚受罪，黏在維持生命所需的一切金屬裝備上，包括爐子、營棍、自行車。然後，將凍得僵硬的營帳捲入凍得僵硬的袋子裡，終於，拖著滿載的自行車，跋涉深雪回到路上。

英國南極探險家亞普斯雷．闕瑞－葛拉德（Apsley Cherry-Garrard）說：「極地探險是天地間備極艱辛同時也最清明、最孤獨的時光。」土耳其冬天的自行車之旅差堪比擬。但若是車少無雨，沿途有山巒增色，又不痛不饑不缺乏──有時候如此──依我看，在這條路上騎車乃是最清明、最孤獨的享受。甚至梅莉也能自得其樂，只見她一馬當先，時不時停下，便在路上翻起筋斗來。我也常駐足，但卻是拍照，拍攝風拂過的天空湛藍清澈，拍攝雪染過的山巒柔和滑順，拍攝風景無視於我陶醉其中的自在，但因此令我更加傾倒。天闊覆地，風行八方。卡爾斯任我翱翔。

在這方面，吾道不孤。每一年數以百萬計的禽鳥飛越高原上空，從西部西伯利亞及中東旅行至非洲並返回，雖然我們遲來（或早到）了幾個月，無法看到萬鳥蔽空的景象。通過卡爾斯高原遷徙的候鳥，尤以猛禽居多，包括鵰、鷹、禿鷹及隼，逐上升熱氣流滑翔有如石頭──所謂上升熱氣流，是上升熱氣旋，形成不同的層面，吸收不同量的陽光。猛禽類翱翔，迎熱氣流而上，不費絲毫之力，然後下滑，迎向另一股形成中的上升熱氣流，如此這般，無須振翅，飛行數千哩。我就常夢想自行車也能夠以相同的原理驅動。

或許，慕禽鳥之高翔，乃是人類一切飛行的起源。十九世紀中葉，德國青年奧托．李林塔爾（Otto Lilienthal），每見家鄉鸛鳥凌空，欣欣然而有翱翔之心。但他並不敢說出這一志向：在那個時代，建造一架飛行機器的想法，無異於設計一部不停運轉的機器或化鉛成金——乃是典型的異想天開或白日夢。在兄弟古斯塔夫（Gustav）的協助下，奧托以風與翅膀為師，為避鄰人的閒言閒語，往往都在夜間工作。屢經嘗試與錯誤，終於發現，飛行最簡單的方法就是逆風而非順風而起，因為，與翅膀逆向的空氣流動越快，其產生的推舉力量越強，這也就是說，逆風對飛行所形成的阻力小於其所賦予的渦輪加速。於是，他開始在白天試驗滑翔機，在風最強的時候，人群聚集，等著看他的笑話。每一次，當滑翔機飛得更遠一些——三十呎，三百呎，四分之一哩——人群開始歡呼。接下去的十年，由於奧托的努力，人類飛行的想法從一個愚蠢的笑話變成一門嚴肅的科學。「當每個人都認同空中飛行的想法時，一度被人視之為騙子的時代就成為過往。」他驕傲地說。

在牛津，看過奧托的滑翔機照片，驚訝於它們與鳥類的相似，驚訝於靈感明顯來自於伊卡魯斯（Icarus），機翼用羽毛與桿子製作，彷彿純粹的模仿就能夠提供足夠的浮升。飛行機器的設計，逐漸走出以鳥為師的奇想，朝向更為注重效能的方向發展，之所以如此，並不在於鳥類的翅膀不能做出最佳的飛行，而在於歷經一個多世紀的嘗試，人類仍然無法模仿鳥類的鼓翅。即使到了今天，人們高坐越洋班機上打鼾，對著又一艘飛向國際太空站的火箭大打哈欠，但鳥類雙翅集機械效能、燃料節省與意象優美於一身，卻不是人類任何一項發明所能超越。或許，唯一的例外，是現代的自行車。

我所騎這台機器，流線靈巧，但它的祖先一八七六年出現在巴黎街頭時，卻笨拙可笑。遙想當年，這台兩輪的「花稍馬」，沒有踏板，沒有傳動系統，沒有充氣輪胎，唯一推動其前進的力量就是兩腳在地上踹踢，因此，也為它贏得了 *velocipede* 之名，源出於拉丁文，意為「快腳」。由於「快腳」比馬匹或車輛小，不容易被看見，《紐約時報》的報導就諷刺地說，騎車的人「飛過空中，模樣滑稽古怪」。但不過二十年後，就在奧托的滑翔機成為頭條新聞時，快腳演進成為「安全兩輪車」（safety bicycle），一種更接近現代自行車的機器，其價格的便宜、騎乘的舒適及易於操控，無異於賦予人類翅膀，芳妮・布洛克・沃克曼及她的先生，甚至騎著穿越歐洲及印度。到一八九六年，《航空雜誌》（*Aeronautical Journal*）一本正經描述了自行車與飛行之間的相似點：「難怪那些騎車的人好不容易馴服了這匹鐵騎之後都興高采烈說：『騎起來就和在飛一樣。』」

我在雪中趕上梅莉，跟她說了許多，但她卻都不以為然。「我可不覺得這樣。」她咕噥著說，在原地慢跑。「我感覺不到我的手指和腳趾了，甚至想不起來手指和腳趾以前的感覺。」這讓我意識到，她翻筋斗並不是表示她的心情好，只是要讓血液流到四肢末梢而已。「這樣很不安全。」她繼續說：「我們陷入了絕境，我凍得要死，再也走不下去了。」

梅莉聽起來幾乎要哭。但我又不確定，因為，她的臉整個被巴拉喀拉瓦帽（balaclava）和太陽眼鏡遮住；那副眼鏡可夠炫的，超大鏡框，是名人為了不讓人認出來並掩遮宿醉用的那種。我心裡暗想，即便是在這裡，在冰天雪地的絲路，她還是有她自己的堅持，總要看起來酷酷的。

青少年時期，有一段日子，梅莉和我並不熱絡。小學時形影不離，但到了我們念的小鎮高中——一個自創的魔術很快就會失去社交價值的地方——卻成了點頭之交。我夢想成為太空人，到探險家的最後淨土火星去。至於梅莉，正好相反，是個大受歡迎的人物，上學化妝，週末派對。而我則是那種提前一週做完學校功課的學生，又凡事多疑，連牙醫的笑氣都不放心，總以為藥物——包括填蛀牙洞的一氧化二氮——會害我不被太空總署錄取。

有好幾年，我們幾乎連話都沒講。我總以為，在我們兩個的心目中，小鎮高中是個鳥籠，穿堂小，格局小，總之，小鼻子小眼睛，但對於這樣的侷限，我們的回應卻大異其趣：梅莉努力以赴，要嶄露頭角，要贏得歸屬，愛時髦耍酷，而我則是心在他處，要逃離。我不會故作清高，冷漠絕不是裝出來的。後來，我們再度搬家，我轉到一所規模較大的高中，校風也比較開放，總算讓我解脫，把全副精神投注到騎馬，學溜滑板，規劃自己的太空夢想上。或許正因為這樣，在卡爾斯高原，我內心自以為是的小心眼才會跑出來作祟，心想高中時期梅莉如果少花些時間出風頭，多花些時間讀闕瑞—葛拉德、沙克爾頓（Shackleton）及南森（Nansen）的極地探險事蹟，艱難困頓云云，她就能夠體會得更多些，眼下這一點苦根本不算回事，這才是冒險！

「絕境？差得遠了，梅莉。」我把心一橫。「最好是！但絕不是，我們可是在柏油路上，我們有手機，何況前頭就有一座加油站。這根本就是小兒科，沒什麼大不了，妳可以的。冷，這世界上有什麼比冷更好解決的——何況這根本不叫冷！」

然後，我又講了打氣的話。梅莉什麼也沒說，甚至沒把她在黑海哄我出睡袋的事情拿出來為自己辯護。只見她登上車騎了就走，不料卻滑到一塊透明的薄冰摔倒。當她騎了一段路再度摔倒時，我不禁為自己先前的自傲感到難過，加速朝加油站騎去，希望有營業。等到梅莉推著車子走過來，我已經買好兩包小甜餅、三根巧克力棒，一言不發，我們三兩下吃完。加油站唯一的員工送來熱水幫我們沖咖啡，甚至連馬克杯上凍結的燕麥粥都刮乾淨，雖然只是小小的動作，看來世界又恢復了希望。

心裡的委屈從此消散，抑或只是就此潛伏，有如黑色的種子潛入表層等待適當的條件復發？我相信的是一個沒有邊界的世界，換句話說，我相信沒有邊界的心靈和思維，但當我向裡面審視自己，我知道這不容易。環顧卡爾斯高原，二十世紀之交，隨所問的人不同，一個有人說是東安納托利亞，也有人說是西亞美尼亞的地方，同樣也不容易。

當時，此一地區有三股勢力在競逐，包括土耳其人與亞美尼亞人，外加俄羅斯軍隊。在土耳其人迄今否認的滅族屠殺中，卡爾斯的亞美尼亞居民多數遭到殺害，直至一九二一年簽訂卡爾斯條約（Treaty of Kars），流血才告一段落。從此大部分東安納托利亞，亦即西亞美尼亞，割讓土耳其，包括亞美尼亞人的聖山，亞拉臘山（Ararat）。以前，這裡被視為基督教世界的最高點（但連西藏高原底部的邊都碰不到），據說是大洪水後諾亞方舟碰觸乾土的地方——由於

《創世紀》沒有衛星定位，我們姑妄聽之。土耳其人一不做二不休，乾脆把山名也改了，名之為阿勒山（Agri Dagi），亦即「痛苦之山」，目的無非是要在名稱上降格，以為褻瀆。一九九一年，隨著蘇聯的瓦解，亞美尼亞重新獲得獨立，但他們的聖山卻不曾回歸，仍然遠在無法觸及的土耳其境內，在我們此刻經過的路上。

「那是亞拉臘山嗎？」梅莉指著車窗外白雪覆蓋的山峰問。我們在加油站外不遠處搭上一輛便車。

「不，不是，還沒到。」坐在方向盤後面，翁德爾大聲吼道，可他並不是在生氣，而是說起話來就那副德性。邋遢，圓胖，三十來歲，自然保護主義者，他提醒我有一隻熊，冬眠提前醒來。這或許不是信口胡謅：他一直在期待我們出現，只不過我們早到了，也就是說，在加油站停下來吃了點心之後，梅莉和我稍微往前多騎了一段路，到了轉往喬治亞的那條小岔路，翁德爾在那裡碰到我們，載著我們跑了一個星期左右，我們再繼續騎到提比里斯（Tbilisi），從那裡再往前。同時，他還帶我們參觀了他的雇主庫宰達加（KuzeyDoga）——土耳其邊界地區一個在地的非營利性組織——管理的自然保護站，範圍包括亞拉臘山，或阿勒山，怎麼叫，看你站在哪一邊。

「那一座呢，是不是？」我問道，眼前出現另一座高峰。

「相信我，阿勒山出現時，妳們自會知道的。」阿爾奇姆說，嘴裡嗑著葵花籽。自我介紹時，打趣說他是一個製片，「在土耳其東北部及伊朗部分地區大大有名」，逗得翁德爾狂笑不止。他們是老交情，一同為庫宰達加拍攝一部電影。兩個人看起來屬同一類型，只不過阿爾奇姆拉長些——高些、瘦些、口齒便給些——外加擦了不少古龍水。當他把葵花籽殼吐到窗外，殼倒飛進來，黏到他的眼鏡上。

車子轉了一個彎，我這才瞭解阿爾奇姆說得不錯：阿勒到底不愧是阿勒，或是亞拉臘？或許，我滿相信，凡山皆聖，無論叫什麼名字，但這座山尤其如此，但見其雙峰聳立，看起來尤其神聖。此山與其說是石破驚天，不如說是寒星垂天。亞拉里克村（Aralik），清真寺尖塔巍巍高聳，但相對於背後的高峰便相形見絀了。村莊房舍，彷彿是從玄武岩雕出來而非蓋起來的，如鳥食般散落在火山山腳下。街上有兒童牧放家畜，手執蘆葦，拍打瘦牛臀部，蘆葦來自村旁沼澤——大洪水的最後殘餘，或許也受到冰川融水點滴的恆常滋潤。

類似的濕地遍布聖山四野，水源越過土耳其、亞美尼亞、伊朗及亞塞拜然邊界而來，由於地勢極低，甚至低於卡爾斯高原邊緣，終年不凍，成為水禽的綠洲。一對蒼鷺踩著高蹺涉水而過濕地，我們正欣賞中，一牧人騎一輛藍摩托車轟然而至，跟翁德爾聊了一陣，指著濕地、田畝和村莊比劃。男子離去，揚起塵土，地平線為之模糊，我們問翁德爾，他都說些什麼，他說：「他要抽乾濕地的水，改成田地種莊稼。」

儘管沒有生命，但阿勒峰作為國家公園，山腳下的沼澤卻沒有受到保護，很有一點像是方舟受到看重，上面的多種生物卻遭到棄置。庫宰達加計畫說服土耳其政府，根據拉姆塞（Ramsar）國際公約，保留並永續利用沼澤，保護濕地生態，設立賞鳥區，成為村民的觀光資源。「這就是妳們來這裡最大的意義。」翁德爾說：「讓他們知道，這個地方——他們的家——的價值絕不只是一片牧場而已。」

我希望他是對的，但卻不確定。土耳其語的「外國人」（*gavur*）傳統意思是「異教徒」。此外，對於自己成了一個生態觀光大使，也讓我覺得不太舒服，那等於在鼓勵人們把禽鳥或濕地當成美金看待，沒錯，他們把沼澤當成牧場放養牲畜，早已經在這上面看到了金錢。但我不怪他們，一點也不，尤其是此時此刻，悠然徜徉其間，醉心於群鳥群山，不久又要悄然揮別之際。為荒原貼上一紙價格標籤自有其益處，特別是在亞拉里克這樣的地方，這裡的人民需要支持，濕地需要保護，生態旅遊對兩者都有幫助。但我又擔心，總覺得在這樣的交易中會失去一些重要的東西，亦即，這個世界，除了利用之外，自有其價值與意義。

走回汽車，這會兒，長毛蓬亂的灰驢正四下裡啃著青草。我們打開車門，砰然關上，牠們連眼皮都不抬一下。翁德爾左轉右彎，一下避開驢子，然後又要閃過濕地；濕地，土耳其政府根本拒絕保護，難道是因為亞美尼亞人熱中此道所致？庫宰達加想要把在地居民拉進來，藉此爭取政府的重視，但自然保護云云，還沒有翻譯成土耳其文。翁德爾的工作，從捕狼到訴請政府清除公路上的死獸，難怪連他祖母都深信他根本就是無業遊民。「切記！」貼在汽車化妝鏡上字條提醒：「開車出城，注意路死動物。」

車一脫離驢群，梅莉搖下車窗，頭伸出窗外，享受空氣中的春天訊息，亞拉臘山落到我們身後，看起來更雄偉，因為距離，高度和份量都出來了，風在蘆葦中低吟。從另一扇窗外望，地平線上有一巨大的三叉戟，三根粗大的分叉噴出煙霧或水氣，搞不清楚是什麼東西。

「啊，那是麥薩摩（Metsamor）。」翁德爾興高采烈宣布。「下一個車諾比（Chernobyl）。」這座蘇聯核子反應爐建在脆弱的土地上。一九八八年，一次地震導致二萬五千亞美尼亞人死亡，由於震央距離麥薩摩不到六十哩，核電廠基於安全理由關閉。但數年後，蘇維埃聯邦瓦解，新獨立的亞美尼亞共和國亟需廉價能源，加上強鄰土耳其及亞塞拜然刻意將天然氣管繞路而過，亞美尼亞政府乃重新啟用老舊反應爐，距土耳其只有六哩，離亞塞拜然也不遠，挑釁地點燃一把怒火。邊界上，麥薩摩彷彿在威脅說，**就算我垮了**，也要和你們**同歸於盡**。

愛默生說：「大體來說，國家者，幼稚是也。」大體來說，我完全同意。對於南高加索（South Caucasus）的邊界封閉與兵戎相對，我瞭解得越多，便越是覺得這個地區簡直就像是一場邪惡的奪旗（capture-the-flag）競賽，全都打著毫無根據的民族主義大旗。直到今天，政治疆域，有的時候固然堅如磚石，但追根究柢，不過是強烈的共同信念所打造出來的產品——一群人旗幟鮮明，眾志成城，乃名之為「土耳其」或「亞美尼亞」，代表某種真實完美的主權，刻於金石，不可違反。但馬可波羅十二世紀走過南高加索時，足跡所至，絲路沿途的疆域全都早已消失不見，或不復從前，諸如大、小赫曼尼亞（Lesser and Greater Hermania）、特考曼尼亞（Turcomania）、喬治亞那（Georgiana）及佐查尼亞（Zorzania）。紀元前二三〇〇年，中國哲人許由說：「名者，世間之過客。」在他看來，邊界云云，不過是集體神話——是某些人於某一期間的虛構，因為深信不疑而成為事實。

第二天，在阿尼（Ani），再次證明領土果然脆弱不堪。地處現代土耳其的邊陲，這個古代的絲路大都會，曾經盛極一時的亞美尼亞都城，如今幾乎已經成為廢墟。過去一千年，城市屢遭突厥人、喬治亞人及蒙古人蹂躪，馬可波羅到達中國之後不久，一次地震更將僅剩的殘餘全數摧毀。阿尼城中，殘敗荒蕪的教堂與清真寺並立，顯示曾經有過的開放，但後面就是一條封閉的邊界，將今天的土耳其與亞美尼亞隔開。兩國以一條河流為界，河名亞科里安（Akhurian），傍阿尼而過，流經一山谷，谷名阿帕查（Arpaçay Canyon），彷彿一道暗沉的傷疤，穿越白雪覆蓋的光滑高原。山谷兩側為軍事緩衝區，帶刺鐵絲網成串排列，軍隊經常巡邏。二十年來，人民禁止進入山谷。

庫宰達加向土耳其軍方爭取進入阿帕查谷記錄鳥類生態，經過多年努力終獲准許，一位非政府組織生物學家對山谷大幅地區進行調查，聆聽鳥鳴，拍攝鳥巢，過程中發現六個埃及禿鷹鷹巢。在兩道鐵絲網之間，這種瀕危的猛禽在山谷中找到了大片不受打擾的空間，作為理想的繁殖場所。禽鳥不知邊界為何物，但知道哪裡可以找到避風港。

在米努奇爾（Minuchihr）的清真寺，望著窗外的山谷，既為眼前這一片綠洲野地歡喜，但又為造成它的衝突感到心痛。人類建立邊界，蠻橫而霸道，自然往往成為犧牲品，鐵絲網與壘壘磚牆將生態系統割裂成碎片，阻絕了候鳥需要如風翱翔的飛行。但在這裡，一種瀕危的鳥類卻將邊界當成了防彈背心，在鐵絲網與人類為衝突而建立的高牆之間找到了庇護所。

這處山谷讓我想起一年前去過的另一邊境。參加一場在首爾舉行的研討會之後，我報名了非軍事區一日遊。朝鮮半島攔腰一片對峙地區，原為耕地，兩哩寬，長約一百哩，固之以鋼鐵之牆，其上佈以鐵絲網，六十年來禁止人民進入，田地逐漸荒廢，耕地長成野林，沼澤不再抽水灌溉，野鶴為之群集，亞洲黑熊、豹子、水鹿及其他稀有物種在此大量繁殖。一片飽經戰火蹂躪的邊界，居然變成了地球上保護最為嚴密的野生動物保護區。錫亞琴有可能也變成這樣嗎？在牛津研究科學維和時，讀到南北韓非軍事區，就希望有朝一日能夠親眼目睹它的重生。

「像今天這樣晴朗的日子，可以清楚看到北韓。」在首爾登上巴士，導遊保證說。但一個小時後抵達第一站，天空灰濛濛，有如傷口上的紗布。摩天輪及旋轉木馬，音樂震天價響，歡樂洋溢，餐廳名字活潑熱鬧，諸如漫步雲端（A Walk in the Clouds）、大力水手炸雞（Popeyes Louisiana Kitchen），廣告大推用餐兼看非軍事區。觀光客湧入禮品店，商品琳瑯滿目，T恤、鑰匙鍊、小酒杯，以及其他軍事隔離區紀念品。整個地方給人一種在喪禮上歡笑的感覺。

最後一站是瞭望塔，非軍事區的南緣盡在眼底。薄霧已散，天空顏色有如瘀傷漸消，微藍，彷彿焰心，又似冰川。相當於五十分美元，購得一窺非軍事區的位置，透過觀察望遠鏡，但見兩牆之間，松樹、冷杉、白楊及柳樹緊密生長，歷經半個世紀的放肆，盤根錯節，蔚然成林。兩隻蒼鷺扭打於濕地，微風拂過草原。換句話說，真槍實彈蓄勢待發之下，荒野與我對望，不覺悚然。

論緊張，不管哪一方面，阿尼都比不上朝鮮非軍事區，蕭瑟遠多於對峙，也不見紀念品商販——只有阿爾奇姆為梅莉錄影，只見她興致勃勃，在殘跡廢墟間擺出一副探險模樣，再次再三。「再一次，感性一點！」他要求，起碼拍第六次了。當冷日稀微落山，「一千零一座教堂之城」迴光返照，如我所想，但見殘破崩壞熠熠有光，有些地基仍然矗立不搖，古老彩繪風采依舊。經過一座千年教堂時，彷彿聽見地底有關門聲傳來，灰塵厚積的廢墟隨之四下回應。豪爾赫·路易斯·波赫士（Jorge Luis Borges）曾經這樣寫道：某些地方「有話要對我們說，或已經說了，或將來要說，我們都不該錯過」。而阿尼似乎在說，沒有故事，沒有牆，只有兩邊。一切定義模糊，所有邊界飄移，我凝視越久，越加深信不疑，我看到它們在動。

太陽漸沉，翁德爾、阿爾奇姆和梅莉走回汽車。臨別掃視山谷，我希望能找到禿鷹的巢，看到的卻是半座斷橋，凌空架在亞科里安河上，但兩邊都沒接上。一百年前，沃克曼有可能曾經騎自行車經過，如今卻只有飛鳥才能過河，橋的兩端在河水的倒影中相遇。

第二天早晨，翁德爾將我們在往喬治亞的岔路放下來。阿爾奇姆為梅莉和我錄影後，我們上路向提比里斯進發，途中穿越高加索一片曾經茂密一時的森林，據史特拉博（Strabo）記載，一路走去，直到提比里斯，太陽照不到頭。但無論如何，冷空厚鍍雲層，太陽也沒曬到我們。密集砍伐早已將傳說中的森林摧毀殆盡，起碼在東土耳其是如此，僅有少數冷杉、東方雲杉

（Oriental spruce）、龐塔斯橡樹（Pontic oak）及梅德韋杰夫白樺（Medwedew's birch）存活。

在一片破碎風景中發現了美，這話怎麼講呢？卡爾斯的野已經馴化，過去已經成為一片遺跡，這一點我明白，但那天早晨，它的確絕美。當然，所謂絕美，就定義上來說，就是美到極點，只不過極點通常隱含某種危險因子，是風景呈現於人類時所招致的，而不是人類將之開膛剖肚後所留下的殘餘。一如那些生活於阿尼兩條邊界之間的禿鷹，卡爾斯之美到底是一種慰藉，還是一種絕望，我也說不上來，或許是要為它禱告吧。或者，至少是幾個小時後我們所聽說的，一個在我們看到它之前久已存在的小鎮。

我們決定在達瑪爾（Damal）停留，處理第二天通過喬治亞的事情，因為，剛出了城，路就開始上坡，而且白天剩下來的時間已經不夠把事情處理好。我們在茶館問住宿的事，一個男子，削瘦、長臉，主動表示要讓我們住樓上，帶我們去到一間空房，混凝土牆配上混凝土地板，門口掛一條發霉的灰色破毯子。「很好。」梅莉說。這樣寒冷的夜晚，什麼樣的遮蔽都可，只要不睡帳篷就好。談妥價錢，茶館老闆離去，打著手勢說，他會鎖門，早上七點來叫我們。

剛準備要睡，聽到外頭騷動，吼叫聲聽起來似乎是有人在為什麼不公不義的事來討公道，心裡想，還好門是鎖著的。接著，卻聽到我們的名字，梅莉和我便去到前屋的陽台，打亮頭燈照向街道上的人，翁德爾和阿爾奇姆也在其中，拚命揮著手。

「女孩們！」他們喊著：「撐著！別急！我們來救妳們了！」

「你們在講什麼呀？」梅莉喊回去。

後來我們才把事情搞清楚：翁德爾和阿爾奇姆擔心我們晚上睡帳篷太冷，特地開車上來看我們，抵達達瑪爾，沒看到我們的營帳，便去一家商店探聽我們的下落。「啊，外國女孩嗎？她們被鎖在茶館樓上。」小店老闆說。這還得了！看來我們是遭到了囚禁，一慌之下，翁德爾和阿爾奇姆衝到茶館外面，扯開嗓子又喊又叫的，想要引起我們注意，驚動了半個鎮，大家都跑來看熱鬧，連警察也來了，命令茶館老闆放人。可憐的老人跺著腳上樓，口裡直咕噥著：「為什麼是我，為什麼是我。」還不敢大聲。

一到外面，我們趕忙解釋，好讓我們的救星知道我們沒事。沒的事，茶館老闆沒有強制我們，也沒有關我們。沒錯，我們很安全，很暖和，很愜意。最後，人群散去，不免失望，一場大戲居然草草收場。碰到這樣的情況——在土耳其，其實任何情況都一樣——大家有志一同，包括阿爾奇姆、翁德爾、梅莉和我，決定去喝茶，由於時間已晚，茶館打烊，一行人便越過馬路去小店。店老闆倒是沒事人般，彷彿還為自己鬧出那麼大事情開心，為大家倒上滾熱的茶，包括跟著我們一起過來的茶館老闆，只見他念念有詞，唸著消災咒吧。

「他真是難過得要命。」我小聲對梅莉說，她點了點頭，怪不忍的。

阿爾奇姆聽到了。「難過？難過什麼？」

我告訴他茶館老闆一直念念有詞。

「那又不是英文！」阿爾奇姆笑起來。「沒事啦，胡亂唸罷了，譬如啊—咿—啊—咿，或啦－滴－啦之類的。」

他把我們的困惑告訴小店老闆，他覺得有趣，又告訴茶館老闆，他則對我們關心他的念念有詞顯然感到歡喜。起碼他是笑著陪我們走回去，再度把我們鎖進房裡。

早晨七點，我們如約獲得釋放。落了一整晚的雪仍然下著。梅莉和我下樓，進到寄放自行車的茶館，裡面已經熱氣滿室，高朋滿座，其中一人見我們在修理梅莉的排檔裝置，還好心送茶過來。梅莉的自行車無法再轉到最輕鬆的檔，亦即所謂的「奶奶檔」，此行的最高隘口在鎮外等著我們，到時候這個檔是我們的第二選擇。

送茶過來的人問我們要去哪裡，梅莉告訴他：「格魯吉亞（Gurgistan）。」土耳其人口中的喬治亞。一陣耳語頓時傳遍茶館。「不要，迷路，car（汽車）。」另一個人說。我起先還不認同，後來才知道他講的是土耳其語「kar」（下雪）。前一晚的小店老闆建議我們搭他的便車，他那天上午剛好要去喬治亞。但我已經決定騎車上路，只要我們的輪子還抓得住路，即便是不行，也決心不變。「謝謝。」我對他說：「不，謝謝。」弄得一茶館的男人都笑了，咋舌不已。

等我們把車子推到外面，我才開始擔心那些男人可能是對的。根本連路都看不見，原來路的地方，有的只是一片白，白霧，白雪，兩者不分。梅莉豁出去了，咬著牙用第二低檔騎上冰封的道路，我騎在她後面，慶幸自己的奶奶檔還能運作，但想到梅莉，卻又不免罪過。天與地渾然一團，似如飛行中的時刻，又似無重力狀態，上下左右全然不分。每踩一下踏板就生出一份信心，世界，或不管什麼東西，還存在輪子下面。但不管怎麼樣，無須特別的理由，我們擁有一段美好時光，我們吸雲，呼霧，朝著共同目標的巔峰奮力向前。

就某些方面來說，我們的友誼反而是在各自西東時最好。梅莉和我的交情是在大學期間恢復的，當時，她出其不意飛到教堂山來陪我過春假。之所以這樣，或許是「大家夥兒」謬讚我的言論，也或許是因為從高中起我們幾乎就沒見過面，但話又說回來，她在南卡羅萊納著陸時幾乎認不得我了。「妳是打哪個星球來的？」她劈頭就說，笑著，好像我們一直都是最要好的朋友。

「紅色的那個。」我說，儘管在猶他州穿過太空衣之後，我已經不太確定了。梅莉為什麼突然來訪，其實我也不確定，但一般來說，不管什麼事情我已經都懶得問了。跑默特爾海灘（Myrtle Beach）馬拉松之前，純粹是出於我那一雙腿的一時興起，從來也沒經過訓練。我報名的是慈善募款的半程馬拉松，但跑到十三哩時覺得人還好，便繼續跑下去，每多跑一步，就寫下了我一口氣跑出來的新紀錄，就這樣，一種過癮的感覺讓我慢慢跑完了全程。在那種夢遊、催眠狀態的跑步中，一個乏味的城市一時之間竟也染上了一層神祕色彩：默特爾海灘似乎改頭換面，超凡脫俗，充分說明了長途跋涉的魅力。等到停下來才注意到，海灘邊沿，全是生意冷清的汽車旅館，大型廣告看板上，花生與耶穌同煮於一池俗豔的洗禮盆與霓虹燈中——外加我腿部肌肉的劇痛尖叫。

事後，我實際上成了跛腳。因此，一天晚上，在教堂山晚餐，梅莉突然提議一起去跑另一次馬拉松時，我記得，我看著她，以為她瘋了。但接下來，沒錯，我答應了。於是，那年秋天，分別在兩個國家，我們開始訓練，帶著十足的熱情，結果呢？沒多久，我的小腿綁上了夾板，梅莉則扭傷了髖部。但不管怎麼說，同年十一月，我們出發穿越紐約市，在補給站拿塑膠杯大口灌水，基本上，高中，好像從沒存在過似的。

接下去，騎自行車走絲路似乎也就順理成章了。但梅莉的游泳意外意味著我落單了，後來雖然改變行程，從加州獨自橫越美國，即使是偏僻的美國鄉村道路，看起來同樣極度陌生，有如置身異國。一哩復一哩，騎過內華達惺忪的賭場及古板的軍事基地，那裡，戰鬥機撕裂天空，禿鷹往復將之縫合；穿過有如猶他州的曲折紅色峽谷；越過科羅拉多的大陸裂口；以及堪薩斯的無垠平疇，在這裡，一個陰雨的上午，梅莉帶著自行車來會，仍然瘀傷在身，但蓄勢待發。

晚飯飽餐速食麵，包裝醃黃瓜當點心，那個夏天，兩個人無事在身，就這樣，六十哩，九十哩，一百二十哩，一天搞定！幅條折損，輪胎漏氣，我們全都會修！只有一天例外——在維吉尼亞，大肆揮霍預算，早餐厚煎餅吃到飽，人覺得不舒服，休息一天——兩個人，一個月，不停地騎，直抵大陸邊緣。路的盡頭是北卡羅萊納的天鵝區（Swan Quarter），在那兒登上前往外堤（Outer Banks）的渡船，竟因為不習慣不踩踏板的動作而雙腿抽筋。

梅莉和我為我們的自行車在大西洋行浸水禮，但由於沒有創下任何紀錄，沒有人群喝采。我們所求不多，為打發日子，就只是到海洋中去游泳，我記得，完成這一趟旅程的喜悅中就夾雜著鹹水刺激痤瘡的劇痛。我們的友誼之所以得以長久，在於一種共同的癖好：辛苦跋涉超越檢查哨，超越理性與限制，超越超越的本身，盡一切可能達到一種心神恍惚的境界，擺脫青少年時期累積的壓抑，彷彿一路下去終能登上一片新地。

抵達隘口比預期早了許多。突然間，一塊牌子自一片空茫中跳出，上面寫著：「Ilgar Dagi Racigi, 2550m」，但這還不算什麼，真正嚇到我的是牌子後面跳出來的一隻狼。不過，很快就知道，那只是一隻狗，瘦長，色灰，長長的睫毛結冰。因見牠溫和近人，又是土耳其犬，便給牠取了個土耳其名字：Baklava（果仁蜜餅）。梅莉撫摸牠的肚子，我則餵牠混合果仁，廝混好一陣子，終於決定繼續上路，騎下隘口，果仁蜜餅則一路緊隨。

一路下行了約十哩路，我們三個彷彿不期而遇的自行車騎士（或狗），惺惺相惜隨行，卻也不急著掉頭離去。車行速度壓迫，淚水為之奪眶，儼然速度也有深情。儘管手凍到不行，我使盡力氣緊握剎車制動桿，但因黑海沿岸沙塵和雨水的浸蝕，剎車皮已經碰觸到金屬，爆出火花。隨著高度下降，氣溫上升，山澗融水滾滾沖過道路。果仁蜜餅緊緊跟在我們旁邊，粉紅色的舌頭垂吐，機靈避開來車。路上車子不多，但才說著，一輛黃色工程車快速超過我們，不料突然在前頭停下，一男子下車，手拿一根繩子。「我的狗。」一口咬定果仁蜜餅是他的，但牠顯然無感，遠遠坐在我的單車旁邊，偏著頭並不搭理。

「凱特。」梅莉說，語氣平和，她懂我的心思。「前面就是邊界，我們不能帶牠過去。」

當然，她說得沒錯。我們既沒有必要的文件，也沒有辦法用我們的車籃偷渡。更何況，之前橫越美國，我們就曾試圖用自行車救過兩隻狗，但根本行不通。在密蘇里的一間大教會外面，我們發現兩隻遭到遺棄的小狗，放到我們綁在自行車上的紙箱裡，卻一路哀叫不停——紙箱挖了透氣孔，權充臨時載具，準備到下一個城鎮再買一輛自行車拖車。但到了鎮上，商店全都打烊。當天適逢星期天，在美國南方，唯一在主日還上班的只有警察，我們把小狗送交郡警察局，兩個小傢伙二話不說，立刻在地板上便便，抱著桌腳又啃又咬的。「不要擔心。」值班警員說，口氣閃爍，一邊拿紙巾擦拭著糞便。「我們會幫這些可愛的小東西找個好人家的。」

「牠們可能會被斃掉。」走出警察局時，梅莉說，一臉嚴肅。

「梅莉！」我大吼一聲，準備把小狗再救回來。

「開玩笑的啦。」她說，仍然故意板著一張臉。「牠們會有小孩子愛的啦。」

一路走來，不乏這一類的歡喜與感傷：小狗，和國家一樣，來了，又走了。土耳其男子帶走果仁蜜餅，但願牠遇到有愛心的孩子，一如牠在密蘇里的弟兄。然後，梅莉和我進入另一個國家。再見，土耳其；你好，喬治亞。

我們越過了邊界，說到證據，除了護照上蓋的章外，還有就是這條通往邊境——來時鋪得嚴嚴整整，去時爛泥坑坑洞洞——的道路。聽到汽車逼近，我們趕緊閃邊靠以避開飛濺的泥水，但司機卻直衝著我們來。等到汽車接近，我看清了來人，竟是熟識的。「為什麼是我，為什麼是我，哈哈哈。」達瑪爾的小店老闆從開著窗戶跟我們打招呼，一手操控輪盤，另一手比劃著摘葡萄的動作，看來似是在稱許。梅莉和我也向他揮手，兩人相視而笑：這一下，我們到了喬治亞，茶館裡那些不相信我們的土耳其人都要知道了。

06

入射角
大高加索

Angle of Incidence
Greater Caucasus

平淡的光，平淡的氛圍，道路，也平淡，坑坑洞洞例外，每個都兜著一窪水，兜著倒映的天空——燕麥粥的色澤及質地。還好天沒有下雨，只有打下面濺起來的水花。輪胎呼嚕嚕輾過濕漉漉的礫石，後面帶起水波。一個勁地朝著黑糊糊的水窪裡衝，我壓根不知道下面是什麼——是個坑還是個無底洞。有一次騎到一半，撞到了什麼東西，不得不犧牲一只乾靴子，站到水裡停下來。冰冷的水浸至腳趾，雙足失去知覺。

喬治亞正處於冬天與春天的拉扯之中，寒冷至於天地凋敝。枯葉為色，風景一脈單調。田地上仍有殘雪，雪融處露出草葉泥土，其色瘀黑。牧場邊沿成排樹木，俱皆枯瘦佝僂。山丘頂上，不再是清真寺的宣禮塔，而是巨大木十字架——東正教取代了伊斯蘭教。亞美尼亞之後，喬治亞是第一個皈依基督教的國家，時間早在紀元四世紀，無論蒙古入侵或蘇維埃帝國主義，均未曾撼動過這個國家的信仰。

終於，梅莉和我到了岔路口，可以按原定計畫騎往提比里斯，喬治亞首都，也可以前往十五哩外一個小村莊，一個朋友的朋友在那兒教英文，邀請我們前去。儘管尚未跟他確認行程，但決定繞個遠路走一趟。

主意既定，雖然任性了點，枯燥的道路卻陡然一變，恢復其原有光澤。過了前往提比里斯的路口，我們開始爬坡直取村莊，這時的路面鋪有柏油，但仍有坑洞水光閃爍。水鏡漾然，似較倒映其上的風景更為生動，彷彿鑲了框，為天空、樹木及山丘賦予了真實世界所缺乏的具體分明。我想像自己在車輪與水窪之間找到了正確的入射角（angles of incident），一溜而穿入那個更為緊湊的世界：猶如一艘太空梭重返地球大氣層，角度太大便會燒燬，角度太小便將彈回外太空；在兩者之間的某一點，速度與角度又恰到好處，你便翱翔進入另一個世界。

早在太空飛行之前，兩個狂熱的自行車手，就已經認識到了翼與風交會時角度的重要性。偉爾伯．萊特（Wilbur Wright）很早就說過，奧維爾．萊特（Orville Wright）雖然熱愛競賽，從容騎在鄉村道路上時，卻是速度越快越好。耐心結合熱情，穩定結合速度，唯其如此，在別人——包括奧托．李林塔爾——致命墜毀之處，俄亥俄（Ohio）的萊特兄弟才能依舊翱翔。奧托．李林塔爾，這位不幸的「滑翔之父」，一八九六年永遠地從天空殞落，但奧維爾與偉爾伯卻從他的成就取得了靈感，決定用他們在代頓（Dayton）經營自行車修理店內的工具與零件打造自己的飛行機器。製造機翼，他們使用未經漂白的「西部之光」平紋細布，一種密織的棉布（「纖細如麻，柔軟如絲」），通常用於女性內衣製作。至於翼肋，用的是質輕的白臘木，翼框則取材自巨大的雲杉。在自製的風洞中試驗各種形式機翼的入射角（又稱「沖角」〔angles of attack〕），經過多年嘗試與錯誤，終於瞭解——福至心靈——將翅膀兩端朝相反方向翹起，會在兩邊產生不同量的拉抬，可使飛機傾斜及轉向。以前的滑翔機設計，迫使駕駛員在駕駛時要甩動身體的重量，換句話說，控制起來不容易。萊特兄弟用鐵絲及帶子將機翼兩端繫到機腹上，擺動臀部便可以操控他們飛行者，一如高速騎自行車時不太需要靠龍頭而是用臀部。

萊特兄弟選擇小鷹（Kitty Hawk）作為起降地點，這個小鎮——距離梅莉和我結束橫越美洲大陸的北卡羅萊納外堤不遠——有柔軟的沙丘可供降落，有穩定的風為飛行提供理想的環境。

一九〇三年十二月，一個寒冷的早上，當符合萊特兄弟希望的風——足夠強大的逆風——吹起時，兩兄弟擲銅板決定誰先試飛第一架可持續使用、驅動的、重於空氣的飛行器，奧維爾拔得頭籌。那天早上，奧維爾雖然飛得不遠——一百二十呎，亦即今天波音七四七的一半長度——但已經寫下了光榮的紀錄：一架由人類控制起飛的機器，以自身力量滑翔了十二秒，著陸與起飛同一高度，亦即不是從上往下滑翔。第一次飛行。

同一天，偉爾伯勝過了兄弟的先飛，在空中持續將近一分鐘，飛行八百五十二呎，約為北京馬可波羅橋的長度。七年後，世界第一次商業貨運飛行，載運兩卷絲綢，從代頓到俄亥俄的哥倫布市（Columbus）。一九六九年，將近半個世紀之後，尼爾．阿姆斯壯（Neil Armstrong）帶著萊特飛行者（Wright Flyer）原機的機翼布料及木製螺旋槳往返月球。我常在思考這位月球漫步者言簡意賅的名言：「這是一個人的一小步，但卻是人類的一大步。」其實更精確地說明了萊特兄弟的成就。不管怎麼說，奧維爾與偉爾伯發想飛行是從零開始，沒有任何體制的支持，沒有任務控制中心追蹤他們的每一個行動。尤其令我喜愛的是，兩兄弟在飛行上的成就，靠的竟是一輛自行車。萊特飛行者，一個簡單的古怪裝置，由布匹、木料及金屬線組成，靠一組改良的鏈輪驅動一對螺旋槳，一個自行車輪軸，就此射出，進入歷史。

在喬治亞，我的自行車差一點也射了出去，只因為我們爬得越高，水漥都結冰了。「如果有雙馬靴那該多好！」梅莉說，聲音帶著笑意，讓我感到安心，儘管氣溫下降，但她的心情不錯。我們念小學時，冬天都穿一雙磨損的馬靴上學，不是因為那薄薄的牛皮可以為腳趾保暖，也不是因為按照六年級的無情標準它們還不失流行，而是因為我們發現，它們脫線的鞋底根本就是一雙沒有冰刀的溜冰鞋。每當休息時間，我們就輪流拉著彼此滑過結冰的校園，看誰可以從雪堆成的跳台上飛躍得最遠。這類活動雖小，難免受凍受寒，飛躍也有其風險，但每次著地，天地似乎都更為開闊一些。多數跳躍都是慘摔，但從雪堆裡爬出來，照樣再來一次。

腳趾頭再凍也挺得過，因為我們知道，等休息時間結束，便可以在一所溫暖的學校裡晃盪，我們也就暖和了，而此刻，腳趾頭也挺得住，因為，我們即將在一個溫暖舒適的喬治亞人家中結束這一天。但進到鎮上時，四處打聽這位朋友的朋友，一個愁眉苦臉的男子，一副厚實的肩膀，宣稱他不在。說他離開幾天了，還是說他從來不曾住過這裡，甚或根本沒有這個人。總之，我完全搞不懂他那不知所云的手勢。

滿懷希望，梅莉和我等待住宿的邀請，這會兒卻煩惱地愣在當場，我們在土耳其真的是被寵壞了，想到要走回頭路，不由得心生恐懼。冰凍的雪水凍結了自行車上的繩索和裝備，我扭動腳趾頭暖腳，徒然攪起冰水四濺。男子看著我們，全然無感，恍若無視。一個狀似祖母的婦人慢慢走來，我心想，她應該比較有同情心，但只見她舉手掩嘴，一副意外神色，也或許是驚愕吧。從年齡上看，她應該經歷過蘇聯統治，看過喬治亞人爭取獨立和平示威時慘遭蘇聯軍隊射殺。她活過內戰和極端分離主義運動，體驗過糧食短缺和能源不足。現代新自由主義民主政治的承諾，她或許根本不相信，也不煩惱去搞這些東西；在南高加索，這可是一股正在興頭上的追求，為過去那些起起落落的王國、朝代及帝國掀起微妙的變化。老婦人手指纖細，帶著一枚金戒子，鬆鬆地環繞著嶙峋瘦骨——一隻曾經熬過了飢餓的手，或許，期待再熬過下一回合吧。

梅莉和我掉頭離去，打著哆嗦回到路上，認命地騎上車。還好，一路下坡。繞遠路，有時候，是注定的，有時候，卻就只是繞遠路而已。一路上，水窪沒有乾過，抵達提比里斯，已是數天之後。

具有一百八十萬年歷史的直立猿人遺骸，發現於喬治亞首都的不遠處，據此推斷，人類（抑或類似我們的原始人類）自非洲向外遷移時，南高加索也是他們的第一個落腳處。這裡有黑海及裏海的天然屏障，再加上大高加索及小高加索山，此一地區邊界天成，將人類分群區隔，其效率猶勝於鐵絲網及官僚組織。由於地勢崎嶇地形孤立，不同的族群乃發展出相異的風俗、想法及語言，使得阿拉伯人乾脆將這裡稱為「語言之山」。即便是今日，高加索山（Caucasus Mountains）——包括在俄羅斯那一邊的山脈——是地球上語言密度最高的地方，喬治亞人、亞塞拜然人、亞美尼亞人、奧塞提人（Ossetians）、阿布哈茲人（Abkhaz）、庫德人（Kurds）、塔里什人（Talysh）及萊茲金人（Lezgins），由於言語互不相通，一般來說，彼此間罕有對話。語言多元經常伴隨生物多元，南高加索也不例外。因此，地球上最豐富也最危險的生態系統之一，就這樣擠到了一塊只有曼尼托巴（Manitoba）一半大的土地上。有點諷刺的是，所有致力於保護荒野的人，全都擠在提比里斯的政府建築與非政府組織辦公室裡。

穿上最好的合成健行褲，申請絲路之旅下一站亞塞拜然的觀光簽證後，梅莉和我在城裡四處走動，探訪這些專業人士。不消多久，公務人員或政府主管就一個個地加了進來，之所以如此，在於我們問起有關荒野保護的問題時，大家的答案千篇一律，都是有關市場及誘因的經濟術語，要不就是生態觀光、自然資源及永續性幾個口頭禪。但永續是為誰永續，為什麼永續，為何永續？永續是為了地球，還是為了資本主義及消費主義的現狀？有鑑於喬治亞最近曾醞釀要將環境部廢除，把保護區管理署納入能源部，從這一點來看，永續云云是為了後者。後來政府雖然取消了這個計畫，但著眼於一個專責的環境部，也還是為了要吸引更多的國外援助資金。

在這些談話中，我有一種不安的感覺，覺得自己是在和馬可波羅談生意。馬可波羅和我，旅行前往同一個地方，旅行的速度同樣緩慢，但相較於兩個人沿著絲路一路走來，動機卻截然不同：馬可波羅是要把他在絲路沿線貿易樞紐所能弄到的一切都予以金錢化，予以量化，而我則是希望強調介於這兩者之間無可估量的價值。說我們兩個是「探險家」，只不過暴露了這個詞相對的危險性，其間有著無限的兩可，就和「荒野保護」的概念一樣，現在看來既可以是無所不包，也可以是毫無意義。說到荒野保護的問題，我要說的是尊重、充足，是適量經濟學（economics of enough）。我要談的是荒野對我們生存的各種意義。沒有了它，我們就無法呼吸，無法喝，無法吃，無法生存，這難道不是維護地球最顯而易見的理由？我們費盡心思創造了一個長期封閉的生態體系——一個人工的、自足的瓶中行星，在裡面，所有人類製造的廢棄物，諸如二氧化碳、尿液及糞便，都可以持續轉化成為氧氣、水及食物——但失敗了，而且所費不貲、不切實際，就和亞利桑那州的生物圈二號（Bioaphere 2）一樣，結果是缺氧，造成大量植物及動物物種滅絕，以及蝨斯、蟑螂和螞蟻的爆炸性繁殖。現在我們知道了，如果不認真地、永續地依賴生物圈一號，殖民火星云云，根本不可能。我們不能沒有這個世界，這個世界卻可以沒有我們。如果改弦易轍才是對的，為什麼還要一意孤行呢？

倒是我們遇到的非政府組織，想法比較顛覆，比較激進，尤其是他們在南高加索爭議邊界上所做的工作。過去，透過跨邊界保護區或「和平公園」的模式進行國與國之間合作，但由於彼此衝突難解，往往無疾而終，有時候，民間社會透過非正式管道接手，在政治層面之下運作。換句話說，在互不來往的國家中——諸如土耳其與亞美尼亞——科學家仍然能夠低調謹慎地交換資訊，以一種「打游擊」的方式進行保護的努力，協調產生自然資源管理策略。但這種作法有其侷限，儘管相較於後蘇聯官僚組織的遲緩，民間社會的靈活與善於應變有目共睹，但非政府組織改變政策的力量畢竟還是有限。

說老實話，我也喜歡非政府組織，因為，世界自然基金會（World Wildlife Fund，WWF）高加索分會慨然出借會議室讓我們營宿。二話不說，梅莉和我拿出我們的騎車行裝及露營裝備，把井然有序的會議室布置了起來，椅子上晾著濕答答的長內衣，中央的長桌下面攤開睡袋。這番景象讓我回想起在麻省理工辦公室營宿的日子，只不過旁邊並不是實驗室，而是附近的喬治亞餐廳、烘焙坊及咖啡屋，由於自然基金會高加索分會沒有廚房，我們不時光顧。

說到烹飪調理，對兩個餓到有如黑洞的自行車手來說，沒有比喬治亞更棒的了，結合了碳水化合物、乳品及堅果，集創意、美味、高熱量之大成，極盡想像之能事。其中一種是 *khachapuri adjaruli*（奶酪麵包盤），船形的麵包盤上，滿是鹽漬的傳統起司，鋪上攪勻的生蛋及大片奶油。另一種是 *badridzhani nigvsit*（核桃茄子），亦即茄子及核桃澆以檸檬汁，淋上濃稠的咖哩香料醬。眼看美食當前，羨慕鄰座點的菜餚，我們卻被難倒了，因為菜單是用格魯吉亞（Gerogian）文寫的，喬治亞文字母共三十三個，字體捲曲，活像蝕刻在樹皮上的甲蟲。英文翻譯不太容易。「噴腦加蘑菇，好嗎？」梅莉問我。「還是炸雞或鼬肉搭配瓶裝葡萄酒？」

我們點了瓶裝葡萄酒，以及一堆英文叫不出來的菜。俄羅斯浪漫時期詩人普希金（Alexander Pushkin）說：「每一道喬治亞菜餚都是一首詩。」但通常也是一闋歌舞，通常都在用餐之後，次數不一，但見男孩或男士——面無表情——頭戴大毛帽，踮著腳尖碎步旋繞。回到世界自然基金會分會，照樣要面對翻譯的挑戰，晚上，和保全人員瞎聊，看電視，喝墨黑的土產葡萄酒。廣告時間，他們教我們喬治亞話，聽在耳裡，全都像是被子音噎住，譬如 *gvbrdghvnit*（「你把我們撕成了碎片」），或 *vprtskvni*（「我正在剝」）。還有 *shemomedjamo*，我也喜歡，意思是：「一不小心吃光了」。若是在土耳其，吃果仁蜜餅時我就用得上。另外還學了 *zeg*，亦即「後天」，我們去亞塞拜然大使館問簽證申請時，那位喬治亞書記說的就這個字，結果我把格魯吉亞的 *zeg* 當成 *yok* ——不，還沒好——害我有點失望，但令人驚訝的是，果然如其所言，兩天後簽證下來，我們上路。

三月初，我們揮別提比里斯，冬天的腳步漸遠。枝條新芽拳拳，空氣瀰漫新砍松樹、泥土及溫暖的氣息，陽光盡情流瀉。每次長歇之後騎上單車，都覺得重新找回了自己，屢試不爽。城裡消磨的日子——辦事，跑腿，發電郵，跟陌生人聊天——總讓我心靜止，忘記身在何處，直到開始踩踏，才知道時間已逝，就好像沒聽到冰箱的嗡嗡聲時才驚覺它停了。騎絲路，最令人難以取捨的就是這種自由。行程方向既定，行進動能不變，說到目標明確，在我們這個瘋狂的世界，自行車旅行還真是最少見、最難說得分明的。只要雙腿每天還在騎，你在地球上唯一的責任就是呼吸，踩踏，呼吸——以及走走看看。

滾動，前行，蔥鬱的山麓讓路給田畝園籬、木屋農舍，只見其色蛋青，牆壁龜裂，彷彿裡面有物輕啄，即將孵化而出。事實上，農家無不以自家的葡萄藤蔓糾葛自詡。在喬治亞，葡萄酒的釀製早於世界上任何地方，據估計，可以追溯到石器時代後期。從糧食種植來看，喬治亞人似乎都是自給自足，商店架子上，除賣剩的醃菜及芭芙（Barf）洗衣粉外，別無他物。村莊景色單調，畜糞四散，卻充滿生命力，特別是四個年輕小伙子駕著小馬車在馬路上競速時，只見他們個個神完氣足，面帶喜色，歡聲吆喝，行人紛紛走避。

在土耳其時，我曾暗暗擔心，這樣長途跋涉騎下來，恐怕難得有什麼新的發現。千篇一律的動作，還能學到些什麼呢？每天悶著頭騎，今日一如昨日——但其實也可以完全不一樣，或許是自己不一樣了，隨著里程增加，醒來又是另一番心境。當世界越來越不可捉摸，眼光也就看得越遠，越少把心思放在殘酷的踩踏上——隱隱作痛的雙腿及肺部，里復一里的去路——對周遭世界就越清醒，一切驚奇，不過如此。譬如，我看到一個蓄鬍的喬治亞男子，手持長叉，在穀倉屋頂上拋擲禾桿，或許是為隔熱，或許是為儲存，但見他的灰髮及灰羊毛衫融入陰沉的灰色天空，動著動著就不見了，整個人變成了金色禾稈的一挑一拋一落。又如梅莉騎過一個坑洞，輪胎輾過路面下濕漉漉的化石，譬如寒武紀三葉蟲脆弱的骨骸，就這樣消失無蹤。或如那個蓬頭垢面的喬治亞婦人，坐在小鎮小店的柴爐邊，溫暖的微笑，水漾的藍眼，彷彿在說，走再長的路也有自己學不完的東西，也有自己到不了的地方。

沒錯，她是對的，但不管怎麼說，我將繼續騎下去。我們一生嚮往自己不曾知道的事情，嚮往自己未曾去過的地方，嚮往想像意外地成真。別的都不說，絲路和火星有什麼關係。或許，探險家之於今日，其使命並不在於征服，而在於連結，揭露一切事情之所以由此到彼：由紅色星球到絲路，由自行車到月球，由今日的喬治亞公路回到烏哈瑪堡（Ujarma Fortress）。

烏哈瑪堡，紀元五世紀時，曾為國王維克坦·高加薩里一世（King Vakhtang I Gorgasali）——又稱狼頭維克坦（Vakhtang the Wolf Head）——之宮邸，據傳說，維克坦身高七呎十吋，巍巍然傲視群倫，但烏哈瑪堡而今安在，不過一處廢墟而已，不再巍然聳立，廳堂迷宮搖搖欲墜，地生青草成氈，梅莉和我徜徉其間，決定在城堡腳下紮營——不是因為才騎了幾個小時就覺得累，而是為享受陽光之至福，讀書打發午後。梅莉還在讀她的馬拉松《戰爭與和平》電子書，我則在翻閱唐・杜曼斯基（Don Domanski）的《千古疑問未解》（*All Our Wonder Unavenged*）。這是我在絲路唯一買的一本紙本書，作者之言證明我的選擇正確：全書無可窮盡，簡直有如預言一般，彷彿杜曼斯基前我一日走過絲路，寫下了他的所見。

隨著光線淡去，我們在一片斑爛的枯葉上攤開帳篷，枯葉間有一檸檬白的花朵，我心想，應該是高加索牡丹，又名「女巫莫莉」（Molly-the-Witch），以紀念波蘭探險家魯德維克・莫洛柯希維奇（Ludwik Mlokosiewicz）。他於十九世紀末發現這種牡丹，乃向俄羅斯及歐洲植物學家通報這種花的存在（在地人當然早已知悉此花）。但更重要的是，莫洛柯希維奇也發現，這種盛開於大高加索山坡地上的花為別處所無，同時還瞭解，另外有幾種植物及動物也屬同樣情形，於是未雨綢繆地呼籲設立自然保護區保護這些在地物種。數年後，一九一二年，俄羅斯沙皇在今日的喬治亞邊境——與俄羅斯及亞塞拜然接壤——建立了拉戈代希保護區（Lagodekhi Protected Areas）的前身，也就是幾天後我們將要拜訪的公園。這會兒，此花正開於我們要紮營的地方，因此，我們小心翼翼安排帳篷前庭，將之環繞於下，有如溫室，共享一片帳篷於廢墟中。

我們的營地實在說不上是原野，但等到這裡成了靶場時，卻也把生命短暫的本質彰顯無遺。才吃完晚餐，距離營帳幾百呎遠的地方，出現幾個喬治亞男子，身穿迷彩服，對著樹林裡的目標射擊。隨著槍的後座力，獵人猛然往後退縮——填充罫丸素火藥的撞擊，很像年輕小伙子們打招呼時的肩膀互撞——我們也退縮不迭。

若說喬治亞今天的生活艱難，相較於**直立猿人**冒險離開非洲所面對的日子，卻是好過許多。無精打采躺在睡袋裡，我想著在喬治亞發現的古代人骨，頰骨寬闊，臼齒厚實。這些更新世初期的化石隱蔽於一處貓科動物巢穴之中，貓科動物的臼齒強而銳利，拼圖一般插入一具顱骨枕部的孔穴。在麻省理工，我曾上過一位哈佛教授所開的開放講座，提到古代人類，他稱之為「那些生物」，是和「他們的動物同行」一樣的大型肉食動物。我一邊匆匆記著筆記，一邊為他話中傳達出來的巨大科學距離感到驚訝及荒謬。在他的眼裡，人類的老祖宗無異於夾在鉗子中間供他檢視的樣本，但話又說回來，我滿喜歡「動物同行」圈子的說法，暗示遠古世界裡的社交氛圍，彷彿見到齒牙銳利的貓科動物們，身著花呢衣衫，到處在校園裡散步、上班。時至今日，所有大型肉食動物都已經滅絕，直立猿人已經演化成我們，人類所面對的最大威脅一般都來自於彼此，而令人痛心的是，事實就擺在眼前：不遠處，子彈正在為樹林上妝哩。但願哪一天挖掘出土的獸穴中不是我們崩塌的帳篷，裡面是我們洞穿的顱骨。

天色漸暗，獵人離去，終於可以聽到河水流過我們營宿的河岸。躺在那兒，心裡想著，下一個一百萬年，甚或一千年，絲路會是什麼樣子，唯一可以肯定的是無常。或許，阿尼與錫亞琴的爭議邊界只不過都是歷史的註腳，成為某個學生論文中稀奇古怪的細節，或一本重寫的《馬可波羅遊記》，裡面的地圖和名字都是我們陌生的。後世的喬治亞會是什麼名字呢？提起邊界小鎮拉戈代希（Lagodekhi），人們又會怎麼稱呼呢？

「Lagoducky（拉戈鴨子）！」第二天，梅莉提議，一排鴨子搖搖擺擺朝我們走來，儼然歡迎隊伍。同名的國家公園就在鎮外，一段陡坡，我們騎車經過，人們夾道歡呼。入口處，石門石碑，正正式式寫著：拉戈代希保護區（Lagodekhi Protected Areas），旁邊一座巨石，展示莫洛柯希維奇銅像。停好自行車，接下來兩天健行，同行的巡山員粗壯，穩重，名叫傑奧爾吉。

雖然不會說英語，傑奧爾吉善體人意，領著我們到最近的說明看板，熱心指點有翻譯。眉毛黑白夾雜，相同的髮色，穿著正式，厚外套、襯衫、皮背心。他剛領著我們進入樹林時，天極冷，但梅莉和我走著走著就暖和起來，換句話說，隨著溫度變化，我們穿穿脫脫的，很是累贅。傑奧爾吉一路行來卻是一身厚重，無論晴陰，無論動靜，彷彿自成一個穩定的天氣系統。

樹林內，陽光穿過枝枒，形成光束。橡樹、山毛櫸、楓樹高聳成蔭，苔覆樹幹。不再有說明看板，只見山邊一男子伐木，有一婦人撿拾，將所有能收集到的都置入籃中。我不禁疑惑：這裡不是保護區嗎？但傑奧爾吉卻恍若未見。後來，那天下午，一名在地的和平工作團志工告訴我，拉戈代希分成兩個區，一個小的「管理自然保留區」（Managed Nature Reserve），位於較低海拔森林，另外一個大得多，「完全自然保留區」（Strict Nature Reserve），位於高海拔。園區中有人的地方，多限於由人管理的較低海拔，較高的區域則類似過去蘇聯時期的保留區（*zapovednik*）。在以前，在地人無所顧忌，在完全保留區內採集木柴及菇類，和平工作團志工說，他們能拿多少就拿多少，一旦被抓到，才抵得過要繳的罰金。至於拉戈代希的管理保留區，如今允許某些合法採集，在地人只取自己所需，大家都明白，唯有如此來年才不致缺乏。

第二天，傑奧爾吉帶我們去馬奇斯特希凱（Machis Tsikhe），五世紀的喬治亞王室夏宮。但見苔痕上宮牆，宮壁長條龜裂蜿蜒。廢墟裡面，日光自裂隙滲入，宛如有光凍結於牆體。喬治亞專家確認，建築所用石材均採自原岩，因此，詩人唐．馬凱（Don Mckey）有詩：「一岩一石，其間變化無非人為。」在馬奇斯特希凱，對此我卻別有所想，當我們精心安排這一場石材廢墟的展覽時，石材已經回歸岩石。或許，我們該為石材卸下了它對人類的責任說句話，又或許，一石一岩之間的變化只不過是無關緊要的好聽話，唯其如此，我在牛津的學位也無關緊要，換句話說，我在那裡所花的時間並未完全抹煞，其重要性自有其最大的可能：我們身在此間純屬偶然，僅在一瞬，因此，何不盡一己所能縱生命於天地之深廣。

向東，傑奧爾吉指著邊界外的亞塞拜然，昏暗而縹緲，彷彿連成形的力量也無。林木森森，山毛櫸樹幹閃閃銀光，天色陰沉，光影朦朧，四野景物鬼影幢幢，兩名男子一身偽裝，拖著步槍從霧裡冒出來時尤其嚇人。敷衍掃過我們的護照，喬治亞邊界警衛隨同我們一起步行，樂得有人陪著他們巡邏，打發無聊。

回到公園管理處，打算利用晚上時間訪談另外一個傑奧爾吉，這位先生是拉戈代希保護區的主管，黑眼睛，蓄鬍子，年輕些，比起我們那位可靠的嚮導更黑些，但不同於傑奧爾吉一點英語都不會，這位傑奧爾吉會說「乙點」，結果呢，比一點都不會更難溝通。

「這樣說吧，在拉戈代希保留區有哪些瀕危動物？」梅莉問。

「沒有，沒有，沒有。」傑奧爾吉說，有點不屑。「這裡沒有危險動物。」

「抱歉，我想是我們害你搞錯了。」我試著說明。「所謂『瀕危動物』，我們指的是處於危險的物種。」

「不，不，妳們沒有危險，我保證！」傑奧爾吉說，有點不高興。「女士們，在拉戈代希，沒有危險！」

如此這般，將近一個小時，我們不得不放棄，謝過他，告辭出來，糊塗更勝於之前。我安慰自己，前天和我們講話的和平工作團志工，在拉戈代希都待了將近兩年，還不也一副摸不著頭緒的樣子。「在這裡吃頭路的人每天都做些什麼？」我問他。「我也……不太曉得。」他無奈地承認，一副想家的神情。

到目前為止，這大概是我們聽過最清楚的答案，他也只能這樣回我們吧。說到旅行，雖然可以讓人知道外國與家鄉明顯的差異——譬如波蘭冒險家就注意到，喬治亞牡丹是別處所沒有的——但對於一個地方的真實情況，以及這個世界到底有多複雜，多坎坷難行且難以捉摸，旅行能告訴你的就不多了。或許，騎自行車旅行最好的地方就在這裡：它可是對治直來直往、走馬看花的不二法門。對自己太有信心的危險就是忘了自己一無所知。不知道存在的意義，不知道下一個轉彎會碰到什麼，甚至不等到巡山員傑奧爾吉來，連怎麼回我們在拉戈代希保護區的住處都不知道。

亞塞拜然的邊界大門堂皇氣派——我們隔天才要通過——外邊是一大排建築，空蕩蕩的，外頭有幾張長椅，仍然包著塑膠布，彷彿最近才裝設的。梅莉和我既不是第一個騎車走絲路的人，沿著這條歷史性道路一路下來，也沒有完成什麼了不得的冒險——但現在，我可看到機會了！等梅莉上洗手間時，拉開長椅上的塑膠布，人不知鬼不覺搶了個第一，不坐白不坐。然後，將塑膠布回復原狀，騎往札卡塔雷（Zakatala）完全保護區——隔喬治亞邊界與拉戈代希相望，並與俄羅斯接壤。

沒有圍欄，沒有路標，連是否到了地頭上都說不準。拉戈代希和平工作團志工的一個朋友給了我們一些指點，他是這樣說的，一字不差：「在馬奇克斯（Mazix）轉入岔路，到了戈比查拉（Gobizara）找我的朋友柯納爾。」我們在馬奇克斯找到了岔路，一路下去，經過石牆和村舍，令我想起英格蘭的柯茨沃爾德（Cotswords），只不過這裡礫石多些，貧瘠些。婦人包著頭巾，彎身黑土上，在剛卸下雪的重壓的地裡種植作物。牛隻眼神溫馴，在路中央咀嚼反芻，肋骨嶙峋，距我們經過的車不過幾吋，不驚不避。我們問路找人，滿懷希望：「柯納爾？戈比查拉？札卡塔雷？」沒有一個人聽得懂，千篇一律，回說：不，不，不。

輪胎下，礫石長成了拳頭大的石頭，然後，消失在泥巴裡。路到了岔口，我們停下來，一肥胖男子走近，身穿 Bauer 夾克，藍色牛仔褲，理個三分頭，但前額留一撮短髮，上唇一顆痣，極大。我們問三個標準問題，只見他聽著，很用力要瞭解的樣子。然後，給了我們三個一樣的答案。我們選擇走左邊的一條，看起來像是沿著山谷朝俄羅斯去，隱約是保護區的方向。

樹木四面八方湧近。路變成礫石，然後消失到一條溪流底下。礫石變成泥巴，然後是一片爛泥，再下去，整個消失，樹林逐漸疏落，變成一大片草原。詩人湯瑪士・川斯特羅瑪（Thomas Tranströmer）有詩云：「森林中央，豁然開朗，整片空地，唯有迷路人才得以邂逅。」滿適合我們的情況，不同的是，空地上牛糞星羅棋布，草啃得光光的。看來倒像是牧場而不是荒野。我們放棄想保護區，紮營，專心準備吃的。

「今晚菜單。」梅莉宣布，煞有介事：「主菜泡麵，泡麵，如果妳喜歡，還是泡麵。」

「漂亮。」我說。「我想吃已經一整天了。」

營爐煮水，兩隻小鳥俯衝而下，或許是來探查梅莉和我是否死透，可以吃了。但見這些黑點漫遊天際，一會兒滑向俄羅斯領空，一轉身又來到我們頭頂亞塞拜然，再一個俯衝卻進了喬治亞，翅膀拍個幾下就跨越了邊界。我想到赫利忒賽斯（Halitherses），《奧德塞》（*The Odyssey*）中的老預言家，「老一輩中，解讀鳥雀的飛翔最為敏銳，精確轉譯成文」，一字不易。梅莉和我翹首長空，猜測群鳥塗鴉在說些什麼。思想飛越邊界！趁還行的時候，記得回來！又或是，*gvbrdghvnit*，「你把我們撕成了碎片」——生態系統對圍牆的吶喊——阿尼、朝鮮半島停戰區例外，還有其他誤打誤撞讓荒野得以興旺的邊境。如果我們把邊界當作故事讀，有的時候，它們會告訴你不同於作者原來腳本的故事，有的時候，則是原作脫稿演出。

餐後，四處徜徉，享受融雪的寧謐。大高加索山脈峰稜崎峻，高聳林際，燃橘紅於落日餘光。整座山巒是普羅米修斯（Prometheus）神話的同義字，由於盜取諸神之火，他受到處罰，以鐵鍊縛於冰峰——對我來說，這樣的懲罰其實不算什麼，除了鐵鍊縛身及老鷹每天啄食肝臟

（由於他永生不死，肝臟每天晚上會長回來）——撇開這些小事不說，生活於雲端，有群星纏繞髮際，有誰不願意呢？還有，春日乍臨，津貼福利不少，譬如道路的附著摩擦力可靠；早晨不會以暴風雪揭開序幕，無論帳篷內外；以及旅伴可以不要再受那麼多的罪。

「梅莉？」

「怎樣？」

「對不起……」

為妳的辛苦受罪，我卻在暗爽。為我心裡總放不掉高中時期。為在土耳其，有好幾次，我多吃了該妳的果仁蜜餅。

「……對不起……那一陣子吃那麼多的苦。」

該要對不起的，哪裡只是這些，但梅莉知道我的誠意。

「從這裡開始，路只有往上的了，一路往上，直到西藏高原。」梅莉停下來，在食物袋裡摸索。「怎麼樣，來點甜點？菜單上就只有這一小塊巧克力，總之，就這一小塊巧克力。」

品嘗巧克力的精華，因其小而益見其甜，太陽落至山後，天色太暗，無法再解讀鳥雀的飛翔，甚至，寂靜也生了翅膀。

07

跨邊界

裏海

Borderlandia

Caspian Sea

到頭來，札卡塔雷比自然保護區好找。尋找保護區不成，第二天早晨，我們從牧牛場回頭，騎著泥濘的自行車進了熙攘的鎮上，街上人人都著黑衣，我一身紅色合成外套活像霓虹招牌，梅莉更不可能失色，一身亮紫外套及火紅鬈髮。當一塊果仁蜜餅——斯拉夫文 *пахлава*——招牌映入眼簾，彼此心照不宣停車。甜點帶我們回到黑海，不幸的是，才出餐廳，都吐了出來。

亞塞拜然令人想起土耳其，除了天氣外，還有滿街的茶館。茶館裡面消磨時光，那可是充滿了溫暖，沒有工作的閒人（一個女人都沒），你一言他一句，個個信心十足，告訴我們，巴庫（Baku），國家的首都，遠在三五〇、五〇〇、二三〇哩之外。有幾個亞塞拜然茶客更要求看我們的地圖——不是要確認巴庫的距離，後來我才想到，而是要看他們的國家——比新布倫斯維克（New Brunswick）大不了多少——在外國地圖上到底是怎麼標示的，特別是一個叫做納哥諾卡拉巴克自治州（Nagorno-Karabakh Autonomous Oblast）的地方。這個亞塞拜然境內的自治州，亞美尼亞人佔多數，一九九〇年公民投票通過退出亞塞拜然蘇維埃社會主義共和國（Azerbaijan Soviet Socialist Republic）——其邊界純粹出於史達林主義者（Stalinist）的專斷決定，將之劃在亞美尼亞蘇維埃社會主義共和國（Armenian Soviet Socialist Republic）的邊界之外——這次公投導致一場全面戰爭。一九九一年，蘇聯因中央集權化的政治及經濟體系不堪負荷而崩潰，一夕之間分裂成十五個國家，納哥諾卡拉巴克——約佔亞塞拜然總面積七分之一——事實上由亞美尼亞人控制至今。不斷的衝突成為亞塞拜然人的一處痛點，經常與宿敵強鄰交火，子彈與文字齊發：

《亞塞拜然新聞》（*AzerNews*），一家普及的英文日報，一般報導運動、政治及商業活動，同時也全力譴責「亞美尼亞的侵略」。

我們的地圖沒有引起不快，使我鬆了一口氣。繼續上路前往巴庫，在這裡，亞塞拜然與前蘇聯的關係至為明顯，不僅見於標誌上的字母，也見於路邊的雕像。我們所看的雕像，以動物居多，但並非高加索原生物種，而是粉紅色的火鶴、一隻缺了一耳的老虎、一隻獅子。也有大於真人的雕像，一男一女行禮，對象是蘇聯，也有可能是上帝，最有可能則是本國的大人物，「國父」海達爾．阿利耶夫（Heydar Aliyev），亞塞拜然第一任專制總統。阿利耶夫將政府傳給兒子伊爾罕（Ilham），伊爾罕忠實繼承家庭傳統，公然貪汙，踐踏人權，只差沒有將他父親的畫像看板換成自己的。每個城鎮都有海達爾．阿利耶夫雕像，全都大於真人，慈祥微笑，背景是國旗，與土耳其國旗同樣為八角星及一彎新月，只不過背景是藍綠條紋。

幸運的是，一天後，雨停了。雨後的鄉下，看起來不似喬治亞那樣單調乏味，牛胖些，草綠些。沿一條兩線道騎著，公路安靜迷人，曲折延伸，有如黑色太妃糖，貫穿亞塞拜然。向東騎得越遠，每天早晨醒來，天氣越暖，彷彿越騎離太陽越近。每到一個小鎮，似乎都較前一個更為繁榮，手機店及網咖沿街林立，但到了鎮外很快就換成了草原及樹林。左手邊始終都是大高加索山脈，群山冰封，舉向深藍天際。儘管自古至今衝突不斷，儘管非洲以外這裡有著最長久的人類居住史，但在亞塞拜然，荒野云云，到底在哪裡，有的時候還真說不清楚——但有一個例外：國家指定的路邊野餐區。

在休息站，經常有亞塞拜然人家庭聚會，由此也可以看出，陽光野餐受到歡迎的程度。人行道，水泥鋪的；欄杆，金屬架設的；草坪，草長得過深；花，在混凝土花盆中垂頭喪氣，我們落腳的地方，實在說不上什麼自然風光，但國家至少鼓勵人們走到戶外，呼吸新鮮空氣。更何況，歷史家威廉．克勒倫（William Cronon）就強調說，荒野無關「自然」，乃是人類深度介入的產品，是「人類歷史中某個時期創造出來的某種人類文化」。馬可波羅不懂得欣賞絲路沿路的山嶽和沙漠，雖然讓我詫異失望，但在他那個時代，荒野指的無非是花園圍牆外的黑暗與險惡。塔克拉馬干沙漠的漂移沙丘，西藏高原美到令人屏息的遼闊，雖然令我著迷，但相對於馬可波羅，並不表示我從中悟到的東西就比他多，也不表示我的好奇心比他強。充其量，那只是我自己的感受，身處某個時代的某一天——某個國家的某種文化——享有那麼多的資源，那麼大的便利，以至於危險與艱難都成了令人陶醉的享受。

還有，也可能是我青少年時期讀了太多的梭羅。「荒野是世界保有的最後地盤。」他這樣說道，使我先入為主，渴望偏遠的地方，離巴里納法德越遠越好，諸如西藏和火星。挑起這樣的遠遊癖，恨不得遠走高飛，絕不是梭羅的錯或本意——他自己就從未到北美洲以外的地方旅行過——而是我自己熱過了頭，錯讀了他，把荒涼與荒野混為一談，拿地方取代了心靈。此外，克勒倫發現，荒地的整個概念，錯在只要提到荒野，意思就是僻壞偏鄉，人煙罕見，只有荒天野地才是好的，日常光景都不足取，彷彿自然只存在於人跡不到之處。這種說法隱含一種有害的二元論：人若自以為優越，與自然世界截然有別，就會以為，縱使把自然給毀了，自己也不會有危險。梭羅說的，其實是他無有拘束地遊遍了康考特，因此，你也可以無有拘束地到處去遊歷。一個地方或一次經歷的荒涼，不必然在於地方或經歷，而是在於自己——在於你觀看與感受的能力。從這個角度看，騎絲路是一種眼光的鍛鍊。在西藏高原，任何人都看得出來那是荒涼；難的是在亞塞拜然路邊野餐區也看得到。

到了傍晚時分，這些休息站就整個空了。前往巴庫的路上，我們就在其中一個紮營，但草坪不夠平整，得用襪子及內衣填平凹洞，睡袋才能攤平。水泥野餐桌當流理台，梅莉和我做晚餐，白麵條混綜合湯包裡淡而無味的玉米片，其清淡還真是前所未有。由於桌子和長椅距離太遠，極不方便，我想把長椅拉近些，這才發現，這些野餐區儘管整齊有序，但所有東西都相連：長椅固定在地上，休想動它分毫。約翰．繆爾（John Muir）說得好：「任何東西，當我們看中了想要拿走時，這才發現，它和宇宙中一切事物都牽扯相連。」

第二天，一個亞塞拜然小男孩搭我的便車，牢牢抓著後車架，穿著運動鞋一路滑行，不管我怎麼吼他，怎麼搖晃車子，他就是不放手。最後，他還是鬆手，咯咯笑著跑開，但我發誓，那天後來的時間，他都緊隨不放，一路跟著上坡。幾天之後，地勢放緩，進入一處有峽谷的沙漠，太陽烤炙刺眼，*Azerbaijan*（亞塞拜然）名副其實，源出波斯語「*azer*」，意思是「火」。由於實在太熱，連看到地上滾動的西瓜都還以為是幻象。塞滿臉的水果後，奇蹟似地起了一陣順風，放肆享受和風陣陣，竟忘掉了飛行的基本規則：不斷頂著風而非順著它，才是最輕鬆的。難怪抵達巴庫時，整個人要崩潰一般。

位於裏海西岸，亞塞拜然首都，一片油膩，挺著胸膛掩飾突出的肚子。直到二十世紀初年，巴庫的油田供應世界一半石油，把亞塞拜然統治階層的口袋塞得滿滿的。由於城裡實在太貴，我們透過背包客棧網站（Couchsurfing.com）找免費住宿，這個網站可以讓旅行者跟全世界的屋主連絡。一處美國學生公寓同意我們留宿，從照片上看，有點波希米亞風味，實際上卻是個狗窩。房間沒有門，打開睡袋，鋪到發霉的地毯上，學生派對，一波接一波，巴布．馬利（Bob Marley）吵一整晚上，還要當跳蚤、蚊子的點心，我們幾乎沒睡。梅莉醒來，兩眼吊著眼袋，一臉浮腫，滿是紅疹，叮得她雀斑上更添雀斑。不需要鏡子，我知道自己好不到哪去。

睡眼惺忪，我們去申請哈薩克（Kazakhstan）簽證，絲路的下一站，與其說是一條路，不如說是長長一條紅帶子（red tape。譯註：意指官僚作風）。且不說交通、天氣、坑洞、隘口：從土耳其騎車到印度最困難的一段，如今已經允許從土耳其騎到印度。搭計程車到巴庫的哈薩克大使館，結果發現搬家了。花大把銀子，跑了一大圈才找到新址，卻沒上班，一塊牌子上寫著：簽證時間，星期二至星期五，而那天是星期一。一事無成，又花大把銀子搭計程車回背包客棧公寓，卻忘了記下詳細地址。在看來沒錯的地方下車，卻走了一個小時才找到，結果手機沒電，沒辦法打電話跟屋主說明情況，現金則因搭計程車幾乎用盡，跑了六處提款機提款，全都不接受我們的金融卡。於是又拿著旅行支票跑了四家銀行，但銀行行員拒絕付現。口袋裡只剩下五馬奈特（manat，約相當於五美元），鑽進一家又髒又暗的餐廳，點了湯，找個理由為手機充電罷了。

吃東西的時候，梅莉翻閱行程安排筆記，檢視有關簽證申請事宜。這次遠征，我們做了責任分工，我負責更新網路資訊及籌款，後者進行並不順利，因為旅程還沒走到一半，錢已經花掉過半。梅莉負責簽證及後勤，到目前為止都沒問題。但因為中亞惡名昭彰的官僚「Stans」，事情變得比較棘手。哈薩克、烏茲別克（Uzbekistan）、塔吉克（Tajikistan）及吉爾吉斯（Kyrgyzstan），申請簽證有固定的送件及核發日期，換句話說，在時間和空間上都必須拿捏準確，有點像是在下棋。

「該死該死該死。」梅莉咕噥著。

「怎麼啦？湯裡有蒼蠅？」

「不是啦！啊，該死，沒錯。」梅莉用湯匙挑出蒼蠅。「但還有一個更大的問題。是這樣的，呃，我沒想到烏茲別克邀請函的取得要花那麼長時間。」這是申請觀光簽證的必備手續，而且所費不貲，透過這一層手續，烏茲別克過濾遊客並收取費用。

「多長時間？」

「很長……我們的亞塞拜然簽證到期前還下不來。」

梅莉又說，在亞塞拜然延長觀光簽證很麻煩，簽證逾期的罰則很重，我這一聽，整個人呆住。更煩惱的是，在所有中亞國家中，申請中國觀光簽證唯一的地方就是在烏茲別克首都塔什干（Tashkent）中國大使館，烏茲別克是我們要完成整個旅程關鍵的一站。尼泊爾的簽證我們可以在到達邊界時辦好，然後在加德滿都申請印度簽證，完成絲路之旅所需要蓋的最後一個章——但若要做到那一步，就必須再一次偷溜進西藏了。

我忍不住盯著在窗台上扭動的蒼蠅，想到俄羅斯作家伊札克．巴別爾（Isaac Babel）在提比里斯描述牛奶罐裡的蒼蠅：「各有各的死法。」看來冒險之旅在巴庫胎死腹中也是如此。

「妳在氣我。」梅莉說。

「我沒在氣妳，我洩氣。」

「有。妳在氣我。」

「沒在氣妳。說氣，太直接了，對事情我不會那麼直接。」

我是真的洩氣，所有的事情：洩氣我們在這個昂貴的城市只買得起湯，洩氣我們住不起好一點的地方，讓蟲子咬得一身發癢，洩氣我們沒有早幾個星期在拉戈代希申請烏茲別克邀請函，當時我就建議提出申請，梅莉卻一再保證，說為時尚早。

幸運的是，臨時申請邀請函還是有可能——花錢消災。手機已經部分充電，連絡上幫我們辦中亞觀光簽證的旅行社經紀，他叫我們下午四點去找他的朋友埃爾勤，給他一百六十美元。

花大錢搭著計程車跑遍巴庫，找一家可以兌現旅行支票的銀行，終於找到，然後搭車在指定時間趕到城裡一個大略描述的地方，一個男子，瘦巴巴，黑皮膚，穿藍色牛仔褲，無精打采靠在牆上。看起來一個高買低賣的傢伙。「埃爾勤嗎？」我們從車窗向他招呼。「是——

的。」他回答，有點猶豫。交給他兩張百元美鈔，要他找錢。他沒得找，但他「知道一個人」。說著就離開。

等了半個小時，準備認栽，剛要離去，看到埃爾勤慢吞吞走人行道過來，好整以暇，把該找的四十元遞給我們。我們千謝萬謝，終於可以好好吃頓晚餐了。很難想像在中亞居然是這樣過來的：一陣風一樣的莫名其妙交易，對陌生人的完全信任，慌亂中又向絲路推進了一點。再次謝謝埃爾勤，並向他要收據。他只是笑著，並無惡意——我認為——但好像在說，妳們還真是得寸進尺。

「不喜歡牆者，有之。」羅伯特・佛洛斯特（Robert Frost）說得好，但同樣也有喜歡牆的，要不然牆無所不在，到處趾高氣揚自我誇耀又怎麼解釋呢？無論是建在泥巴路上還是紅帶子上，帶刺的鐵絲網也罷，賄賂也罷，世界上的牆各式各樣，卻都有著同一副外表：全都擺著一個姿勢，儼然風景線上正當且必要的一景。我們活在一個有五馬分屍這種酷刑的星球，多數加拿大人卻懵然不知，這實在是一種福氣，我們的護照，無論到哪裡，門都是敞開的——中亞卻是一個值得注意的例外，北美洲的人到了那裡，面對的是懷疑和抵制，對要去烏茲別克觀光的加拿大人來說，也為遠在牆那一端的人提供了一種人生體驗。

哈薩克的簽證申請，儘管要經過堆積如山的公文和等待，卻還算順利。吉爾吉斯的也一樣——事實上，也太過於類似，大使館只不過給了我們另一份哈薩克簽證——將國家名字隨便寫上，把「KYRGYZ」（吉爾吉斯）的章蓋在上面，由於油墨太濃，還滲到了護照的另一頁。但停留日期的填寫則不會重疊，留有空間給我們的烏茲別克及塔吉克簽證，若不然，就要在中亞做一個月的非法難民了。每天都打電話給旅行社經紀，催新的烏茲別克邀請函，不料得到的答案卻是，它們神祕地「延誤」了。

渡裏海是另一道障礙。到對岸的哈薩克阿克套（Aktau），可以搭飛機也可以坐渡輪。坐船比較便宜也比較有趣，但渡輪班次不確定。碼頭上，無論問誰，都叫你去問別人，別人又推給另一個人，如此這般，問了都等於白問。「去，去，去！大家都這樣說，你想要的就離你更遠。」一連阿提里都徹底絕望。他是一位通亞塞拜然話的土耳其朋友介紹認識的，我們在巴庫跑官僚衙門，碰到聳肩打哈哈，多虧他幫忙指點迷津。最後，總算找到了渡輪管理員，一個俄羅斯婦人，沒有好臉色，下一班渡輪什麼時候抵達，上一班渡輪什麼時候離開，渡海通常多久時間，她全都一問三不知，至於預訂船票，不行。到這一地步，阿提里投降了。「非常有問題。」他咕噥著，極不開心，輪到他自己聳肩了，也不清楚是對管理員還是我們。

起碼我們可以睡個好覺了。梅莉和我欣然接受另一間背包客棧，屋主是個熱情的墨西哥人，名叫胡里歐（Julio）——「與 coolio（幽默隨和）同韻！」他自我介紹時說——和索馬利亞裔肯亞人埃德瑞斯共同擁有一間大公寓，沒有跳蚤。兩個人都在亞塞拜然外交學院（Azerbaijan Diplomatic Academy）念碩士。這所學術機構令我刮目相看，儘管這個國家並非以外交處理的手腕與靈活知名，但至少他們關切亞美尼亞。這或許跟我對國際關係的瞭解太過於中規中矩有關。我們到訪的一年之後，亞塞拜然因與歐盟會員國的「魚子醬外交」上了頭條，提供在巴庫的豪華度假與豐盛的禮品，他們成功取得歐盟的支持。禮品包括黃金、絲織地毯，以及價格天文數字的魚卵。這魚卵可是大有來頭，來自裏海逐漸枯竭的魚種歐洲鰉魚，牠的「黑魚子醬」，每磅上看二千五百美元。

由於胡里歐和埃德瑞斯的公寓沒有網路，梅莉和我有時候便跟他們一起到亞塞拜然外交學院上課，在那裡將旅途錄影片段編輯成三分鐘的短片，Po到網路上，希望能夠募些錢供我們買些泡麵走完絲路剩下的旅程。在巴庫，梅莉下廚，我們什麼都有得吃。「哈囉，小姐們！」胡里歐每次帶著食品雜貨回來就大喊，通常在店裡就要給梅莉三通電話，為墨西哥鄉村蛋餅、泰式咖哩松籽醬蒜味麵包、起司堡薯條及中國炒飯確認一下食材。至於梅莉，只要廚房不再限於營爐與小鍋，她倒是樂得大展身手。

就這樣，烏茲別克的邀請函渺無音訊，巴庫的日子過得糊里糊塗。裏海的渡輪來了又走，於是，我們訂了亞塞拜然觀光簽證到期那天晚上十一點飛哈薩克的班機。原本希望這段期間烏茲別克可以給我們邀請函和簽證，但直到離開的前一晚依舊毫無消息。

「如果在拉戈代希時有申請就好了。」梅莉難過地說。

「來日方長啦。」我說，樂觀，但連自己都沒信心。

前一晚梅莉烘焙了巧克力脆餅，我們到廚房櫥櫃裡找，但胡里歐承認，他早餐吃掉了。

「抱歉，小姐們。」他在隔壁房間大聲說，和埃德瑞斯兩個人在玩電動遊戲。我們只得泡茶，默默喝著，心裡想著，此去絲路，前途難測。巴庫的夜空蒼白，光害嚴重，城市不斷釋出光子進入裏海及周遭，望著窗外，上次看到星星是什麼時候的事，不記得了。

烏茲別克的邀請函之所以遲遲沒有消息，後來才知道，全都要怪我。在申請書的工作欄中，我天真地承認自己是作家，甚至提到離開麻省理工後為一個非政府組織做過環境政策的自由撰稿。明明知道烏茲別克不會發給新聞記者簽證，一九九〇年代還驅逐過外國的非營利組織，我不明白自己怎麼會這樣從實招來。梅莉就很謹慎，只承認她是學生。結果因為我的老實，烏茲別克新聞部調查了我的經歷及到他們國家旅行的可能動機，觀光局便據此處理我們的簽證申請。觀光局到底是知道「延誤」的整個原委，或只是發現了問題之所在，他們拒絕說明。不管是哪個原因，這件事情的教訓再清楚不過，那就是只要跟邊界及官僚扯上關係，最好不要說真話。

梅莉寬宏大量，沒有怪我，事情既然已經搞砸了，我們也只好在觀光簽證到期前狼狽離開亞塞拜然。亞塞拜然航空只會找麻煩，要我們拆開硬紙板箱取出自行車，那可是我們在巴庫費了好大的勁才用膠帶綁妥裝箱的，逼得我們又得花錢用塑膠紙重新打包，看起來倒像是保鮮膜包起來似的，薄薄一層保護，車架、零件及車輪都沒有護墊，只能用布裹住，但在哈薩克阿克套降落時，自行車好歹沒散掉。

第二天，下定決心繼續硬闖距離最近的烏茲別克大使館，遠在兩千英里外的前哈薩克首都阿拉木圖（Almaty）。「我們可以帶自行車上火車，確定？」梅莉逼問售票員。帶著自行車旅行遠比騎著它們旅行來得麻煩，因此，我們爭論是否要把自行車留在阿克套，因為，我們還是想拿到烏茲別克簽證回這裡來。但如果沒拿到，回來也就沒有任何意義，何況把車子丟在這裡還得看官僚的臉色。

售票員跟我們保證自行車不是問題。「對，對。」她咕噥著。

「車票也包括食物在內。」我問。「譬如說有供餐。」七十二個小時的臥鋪班車，我認為理當如此，但希望弄清楚。

「對，對，對，對。」她不耐煩地板著臉說。

這樣敷衍的保證，我們應該聽到了貝多芬第五號交響曲開頭的和絃了。第二天，在車站，傾盆大雨，我在月台守著行李，梅莉推自行車去行李車，還得行賄才叫服務員把車子搬上火車。這麼長的日子裡，這是第二次，我們不知道還能不能再看到自己的自行車，特別是他草草簽收給梅莉的那張收據，怪可疑的。沒料到上了車後，看到其他乘客都帶著大量食物，才知道並沒有供餐。我們領到的只有不新鮮的麵包、幾個蘋果及所謂的花生醬，花生醬的成分說明裡，花生排在最後一項，至於其他成分，我認出多數都是有機化學類。但想要補給食物為時已晚。車門喀啷關上，力量之大，可以截肢，嘎吱嘎吱，我們出發前往阿拉木圖。

鐵軌上，火車酒醉般搖晃，車廂裡，人酒醉般搖晃走過。床鋪上，人疊得像架子上的商品，有些新鮮，有些過熟，多數過期。外面，沙漠單調，落雨濕潤，一眼望去，泥草遼闊。每幾個小時，景觀瞬變，水泥方塊的城鎮，犬隻遊蕩，骨瘦如柴，四下流竄。我擔心，這趟車程因為沒得吃的，到最後我們也會變成和牠們一樣，儘管空氣中充滿伏特加的熱量和烤麵包的香氣。還好過道對面的哈薩克人慷慨大方一如他們的有備而來。床間桌上擺出盛宴，有烤魚、煎蛋，還有鹹油濃湯、煎麵包、圓珠硬糖及去皮羊頭，甚至連瓷碟及金屬餐具都一應俱全。他們遞過來刀叉，催梅莉和我削羊額上的肉享用。

用餐過程中，哈薩克人談笑風生，笑容可掬，歡聲洋溢，令人眼花繚亂。一華髮老者經過，捏我鼻子逗我。過道間，小朋友跑前跑後，把火車當成了遊樂場，喧聲嬉鬧，我坐在大人中間飲茶，只有羨慕的份。一幼兒，紅撲撲粉臉，金色鬈髮，爬到梅莉腿上一屁股坐下，雙頰肥嘟嘟，圓鼓鼓，是我前所未見。過一會兒，她搖搖擺擺下至過道，親吻其他小孩兒，但只見她腮幫子鼓脹如球，竟連嘴唇都碰不到對方。

我們等其他人先睡，至少是那些小蘿蔔頭，但很快就放棄。梅莉側身鑽進上鋪，剛好容得下她從頭到腳。「好舒服！」她咯咯笑著說。我擠進下鋪，頂板極低，臉上可以感覺到自己呼吸反射回來的熱氣。因為沒有簾子，我們和衣睡下。臥鋪的床單塑膠材質，早先看起來清清爽爽，這會兒因為一大夥人呼出來的熱氣，變得黏黏皺皺。拉一條蓋上，權充隱私。

列車只要一停下來，悶熱的空氣就汙濁得難以忍受。雙手和臉貼著窗戶，玻璃若有濕氣凝結，冰冷異常。雨珠子落在玻璃外頭。床鋪寬度僅容我肩，火車搖晃前行，我得縮著身子以免突出到過道上，害得我無法入睡。想到梅莉小時候，在她父母親的車上，我們彷彿初來的客人，連打個瞌睡都不行。「看，小朋友。」她父親說：「妳們一定不想錯過這個。」點頭示意，指著校車每天都會經過的田地和樹林。直到今天，梅莉在行進的車上還是很難入睡，我心想，她此刻是否醒著，但又怕吵醒她，不敢問。終於，我漸入夢鄉，夢到蛇，養一條珊瑚蛇當寵物，這夢好生怪異，因為我並不喜歡爬蟲類。睡夢中，被單掉落，一位好心的老婦人幫我撿回來蓋上。至少我是這樣想的，因為我清楚記得，我是踢著腿嚇醒的，覺得有條蛇纏住雙腿。婦人受到驚動，打過道另一頭趕過來。「對不起。」我追在她後面說，用錯了語言。

「妳沒事吧？」梅莉問，從上鋪探頭看我。我把經過說了，她點了點頭；這一路下來，這樣的事司空見慣，完全可以理解，作夢一樣，難以預料。到底是婦人為我把被單蓋在腿上時我已經夢到了蛇，還是被單的感覺剎那間喚起了那夢？夢，究竟是預言或只是反映現實？對於絲路，我也常這樣問自己。

第二天早晨，我們嗅到了餐車，一個明亮涼爽的房間，每張桌上都裝飾著一瓶假玫瑰。梅莉和我點了熱水泡雀巢咖啡，總之，阮囊羞澀，花不起大錢，只能帶著書在椅子上坐下。沒多久，一個哈薩克男子，頂上見禿，拿著啤酒，大剌剌坐了過來，儘管其他可以坐的地方多得是。只見他一件米白圓領背心，腋窩汗漬泛黃，失神地望著虛空，偶爾嘰哩咕嚕問我們問題，俄羅斯語，傾身過來，近得令人討嫌。我們不搭不理，最後他總算走開，找了張自己的桌子，點一大杯啤酒，飲了幾口，沉沉睡去。

哈薩克快速閃過，一成不變。我轉動假玫瑰的花瓶，一圈又一圈，讓花瓣跟隨著太陽。一婦人經過，帶著一只打開的提箱，裡面滿是閃亮的金屬手錶，但對時間的爬行，餐車裡的人顯然連看一眼都懶得。就我來說，越慢越好。火車旅行不失為一種暫停，十分受用，壓力與使命都可以擱到一邊，樂得向宿命論投降。烏茲別克的邀請函會通過嗎？絲路一如我們的夢想？我們還看得到自己的自行車嗎？飲著隨火車搖晃的咖啡，望著窗外，彷彿世上我根本無事可做。因為，我明白，帶著幾分解脫、幾分驚訝，自己還真什麼都沒做。

大草原似乎永無止境。沙丘間，瘦馬軟唇，尋找鋒利如刃的草葉。偶爾，有管線以倒U字型跨越鐵軌。我們經過生鏽的機器、崩壞的建築、看似廢棄的哨站，卻有小孩跑出來朝火車揮手。經過有圍牆的墳場，墓上冠以錫製新月，是其間打造最堅固的結構。在某個地方，儘管無法精確指出時間和地點，我們自拜科努爾太空中心（Baikonur Cosmodrome）——俄羅斯太空發射站——的北邊掠過。

昔日的雄心壯志幾已蕩然無存，說實話，我並不惋惜，但卻感到難過。遙想當年，土星五號（Saturn V）火箭升空飛往火星，在我童稚的想像中，自己身在其中。我一直都想要來一睹這個地方的風采，但沒料到，卻是隔著霧氣濛濛的車窗，在一列擁擠不堪、臭烘烘的臥鋪列車中。

以此為名的小鎮，實際上還在數百哩之外，為了擺脫刺探，這個戒備森嚴的太空中心，不僅是史普尼克一號（Sputnik I）的發射基地，第一個進入太空的男人與女人也是從這裡出發——另外，令人不敢恭維的是，還包括數目不詳的洲際彈道飛彈。儘管太空人說，在低地球軌道上，他們根本看不到任何邊界，但國家主義卻是整個太空探險大業的燃料。同樣地，效忠於專斷的人為邊界，點燃了冷戰，也促成了人類登陸月球。自滿自信於相互毀滅的能力，創造了人類漫步月球寧靜海（Sea of Tranquility）的奇蹟，如此雄心壯志，何其荒謬！

我想到萊特兄弟，在小鷹號獲得飛躍成功之後，將他們的飛機以最高價標售給軍方，在牛津得知此一事實時，我真的是有如利刃穿心。但話又說回來，無論是否如萊特兄弟那樣無所忌憚地論價出售，所有的科學及探險都帶有普羅米修斯的風險：縱使盜了諸神之火，卻無法預料火會用在何處。達爾文演化論背後的「最適者生存」，到了納粹的手裡，成了優生學進行種族滅絕的合理藉口，芳妮．布洛克．沃克曼深入錫亞琴探勘，卻在為冰河戰爭鋪路。今天所謂的望遠鏡，伽利略拿著遠眺土星環時，當時以窺遠鏡（spyglass）知名，迄今錫亞琴的士兵還在使用。

既然如此，為什麼要盜火呢？知識之用，何時為足？如同在牛津求學時，將科學與其他形式的探索基本上都視之為尊貴的志業，其中自亦有其危險。從這個觀點來看，我們無非都是一八七〇年代以來的實證主義者，信心滿滿，自以為只要再多知道一些，我們就可以搞定一切，可以繪製定稿的地圖，可以想出法子，把自己從自己手上拯救出來。但畫家馬諦斯（Matisse）說得好：「精確並非真理。」科學之為物，其為自然的探索，並不能免除科學家——或任何探險家——在這個世界上發掘事實、繪製地圖所應該要負的責任。

醉倒在另一個位子上的哈薩克人突然醒來，剩下的啤酒一飲而盡，再度失去意識。看著窗外，地平線上一汪藍色湖泊，其色湛藍，尤勝蒼穹。更接近一些，風吹湖水亂，猶如起皺的絲絨，而湖泊浩瀚，火車行駛邊沿，似乎連速度都慢了下來，其步調之緩慢，彷彿我騎著自行車都可以趕上。或許，自行車才是一切科學真正的巔峰，嚮往升騰：人類的發明中，像自行車這樣可以將我們帶至更遠，攀得更高，而又未經扭曲用於邪惡者實屬罕有。這時候，想起了自己的自行車正在行李車中遠行，拜科努爾，我拋諸腦後。

火車抵達阿拉木圖，我找回車子，車架刮傷，但還完好，梅莉的丟了一個龍頭握把。跟梅利在阿克套打交道的行李員換了一個人似的，宣稱他不負損壞的責任，因為我們並沒有打行李票。梅莉拿出收據給他看，他一笑置之。「這在這裡是正常的，認命吧。」一個穿制服的婦人說，打點著她損壞的行李。「歡迎來到阿拉木圖。」

自行車畢竟還在，我鬆了一口氣。時間已過午夜，下著雨，吃力地推著車子和全部裝備去車站大樓。一連幾天坐著，覺得痠痛，我會潛意識地活動肌肉配合火車的移動。車站的計程車太小，放不下自行車，於是我們委託車站旁一家貨車行，載著我們和自行車前往姆拉特提供的地址。姆拉特，三十多歲，哈薩克人，我們透過背包客棧網站聯絡上的。但司機找不到地方，我們又無法打電話找姆拉特，因為，在火車上纏著旅行社經紀談邀請函是否下來的事（尚未），通話信用用罄。等終於找到的時候，卻沒有人來應門。梅莉開始喊姆拉特的名字，司機和我也加入，最後，總算有人出現，高個子，娃娃臉，懶洋洋拖著腳出來，笑著，睡意未消。

「我的朋友！歡迎！」他興高采烈，雖然只是初次見面。

接下去一個星期，姆拉特的表現證明我們碰到了貴人。他一口中規中矩英語，和父母一起經營一家旅行社，換句話說，阿拉木圖所有大使館檯面上檯面下的規矩他都一清二楚，一出手就幫我們弄到了六十天的塔吉克觀光簽證。親切，沉肩，姆拉特一臉平和的笑意，碰到為難，也只是傻笑。事情還沒講到段落，或笑點還沒出現，他就開始笑，我也就知道他沒弄懂我的意思。

「然後，那個好心的婦人拉起被單為我蓋上——」

「呵呵呵！」姆拉特咯咯笑起來。

故事還沒講完，我隨他去了。打開電郵信箱，看到胡里歐的一則訊息：「凱特，嘿呀！好嗎？」全文都用大寫。「我發這信給梅莉，想要確定她收到了。如果她沒有，可以麻煩妳轉知嗎？謝謝。」

信是這樣寫的：「親愛的梅莉，收到這封電郵，妳應該到了哈薩克，不是因為怯懦而是出於謹慎：我不想讓妳為難，不想讓自己難堪。」胡里歐說梅莉給他的感覺「無法以 words（世界，〔拼錯字，應為 words，言語〕）形容。」他知道形勢對自己不利。「……妳正在路上，而且有男朋友了。我沒有工作，不知道何去何從，想要離開這個以前是蘇聯的地方。」但不顧她心裡怎麼想的，「這裡送上我的愛與祝福，願妳旅行成功，平安順利回家。」

絲路一路走來，愛上我這個一不小心就會讓人心碎的朋友，胡里歐不是唯一。離開卡爾斯不久，阿爾奇姆給梅莉寄了一則臉書信息告白：「妳一箭 stucked（正中，〔拼錯字，應為 stuck〕）我心。」隨信息寄來的是我們參觀庫宰達加時的錄影，有許多鏡頭多情兮兮地黏著梅莉。在土耳其東北部和伊朗部分地區，阿爾奇姆是個出名的電影製片，如今在我父母居住的安大略小鎮也大大有名，因為那段錄影風靡了我的家人。可憐，中箭的阿爾奇姆，梅莉禮貌地回了封信，但堅決地回說她已經有了男朋友。

梅莉用姆拉特的電腦收電郵，聽到她大叫：「有了！」我有一點嚇到，以為那是她對胡里歐告白的反應。但並不是，她高興的是旅行社經紀寄來最新通知：我們的邀請函編號下來了。

我們欣喜若狂，但好景不常，姆拉特把文件細看一遍：邀請函同意發給我們烏茲別克觀光簽證，但是要到巴庫的大使館去，而不是在阿拉木圖。還好旅行社又跟我們確定，簽發城市可以調整。幾天後，先在外面與一群哈薩克癮君子一起排隊等候，然後把護照、申請表格及費用交給烏茲別克大使館職員。二十分鐘後，我們的絲路之旅敞開，直通中國。

那是說，如果簽證有效的話。姆拉特認為，它們看起來全都像是偽造的。吉爾吉斯簽證像是一顆偽刻的章蓋在哈薩克簽證上。塔吉克簽證用藍筆填寫，筆跡幼稚。烏茲別克簽證上註明：「此人不可在烏茲別克工作。」這句話真把姆拉特打敗了。「誰會去烏茲別克找工作呀？」他咯咯笑著說，優越感表露無遺。我倒想把我們的西藏「外國人旅行許可」拿出來給他看看，鐵定會引發爆笑，所以就只用說的。才說到「然後我們去警察局自首」，他就提前哇啦哇啦起來——不是因為他沒搞懂，我認為，而是因為向中亞的那些威權低頭還真是一場黑色喜劇。突然間，我為前面要走的路擔心起來，這樣一個對外國人猜疑的國家，每天晚上住飯店都要登記，還要把收據都上繳了才能離境。即使我們打算在烏茲別克全境都露營，那也大有問題。但丟開這些煩心的事，第二天早上，搭上穿越哈薩克的火車，護照裡有了烏茲別克簽證，自行車辦好了托運送上行李車，帶著足夠的零嘴，踏上最後的旅程，這一切都要感謝姆拉特。

擁擠的過道，通常都是胖嘟嘟小娃兒們的遊樂場，家人大口灌著羊頭湯，咕嚕有聲，酒醉的男人在餐車裡呼呼大睡。往南，天山山脈聳立地平線上，向北，平野茫茫，唯有春草點頭。終於，山嶽退去，大草原在黃昏的光線中轉呈乳白。火車在一個灰撲撲的車站停下來，塑膠袋像花粉一樣在風中飄盪。月台上有人走動，但似乎無意上車，或許只是出來走走吧。婦人頭髮黑得發亮，往後梳攏，裹在紅色及藍色頭巾裡，出售月台上成堆的魚乾，秤的角錐閃爍著金銀光輝。

火車喀唧作響，再度向前，一年輕男子和婦人，頰骨高聳，突然發足趕上，臉上發光，滿是笑意。人們總是那樣笑咪咪的，跑著趕火車？幾分鐘後，他們走過餐車，手牽著手，回復平常神色，面無表情。我心裡想著，是不是在心有追求的時刻，出發到一個連自己都不確定到得了的地方，我們才活得最有活力。火車加速駛向裏海，途中發出達達聲響，接著，一陣不尋常的停頓，彷彿每隔五拍輪子便不曾接觸鐵軌，說不出什麼道理，以前不曾碰到過。窗外，距離飛奔的火車不過六呎遠，一驢子輕甩粗毛尾巴趕走蒼蠅，另一方面，對我們的經過恍若未覺，不動分毫，連棲停在驢耳中間的小鳥也一樣。

第 III 部

只要能壓擠出時間的精髓，
任何事我都欣然以赴。

艾琳・梅洛伊（Ellen Meloy）
《綠松石人類學》（*The Anthropology of Turquoise*）

08

荒野／荒地

烏斯秋爾特高原與鹹海盆地

Wilderness/Wasteland

Ustyurt Plateau and Aral Sea Basin

在哈薩克下了火車，覺得絲路又重新開始，這一次恰到好處，我們沒錯過站。貝涅烏（Beyneu），擠滿人的月台，沿著鐵軌，就那麼一小段泥巴地，兩端消失在蒸騰的熱氣中。勉強找到一個空間，卸下裝備及自行車，眼前一棟白刷刷的房子，兩側種著白楊樹，梅莉離開去找水。等風向改變了，我才明白，這樣一個迷人陰涼的地方為什麼會沒有人，樹在沙漠裡為什麼會長得這樣茂盛。我們把自行車停在公共廁所旁邊了。

儘管惡臭，卻擋不住一個腰肢豐滿的哈薩克婦人朝著我過來。只見她一襲紅絲絨浴袍，看起來衣衫不整，卻另有一番風情，彷彿剛睡醒的歌劇演員。婦人指著我的自行車，手做出踩踏動作，我聳肩笑笑，請她自便。頭巾下，一張臉笑得連眼睛都沒了，兩個酒窩漾開，然後，以驚人的速度騎走。男士們——穿圓領背心，外衣灰撲撲——紛紛讓開一步，讓自行車過去，然後又在她身後合攏。

「*velocipede*（腳踏車），掰掰！」有人笑著說。

我的車去流浪了，梅莉帶著我們的水瓶不知人在何處，廁所的氣味足以把火車燻到出軌，如此這般，我覺得自己在唱獨腳戲，怎麼會這樣呢？只因為過了貝涅烏就是烏斯秋爾特高原（Ustyurt Plateau），一個從哈薩克延伸進入烏茲別克的沙漠，一個月的官僚刁難，包括一百四十四個小時在火車上，我們終於獲准來到這裡。我已經做好準備，到烏茲別克的邊界，如果說得沒錯的話，六十哩的路程，滴水也無。還好，紅衣女士把車還來了，梅莉也回來了，帶著相當於幾駝峰的水，名副其實的單峰駱駝袋子，於是，我們出發，踩著輪子進入沙漠一無遮攔的大口中。

即使是四月，炙熱烤人。沒有建築，沒有樹，沒有雲，太陽無處可擋，以未經稀釋的熱度燃燒我們。路與沙漠一體，幾不可辨，一大片徹底赤裸的大地中一條赤裸的泥土路，途中僅有六個小時看得見草葉稀疏散布。鹽霜遍地，給人酷寒的錯覺，潘諾尼亞海（Paratethys sea）海水蒸發所致：萬千年前，特提斯洋（Tethys Ocean）潛入歐亞大陸底部，過程中舉起了現今的中亞，潘諾尼亞海脫離特提斯洋，形成烏斯秋爾特高原。如今，只有我自行車上嘩啦作響的水袋回應遠古的海岸線。地平線上，海岸線依稀可辨，油灰色的沙漠從那裡散入黏土與石膏的山脊。

泥土路進入高地與峽谷，經運輸貨物前往烏茲別克的卡車硬壓，路變得堅硬有如水泥。還好交通不繁忙，主要道路旁邊蜿蜒一條替代小路，則是汽車尋求平順通行無意間闖出來的，這使得我們完全可以避開車輛。切過沙漠，騎上一條這樣的邊道，聞到鼠尾草壓碎在輪胎下的氣息，令我聯想起偷溜出火星沙漠研究站（Mars Desert Research Station）時的一種香氣，幸福感油然而生。於是，停下車，在車龍頭上紮一束草葉，這樣一來，吹過烏茲別克的風帶來拂面香氣，快意自在。

「這裡讓我想起猶他州！」我開心地對梅莉說，她騎在我旁邊，車輪平行。這樣肩並肩騎著，不怕被超越的情形還真少見。

「沒錯，猶他州。」梅莉說，突然嚴肅起來。「太空營，妳曾經去過……」

「不是太空營！」我抗議。

「啊，我錯了，模擬火星任務。」

無情的調侃是梅莉表達鍾愛的拿手。我們度過一段愉快時光，彷彿沙漠開闊的地平線無關於地理而是一種心情。烏斯秋爾特高原讓我想起猶他州、拉達克（Ladakh）、戈壁沙漠、塔克拉瑪干沙漠、西藏高原——基本上，每個地方的美，每個地方層層剝開的可能，都曾經俘虜過我。一個記者要奧維爾．萊特描述一下他飛行世界第一架飛機的地方，他神遊般陷入沉思，外堤就像是撒哈拉，也就是說，他心裡想的是撒哈拉。旅行，或許是一分地理，九分想像。從外堤起飛，然後降落在北非的漂移沙丘。出發前往火星，結果——妙不可言的錯誤——到了絲路，如此這般，由塵與光與想望在歐洲與亞洲之間大變戲法。

這條貿易路線的現代名稱，馬可波羅可是聞所未聞。「絲路」是由一個德國地理學家於一八七七年所造，用來描述東方與西方之間貨物與觀念的交流。但此後仍然沒沒無聞，直到一九〇〇年代中期，探險家見識到了這條路線的魅力，才筆之於書，描述在中國與中亞的旅行所見。今天，絲路也還只是一個聰明的行銷策略，一個好聽易記的名字，將度假點連結起來，賦予一種歷史的推動力，對觀光客來說，一分是地理，九分是紀念品及在古蹟前自拍。

烏斯秋爾特沒有古蹟，除了沙漠，還是沙漠，使梅莉和我感到無比滿意。旅行家與觀光客之間的差別其實沒那麼大，特別是那些堅信——也許太過於強烈了一點——自己是後者，但並不那麼膚淺，而且有過國外經驗的。梅莉和我不屬於包裝景點的揹相機消費者；我們是原始與真相的追尋者！黃昏時分，終於，我們到了哈薩克與烏茲別克邊界，一個烏茲別克邊界警衛，大汗淋漓，皺著眉頭看我們的護照，問我們來烏茲別克的動機。

「新聞記者？非政府組織？通訊員？」他一一列舉，眼神詭譎。

「觀光客！」我們異口同聲，機靈地。

一塊斯拉夫文牌子歡迎我們來到烏茲別克。這個國家與奧茲國（the land of Oz）的相似點不光是語源上，過了邊界，落日中，道路宛如黃磚鋪就。也就是說，似乎就是用魔法鋪出來的。說到烏茲別克，躲在鐵幕後面的是伊斯蘭・卡里莫夫（Islam Karimov），一個以非民主方式選舉出來的專制統治者，專長是貪汙、刑求，以及強迫兒童到國營棉花田勞動。儘管我們旅行之後卡里莫夫已經過世，統治期間卻深受人民敬畏，他的車隊預定要經過某些棉花田時，當地居民會把已經採收的棉花黏回去，好讓總統看到國家的豐收。多疑變態到這種地步，告訴梅莉和我必須嚴肅看待卡里莫夫的法令，外國人要在進入烏茲別克七十二小時內到簽證登錄局（Office of Visa and Registration, OVIR）登記，每天晚上還要乖乖向飯店索取收據，沒有這些，根本連離境都不可能。無論如何，營宿務要隱密看來才是明智之舉。但在沙漠裡，又有誰會看見呢？

我們在離道路一哩左右的地方紮營，土地龜裂呈多角形，彷彿受到巨大撞擊，可能是我們把磚塊一樣的烏茲別克貨幣掉落所致。說到烏茲別克貨幣，進了邊界，一張百元美鈔拿到黑市，可以兌換成好幾百張烏茲別克索姆（som），多到要用橡皮筋捆起來，就和電影裡一樣。九天之後，我們才找到一家願意幫我們處理這些鈔票的飯店，形同賄賂，換取偽造的收據，證明我們住過合法的觀光飯店。至於眼前，則是將這一大筆錢藏在車籃最底下，無視多出來的重量。

第二天上午，在烏斯秋爾特高原，我們行進緩慢，*velocipede* 這個字跳了出來。在俄語中，*velocipede* 是腳踏車，在歷史上，則是對我們騎的這種笨裝置的一種說法。看到梅莉和我那樣慢吞吞的速度，任何人都會相信，我們的自行車根本就是一八七六年巴黎街頭流行的那種龜速兩輪車，沒有踏板，沒有輪胎，沒有傳動裝置。長達一個月沒騎車，我們好不容易練出來的腿肌及肺活量都已經萎縮，換句話說，幾個星期臥床休息之後，前一天從貝涅烏到哈薩克／烏茲別克邊界那一段長約六十哩短程旅行，簡直就成了跑馬拉松。更慘的是，邊界道路洗衣板似的路況，害得我們屁股上的舊瘀傷之外又添新傷，只要一騎上車，梅莉和我都不免齊聲哀號。只好直立站著騎，速度自然慢了下來。對此，我用在某處讀到的一句阿拉伯古諺安慰自己：靈魂旅行，一律都是以駱駝的速度。

從這個角度想，我們的速度就剛好。有一次，經過兩隻駱駝，駝峰擺動，粗毛糾結，厚唇微嚼，咬著像是細粉一樣的東西。肋骨部位噴印ＡＬ兩個字母，脖子上綁著喜氣洋洋的圍巾，從這裡看來，這些駱駝是圈養的，是那種不多見的大品種之一，耐得了烏斯秋特爾高原的苦熱及乾旱。另外還有一種動物，我認為是高鼻羚羊，一種有一對角的蹄類動物，我一直盯著地平線，不料卻看到這種四足動物越來越——令人失望地——和駱駝混到了一塊兒。這並不令人意外，由於那一對角，高鼻羚羊已經成為非法盜獵的對象，幾近滅絕。傳統中藥認為高鼻羚羊的角具有壯陽價值；中藥這種觀念，對地球生物來說，堪稱是最有殺傷力的「治療」。此外，高鼻羚羊也會定期大量死亡，原因不明，有可能是受到圈養動物的細菌感染。這樣一來，在中亞，高鼻羚羊之稀有，甚至更甚於言論自由了。從照片上看，圓滾滾的褐色眼睛，鼻子有如縮小的大象軀幹，蘇斯博士（Dr. Seussian）甚至將牠們看成是外星生物。但我算哪根蔥，憑什麼說長道短呢？從烏茲別克的角度看，梅莉和我不過是烏斯秋爾特的外來人，兩個蒼白、不會言語的野蠻人，打算騎車九天，穿越本地人開車急駛而過或避之惟恐不及的沙漠。不過話又說回來，烏茲別克語裡，根本沒有「fun」（享受）這個字。

沒多久，我們的瓶子和水袋都空了。放眼望去，沒有房子，沒有城鎮，我們只好揮手攔車補充。路與地平線交會的地方，天空傾瀉而下，使遠處的車子宛如行駛在空中。路面上，裂隙司空見慣，車子駛過，發出有如機關槍掃射的聲音，噠—噠—噠—噠，令人想要低頭找掩蔽。但我們卻相反，站得高高的，揮動雙臂。一輛小轎車，塞滿桃紅色的人體模特兒，十多具斷臂、缺腿、去頭的軀體，從車頂到行李箱，七橫八豎堆著。梅莉和我放下手，讓它過去。之後，來的是一輛哈薩克卡車，司機雖然沒有水，但大方地給了我們一瓶凹陷的熱可口可樂。我擰開蓋子，但已經啟封過了。我們當場灌了半瓶，剩下一半留給晚餐。「我滿好奇的，不知道泡麵嚐起來會是什麼味道。」梅莉心想。「用可口可樂煮。」幸好，沒機會嚐到了。幾小時之後，我們趕上了幾個修路工人，他們似乎樂得幫我裝滿瓶子和袋子——在酷熱中剷柏油，停下來，沒有比這更好的藉口了。跟他們合拍了幾張照片，他們拚命道謝，倒像是我們在沙漠中給了他們水似的。

為了避開最熱的時段，以及無可扭轉的逆風，正午過沒多久，我們索性提早紮營，等到天涼下來，風靜下來，再騎車上路。縱使帳篷門戶迎風大開，睡袋鋪在頂上遮陽，亮亮蟲還是有如溫室，熱不可耐。皮膚上，血管隆起，勾勒出熱血流經的路線。雙手雙腳熱得發燙，彷彿手掌和腳掌下累積了無法宣洩的壓力。實在太熱，熱到難以入睡，沒法講話，不想寫東西，連活下去都覺得困難。躺在睡墊上看書，肩膀下汗水涔涔。

電子書裡，我收集了約翰・伯格（John Berger）的散文，但或許是高溫損壞了文檔，伯格文章裡面的 *the* 一律都變成了 *die*，譬如：“Die third dimension, die solidity of die chair, die body, die tree, is at least as far as our senses are concerned, die very proof of our existence. It constitutes die difference between die word and die world.”（三度空間，椅子、身體、樹的立體形態，只要我們的知覺所及，至少就證明了我們的存在。這就構成了 word〔話語〕與 world〔世界〕的區別。）

但是，如果僅因為一個「*l*」，話語與世界就有所區別，一條更細的界線卻把一座沙漠與沙漠化的烏茲別克區隔了開來。梅莉和我沉浸於烏斯秋爾特高原的荒涼，茶一般暗沉於其中，但東方幾百哩外，有著同樣乾涸的一片風景，那就是以前的鹹海。曾經是地球上的第四大湖，如今卻成了一塊社會與生態的荒地。歷史上，鹹海曾有兩條河流注入，阿姆河（Amu Darya）與錫爾河（Syr Darya），但烏茲別克為執行蘇聯在沙漠中種植棉花的計畫——棉花，一種最需要水分的作物——自一九六〇年代開始從事生產規模的灌溉，便開啟了這個湖泊萎縮的命運。三十年後，河流不再注入湖泊，湖泊的水量流失百分之九十，鹽度增加四倍，結果導致三十類魚種災難性的瓦解，而這些都是烏茲別克漁民所撈捕的漁獲。

「眼淚無法填滿鹹海。」烏茲別克流亡詩人穆罕默德・薩里（Muhammad Salih）寫到，技術上來說，他是對的。因為，就現有的鹽度來說，眼淚的鹽度不夠。如果不瞭解鹹海最近的歷史，就會輕易誤以為純粹是烏斯秋爾特的生態——凋敝而頑強——向東延伸到了以前的海床——極大一片在顏色上略淺於周遭的沙地。本地人稱這片新的沙漠為阿庫米（Akkumy），意思是「白沙」，而且很明顯地，沙丘間有一處擱淺木船的墳場，清楚顯示這片景觀的怪異與非自然——絕非真正的、天然生成的沙漠，而是嚴重沙漠化的結果。荒野與荒地之間真正的區別或許就在於此：後者是人類製造出來的，只要每天使地球更貧瘠一點，更乾旱一點，就會更像火星了。

黃昏之後，騎車上路，我認為我看到了那顆紅色行星：地平線上，一點明亮的餘燼，有如菸屁股僅餘的星星之火。火星——如果是火星的話——如此渺小，我只要一個手指頭就可以將那整個世界刪除，一如阿姆斯壯所說，在月球上，他用他的大拇指就可以把地球抹掉。「那真的讓你覺得自己很大嗎？」回來之後有人問他。「不。」這位第一個漫步月球的人，毫不做作地承認：「那使我覺得自己非常，非常渺小。」

烏茲別克對我有著類似的效應，尤其是日落之後。突然之間，世界冷卻，速度無與倫比，擴散無遠弗屆。沙漠平坦至此，星座垂落地球，群星環繞眼際，彷彿我正航向它們，甚至穿越它們。每踩一下踏板就更飛近土星星環，急遽上升飛越太陽頂層，與兩艘旅行家號太空船並駕齊驅，快速奔向天狼星——另一顆太陽，距離我們只有八．六光年。

說心裡話，對於旅行家號的科學任務，我的興趣還次於它們所裝載的東西，一些奇想聯翩的訊息：每艘太空船的儀器艙裡都有一張「金唱片」（Golden Record），十二吋厚的鍍金銅質唱片，裡面灌有五十五種地球語言的問候語，全世界的照片，自然的聲音與人類的音樂，包括鯨魚鳴叫、海浪拍岸、戀愛中女人的心跳、牛津的尖塔與塔樓，以及現代飛機的起飛。生物學家路易士．湯瑪斯（Lewis Thomas）建議，收錄約翰．塞巴斯蒂安．巴哈（Johann Sebastian Bach）的全部作品，但他承認：「未免有誇耀之嫌。」結果只放了巴哈三首作品，外加上貝多芬《抒情短歌》（*Cavatina*）的前兩小節，大概是因為這是唯一使這位聽障作曲家感動流淚的音樂。另外也還灌錄了多樣樂音，如亞塞拜然風笛、納瓦霍（Navajo）晚禱、摩斯電碼發送拉丁諺語「非經萬難，無以追星」。這些片段——外星智慧生命或許會發現並予以解讀——以局部調查、俳句式摘要的方式呈現地球生命的全貌。

記憶所及，小學的科學課教過旅行家號太空船，但沒有提到金唱片。這張唱片畢竟不是科學，而是別種東西，更像是詩，只不過也不曾出現在英文課。是後來到大學初期，讀卡爾．薩根（Carl Sagan）的《地球的呢喃：旅行家號的星際唱片》（*Murmurs of Earth: The Voyager Interstellar Record*）才知道的。讓我為之悸動的是作者在書中所表達的希望：「一如馬可波羅，（金唱片）可以踏上遠古某個偉大文明的門檻。」那時候，我正迷馬可波羅的絲路探險，換句話說，仍然懵懵懂懂，無知於他們的商業取向。儘管馬可波羅後來讓我失望，薩根卻始終是我的偶像，一個身兼科學家和詩人的探險家，帶領製作金唱片的團隊，從地理、倫理及文化切入，挑選題材，全面而概略地呈現地球上的生活。過程中，薩根發人深省的幽默流露無遺。其中有一張薇薇安．弗克斯爵士（Sir Vivien Fuchs）一九五八年穿越南極洲的照片，一輛雪貓（Sno-Cat）——結合巨型卡車與軍用坦克而成，探險隊用來穿越南極洲——卡在一處巨大裂隙上搖搖欲墜。「外星的探險家，無論多麼先進，也有可能和我們一樣，要解救卡住的交通工具。」薩根說，語重心長。他選的另一張照片，是一個登山者攀爬阿爾卑斯山一座嵯峨的尖峰。「接收者如果知道這個人形剪影在做什麼，或許會想，攀上這座岩峰既困難似乎又沒有什麼意義。但真正的重點在於，把一件事情做完。如果這個訊息得以傳達，便可以讓外星人知道，有些事情，對我們來說是重要的。」人類有可能並非完全理智，但我們往往自以為是。

就金唱片而言，似乎就不是一個理智的方案：時間囊（time capsule）的空間非常寶貴，大可以裝載其他更有成效的科學儀器，為什麼要這樣浪費掉呢？太空總署對「淡藍斑點」（pale blue dot）的照片就十分猶豫，因為，那要把太空船掉過頭來（非常耗能，所費不貲），還要將攝影機對準太陽（有可能燒焦攝影機鏡頭）。換句話說，拍攝這樣一張照片並不理智，是在濫用納稅人的錢。我們居住的行星位在太陽系裡面，它長得什麼樣子，既然我們都已經一清二楚，這樣一張照片並不能帶來什麼新意或突破。

可悲的是，科學從來不知道深切自我反思。唯有卡爾·薩根熱心遊說，才改變了太空總署對這張照片的想法。那些行政官員及工程師顯然不瞭解，探險之為物，非常類似科學本身，不僅是對事物本質有系統的探究，也是一種徹底揭露的藝術。儘管探險的目的有可能是新領土的征服，或增加我們對物質世界的主宰，但其真正價值卻在於開闊我們的知覺意識、人我一體的認知，以及認識我們所歸屬的宇宙。換句話說，諸如「淡藍斑點」照片或金唱片這類事情，看似不切實際，但絕不是嚴肅探險的枝微末節，而是其不可或缺的要素。探索，如果不是要為我們在雜亂無章的世界定位，為我們在天地間所扮演的角色給個定見，其目的又是什麼呢？瓶中的一幅自畫像、一封信：或許什麼地圖都不需要吧。

那些個夜晚，騎車穿越烏茲別克，我就覺得自己有如一封瓶中信。我想要讀懂它，但我所能讀的，只有自己的頭燈照亮的那一卷細細長路，無非坑坑洞洞，無非路面裂縫裡冒出來的青草，無非那些有路就可以到的地方，以及只有旅行才能到的地方——一種可以讓你隨遇而安的心境，特別是在烏茲別克用星星鋪出來的路上。一直要到你太睏了幾乎要摔下車為止。

大約凌晨兩點，梅莉和我靠著頭燈紮營，幾個鐘頭無夢的小睡，然後，天亮前醒來，重新投入外頭的世界，在日出月落前拚命趕路。第一個星期，月亮掛在天上有如一個吃了一半的水果。走在上面是什麼感覺？人們總是這樣問阿姆斯壯，在雜貨店，在理髮店，臉上發光，充滿期待。身為第一是什麼感覺？若是我碰到他，我也會做同樣事情，但心裡明白，再怎麼問也問不出什麼新的東西，不過話又說回來，閒聊，哪有不東扯西拉的呢？所以我要求阿姆斯壯，心懷奢望，你既然去過別人沒去過的地方，或許可以給我一些別人不能給我的東西：一張不一樣的地圖、一個新的宗教、一些反轉星星顏色的紀念品。

但不管怎麼說，這位靦腆出了名的月球漫步者沒有答案。或許，阿姆斯壯的沉默是一種禮貌，一種充滿想像的慷慨，這位男士懂得謙虛，他心裡明白，不管他說什麼，永遠無法滿足人們的夢想。也或許，在月球上，他太過於忙碌，沒有時間深思他得以身在彼處的奇遇，更何況，他的每一下心跳都受到太空總署微控。縫在太空衣手套袖口裡的任務清單，一下要他拍照，一下要他檢查「鷹號」登月小艇（"Eagle" Lunar Module）的狀況，一下又要他敲打、鏟挖、裝袋月球岩石及塵土樣本——基本上，什麼都要做，就是沒有思考他身在宇宙幻境的這件事。加上太空總署初期的「必要品質」，包括試飛員的寡言的勇氣，但聯想表達的能力卻非必要，這一點，檢討起來不免可惜。其實，explorer（探險家）的拉丁字源是 *ex-plorare*，*ex* 的意思是「出去」，*plorare* 的意思是「大聲說出來」。換句話說，冒險進入未知之地，只是一半。另外一半，就探險來說，最關鍵的或許是超越狹隘的自我，回家把故事分享出來。

高中時候迷科幻電影《接觸未來》（*Contact*），改編自卡爾．薩根的同名小說。電影中的主要人物艾麗．阿洛威博士（Dr. Ellie Arroway），一個急躁、急智的太空人，一心一意搜尋找宇宙中智慧生命的跡象。「太空中如果只有我們。」她的理由是：「那還真是可怕的浪費。」一天，在新墨西哥州沙漠不斷監聽宇宙動靜的特大天線陣（Very Large Array）無線電望遠鏡，艾麗接收到一個微弱但明確的信號，來自織女星附近，距離二十五光年。無線電訊號經過解碼，最後列印出一部附有載人座艙的機器，但是，機器一旦啟動，座艙會飛往何處卻無人知道。經過一段極為折騰的挑選，艾麗獲選。

發射後，座艙急速下墜進入蟲洞——一條廣義相對論預言過的時空隧道——載著艾麗以曲徑速度（warp-speed）展開宇宙之旅，經過黑洞、螺旋星雲及其他有生命、有呼吸的世界。旅程中，儘管具備嚴謹的科學訓練，艾麗手邊卻沒有量尺、羅盤或其他工具使她可以將經歷量化，記錄成為資料。她唯一可用的就是語言。只要她能夠正確無誤地理解，她知道地球的生命將可以徹底轉型，她急切地想要將自己的所見傳遞出去，宇宙廣闊、輝煌、不可思議及充滿生命，遠非我們所能想像，我們屬於某種遠大於我們的東西，我們從來不曾孤獨。她心懷敬畏、謙卑及希望，迫不及待要將這些感覺分享出去。因此，她訴諸於語言，但一如阿姆斯壯，她找不到。「他們應該派一個詩人來。」她喃喃說道。

聯合國外太空委員會（UN Outer Space Committee）的代表錄製金唱片的問候語時，其中也包括許多國家詩人的詩句，或以詩的形式發言，例如奈及利亞人形容他所居住的大陸，是「一大塊位於我們這個行星中心有點像是一個問號的土地」。伏在車龍頭上騎過黑暗的沙漠時，我就常常想到他的句子，覺得自己有如宇宙中心的一個問號，因為，無論去到哪裡，中心隨之。即使是騎自行車跋涉穿越烏茲別克。

沙漠向來就是啟人心眼的風景，彷彿遼闊空間的清明提升了頻率的接收度，處於日常生活白雜訊（white noise）中接收不到的都進來了。在烏斯秋爾特高原，天亮前尤其如此，地平線上，微光閃爍，彷彿預示有事情即將發生。當太陽升起，金光搖曳而出地面，揮灑八方，彷彿大地卸下塵垢的偽裝，炫耀其蘊藏的財富。空氣有泥土焦味，和著露水及鼠尾草氣息。自行車的影子冷而長，隨著沙漠起伏而伸縮，起伏並不明顯，我們要靠影子才看得清楚。土地嚴苛，光線柔和——兩種極端在此相遇，真可遇不可求也。

天亮前的幾個小時，寒冷，安全帽的帶子因鹽分而變硬，喉間有如刀割，直到汗水浸透才變軟。但沒有花太長時間。當太陽爬高，彷彿在咆哮，風卻也隨之而起，既熱又強，彷彿騎著車以險惡的大角度重返地球大氣層。地平線從清純變成絢麗，天空邊緣，一抹唇膏的朱紅。到上午九點，沙漠的美與善焚燒殆盡，只剩下一幅一切細微均為之灼傷的風景，我們的速度慢下來，慢到梅莉和我都有被誤認會倒斃路上的危險。

沒錯，那正是草原禿鷹的想法，幾個小時下來，牠一直盤旋頭頂，寬闊的翅膀幾乎不曾鼓動，嘲諷地，翱翔，彷彿整個天空是個大斜坡。下方，轉動的輪子穿越烏茲別克火辣辣的平野，我嗅到了路死的氣息，風中有腐味，接下去，便看到輾平的蜥蜴，要不就是砸爛的刺蝟，或龜殼半裂的烏龜，看起來像是少掉了幾塊的地球拼圖。但比起騎車橫越美國時的路上所見，這裡的殘骸實在算不了什麼。在內華達州卡爾松市（Carson City）東邊某處，路開始亮起來。起初還以為是身後的落日在柏油上灑下一片油亮。接著，聲音開始出現。車輪下傳來折斷的噼啪聲，有如爆玉米花，只見一片褐色果仁，附贈六條左右掙扎的殘肢，蝗蟲！成千上萬。

嚴格來說，後來才知道，那是摩門蟋蟀（Mormon cricket），一種裝甲強大的蟋蟀，每逢乾旱之後，數量暴增，成群肆虐，令人毛骨悚然。騎車越過銀州（Silver State），剛好讓我碰上。整條公路上，甲殼光澤遍布，一大群半殘的怪物，有的殘肢，有的缺翼，堅硬的外殼經車輪熱壓殘損變形。那天晚上，再怎麼努力，一絲食慾也無，眼睜睜看著晚餐的義大利麵冷掉。紮營，蟋蟀無所不在，找不到一處乾淨地方睡覺，營帳頂上細肢紛落，啪噠有聲。昆蟲，其中不乏適應力極強、節能效率頂尖的飛行者，令人羨慕，不遜於鳥雀。

牠們還成為旅行文學的靈感，有夠怪的，但至少威弗萊德．西塞格（Wilfred Thesiger）就是如此。這位英國作家兼探險家，在阿拉伯的魯卜哈利沙漠（Rub al Khali），亦即「空白之地」，為英屬中東蝗蟲防治隊工作，寫下了傑作《阿拉伯沙漠》（*Arabian Sands*）。蝗蟲成群定期出沒於那些飄移的沙丘，「飛行的長腿，鋪天蓋地，有如暴風雪。」西塞格寫道。由於中東飽受蝗蟲肆虐，饑饉成災，他受雇尋找繁殖地，但接下這份工作並非完全出於利他。「我並非真對蝗蟲有興趣。」他並不諱言。「但牠們為我準備了進入阿拉伯的金鑰匙。」在駱駝及貝都人（Bedu）嚮導的陪伴下，穿越空白之地，與乾渴及沙暴抗爭，費時數月。「對別人來說，我的旅行一點都不重要。」他承認。「除了繪製一張無人使用的地圖，別無他物。那純粹是一次個人的經歷，報酬是一掬清水，近乎無味。我心滿意足。」

騎車穿越烏茲別克，一個星期來，可飲用的水不可多得，我也心滿意足。一天，緩緩騎在傍晚壞死的光線中，風景看起來有如曬傷蛻脫的皮膚。沙漠寂靜深邃，卻引不起同樣深邃的思維，我唯一的心思掛在水瓶及水袋上，聽不見嘩啦水響，它們已經空了，有如鹹海。梅莉說她看到前面有一棟建築，深信不疑，我說她是錯覺，同樣深信不疑。終於，我們到了。

外面，一張小床，沒有床墊，有的只是金屬線和彈簧圈，和攤在上面的瘦削男子倒是一個模樣。我們問他要 *su*（水），只見他眨著眼睛，或許是不相信我們居然不是幻象，然後領著我們去幾個藍色桶子，但滴水也無。對此他似乎有點驚訝，然後又招呼我們跟他去一根生鏽管子，滴著水——帶臭蛋氣味。裝滿瓶子及水袋，他一旁看著，但話又說回來，若非萬不得已，那水帶著泡沫，我們可不想喝。

梅莉和我騎車正要離開，一輛貨車駛進車道，一肥胖男子滑下駕駛座，大汗淋漓。瘦男邀他進屋用餐，連帶也邀請我們。隨他進入房間，昏暗滯悶，裡面已經有好幾個男子，身形碩壯，眼睛鬆垂，看來都是卡車司機，坐一張桌子，自公碗中取帶肉骨頭，撕扯而食，手中酒杯滿是油膩，杯中看來是伏特加。他們拉出椅子，梅莉和我坐下，不安地交換眼色，找個藉口，逃之夭夭。

火燙沙漠，一處綠洲，沒有比一屋子的羊騷和酒氣更煞風景的。我們倒數抵達努庫斯（Nukus）的里程，烏茲別克最西邊的唯一城市，一邊試著學唸「渴」這個字，包括 *aghh*、*wagh*、*grak* 和 *mrwak*。「我們的發音都像是在呱呱。」我提醒梅莉。「這是聲調語言（tonal language）。」她說。

他們應該派詩人到絲路來才對，只不過我懷疑，我們在城外路邊餐廳喝到的茶，滋味之美，即便是唐・杜蒙斯基（Don Domanski）來恐怕也難以形容。滿弔詭的，茶水滾燙，卻有涼爽效果，加之微風徐來，白楊輕搖，熱汗盡消。白楊沿路種植，整齊排列，樹幹下部漆白，具有某種防蟲作用。旁有灌溉溝渠，覆滿水藻。水色黏稠翠綠，有些地方，蛙鼻吹起漣漪，蛙鼻顏色較深，狀似水藻陰影，喝茶時，但聞蛙聲呱呱，因此，聽到的都是渴，渴，渴。

餐廳老闆娘，四個孩子的母親，邀請梅莉和我住下過夜，甚至幫我們洗頭。用手，外加一個桶子。一個多星期下來，頭髮別無所見，除了灰塵、汗水及安全帽的內部。一趟絲路下來，我們受過許多人的呵護，這婦人輕鬆吹著口哨，沖去我們頭皮上的泥巴，當是最無私、最有愛心的。一切如此美好，當知珍惜，我們完全放下戒心，享受這般的母愛。後來得知，梅莉和我無不大驚失色，她居然還小我們幾歲。

第二天早晨，太陽猶未升起，通往努庫斯的大路上已經擠滿了人。婦人進城，身穿狀似睡袍長衫，與她們的頭巾相映成趣，小孩碎步相隨。青少年男孩，藍色牛仔褲，騎著自行車超越我們，嘎吱作響。男人面無表情，領著拉車的驢子，車上負重，堆滿乾草、木柴，驢子柔軟的鼻子幾乎刮到地面，有一輛，載三隻母牛。灰濛濛斜照的晨光中，忙碌的景象看來如夢似幻，彷彿凝視太陽過久所見，一個殘像的世界。

但話又說回來，只要重回所謂的文明世界，我總是有這樣的感覺。許多人讚揚探險家的勇氣和毅力，卻不瞭解有些怪胎視日常為畏途，覺得比危險還可怕。歐內斯特．沙克爾頓（Ernest Shackleton）計畫一項人類穿越南極洲的行動，船隻為冰所困，等待救援期間，數年以海豹脂肪為食，最後獲救，但不過數年又重回南極洲，這該如何解釋？還有，梅里韋瑟．路易斯（Meriwether Lewis）歷盡艱辛，與威廉．克拉克（William Clark）隨著薩卡嘉薇雅（Sacajawea）穿越美洲大陸至太平洋海岸，因功受封為路易斯安那領地總督，但卻發覺文明生活難以忍受，據說以自殺結束生命，這又是為什麼呢？還有，威弗萊德．西塞格一而再再而三地重回阿拉伯沙漠，他說：「這片殘酷的土地具有魔力，是溫帶氣候所無法比擬。」這又該如何解釋？

以我們來說，在努庫斯買泡麵就比騎自行車融化於沙漠中更折磨人。衣服洗過，晾在外頭等乾，因此，在穿的方面我們別無選擇，只有套上羊毛長褲及長袖毛襯衫。我懷念美國有空調的超市，梅莉和我從西岸騎到東岸時，我們就到那裡躲避酷熱，把做夢要買的雜貨都塞到購物車裡——西瓜、冷凍披薩、六手可口可樂、緩衝我們座墊瘡的尿布。這樣忙著，其實只是想待得夠久，等身體涼下來，再把購物車卸空，空著手走出去。努庫斯的商店沒有空調，但至少飯店有冷水浴，而且輕易就買通了經理，簽證登錄局要的收條都補齊。文件上載明，梅莉和我進入烏茲別克邊界後，每天晚上都待在這個城市。事實上，在努庫斯，留二十四小時足夠了。

第二天早晨，我們再度上路：這樣的認錯悔過固然無聊，但畢竟大大鬆了一口氣。「所有的探險家定然都死於心碎。」詩人查爾斯．萊特（Charles Wright）宣稱，但話又說回來，這講的多半是那些努力要回復正常生活的人吧。很明顯地，關鍵在於永不停止冒險。這不妨去問問十九世紀英國博物學家阿爾佛萊德．羅素．華萊士（Alfred Russel Wallace）。早在達爾文將他的發現公諸於世之前，華萊士獨自一人已經在天擇演化的路上跌跌撞撞。但達爾文退隱鄉間不再遠行，華萊士卻不曾真正停下腳步，無論是地理上或知性上，且從未失去他的好奇心。

年輕時候，華萊士讀了《小獵犬航海記》（*The Voyage of the Beagle*），達爾文的結語：「對一個年輕博物學家，最能提升自己的莫過於行萬里路，遠走異國。」華萊士牢記在心。但不同於達爾文，華萊士生於九個孩子的家庭，家境拮据，父母親根本無力補助他的遠征。他自力更生，遠走亞馬遜採集珍稀樣本，賣給博物館，自籌經費，走出一條獨立探險家的路。儘管不是馬可波羅那樣的商人，這項生意同樣帶來金錢與動機，使他得以走訪世界，過著如魚得水的生活。友朋馳書懇請他回英國，他欣然回信說：「你們極力勸我回家，我心領了。我還有很多事要做，做完了才能安心回去，如果現在就離開，只會使我覺得遺憾、不快樂。」亞馬遜待了四年後，他終於踏上返家之路，船出巴西，遇難沉沒，他被另一艘逃過一劫的船救起。「離開帕拉（Para）之後，我發了五十個誓，只要到得了英格蘭，再也不會把自己交到海洋的手上。」他向朋友招認。「但決心下得快也去得快。」登岸之後沒多久，華萊士已經又在夢想下一次遠航，這一次是到今天馬來西亞及印尼星羅棋布的群島，那兒，在一次瘧疾侵襲中，他構思了他的天擇理論。

華萊士不是地主仕紳，由於船難對他的樣本收集造成極重大損失，為了回復舊觀，自有財務上的需求，世俗的急難因此難免，無疑地，這是誘使他重回大海的部分原因。但金錢如果是華萊士唯一的要務，說到賺錢，比起做個跑單幫的探險家，自有更簡單、更安全的方法。換個角度看，如果他真正在乎的是名聲和榮耀，他大可以拿天擇的共同發現大作文章，堅持自己在演化論上的地位。然而，贏得了演化論祖師爺名號的是達爾文，在高中教科書中，只見達爾文熠熠發光，至於華萊士，縱使提到名字，也不過是個註腳而已。

關於這個演化的故事，有人可能會毫不猶豫地把稟賦搬出來：你大可以說，華萊士極度缺乏專注，他需要的是方向。他把一生的能力和才氣都揮霍在船上，什麼都要，什麼都不精，最後，哪裡都沒去成（不過，如果只說他去過的地方，在他九十一歲去世前，七大洲中他去過了六個）。但話又說回來，從什麼時候開始不朽的名竟成了人生的標準？在牛津，瞭解華萊士越多，越覺得他才是真正值得敬佩的探險家。達爾文在他那本暗自感傷的《自傳》中，說他對那些曾經為他帶來「微妙喜悅」的風景與藝術越來越漠不關心。華萊士在他的回憶錄《我的一生：一份經歷與看法的紀錄》（*My Life: A Record of Events and Opinion*）中，則談到他對野生物種及荒野的熱愛，年復一年有增無已，「每每邂逅，都覺得同樣新穎美麗，奇異甚至神祕。」唯驚奇，人類乃能成就最高的目標，這有歌德為證，果如此，則華萊士的人生才更有啟發性吧。

他的好奇心源源不絕，關鍵似乎在於他避免專一，不為培養一種專業而犧牲了靈魂。華萊士看這個世界，我認為，他的眼中完全沒有籓籬。多年下來，他寫的社會及經濟問題遠遠多過於博物學，他也公開表明，為個人自由而戰更重於科學研究。在一次演講中，他主張，每一個社會成員都應該擁有「健康及快樂生活不可或缺的一切」。不可或缺的什麼呢？晚年憂鬱的達爾文所喪失的一切都包括在裡面：「足夠的休閒、充分的工作轉換、懂得享受自然的美與慰藉，也懂得享受藝術文學的美與慰藉」。

我絕不是瞎捧華萊士，他可也參加過接種疫苗的論戰。沒有人是完美的，探險家也不例外，但這並不表示他們在某些方面不值得受到崇拜。華萊士最令我心儀的是，他堅信科學與技術有所不足，因此，一如我們強烈的求知慾，我們需要有一套倫理認知，一如我們之企求無限，我們也要懂得節制。一九〇九年，萊特兄弟率先進行重於空氣的飛行，之後不久，華萊士就感覺到空中武器對世界的威脅，大力推動禁止飛行機器攜帶毀滅性武器的國際條約。在一篇報紙社論中，他呼籲：「無疑地，所有女性及男性團體都要為這一偉大神聖的目標團結起來。」天空無限制，俗諺是這樣說的，但華萊士暗示，它應該有。畢竟，科學與探險的歷史無非激動人心的探索故事，山嶽的征服，羨鳥雀之飛翔進而模仿，限制云云，全都拋諸腦後。科學與探險的歷史也是一場知所進退的爭論。

同樣的還有瀕死、乾涸中的裏海，但如同過去曾經注入它的河流——錫爾河及阿姆河，亦即古希臘人口中的查克薩提斯（Jaxartes）及歐克瑟斯（Oxus）——梅莉和我都沒有辦法去了。由於觀光簽證為期不足一個月，時間只夠我們穿越這個國家，還要以累死人的速度，每天騎六十哩才趕得完，根本無心為這些生態災難多繞一百多哩的路。後來，我還是為此感到後悔，因為，不知道自己還有沒有機會比現在更接近這個海，即使有，到時候它又會剩下多少呢？但我們還是稍微多繞一點路，到希瓦（Khiva）走了一趟。希瓦，一個綠洲城，絲路上的貿易樞紐，從前以奴隸交易為主。

途中經過阿姆河，河水汙染，沿岸泡沫有如勒緊脖子拉重車渡過河上浮橋的驢子。希瓦，令我印象最深刻的，不是厚實有如房屋的燒泥牆，伊斯蘭學校（madrassas，中世紀伊斯蘭教義學院）精緻的綠松石瓦，或土地夯實，散發熱浪，油然而生的歷史感。深深吸引我的是自然博物館（Nature Museum），博物館的標誌：一片立起來的西瓜、一隻恐龍及一隻貓，灰色毛皮，上有深色斑點。

希瓦一座再平常不過的庭院，隔壁一間狹隘的房子，裡面陳列成排的罐子，浸泡著蛇和青蛙。軟木板上釘著蜘蛛和甲蟲，只不過有些已經脫落，破碎，讓我想起了華萊士。華萊士雖然蒐集樣本供博物館展示，但他一反簡約主義者（reductionists）瞭解世界的方法，不贊同他們將機制與意義、概念與內涵、頭腦與心靈截然二分的二元論。一如達爾文，我們全都被教導成為一種機器，輾磨出來的是一種專一取向——基本上，與自由流動形成對立，而我心之所向，則是要成為一個多元的探險家。但相較於前輩博物學家的暗自傷感，或我自己在實驗室裡不快樂的吶喊，這條路走起來的風險更大。偏狹的專業化使蘇聯的工程師建造了灌溉沙漠的溝渠，但也讓他們無視於他們的建設所帶來的後果。裏海的生態崩解？沿海生活圈的社會崩壞？「抱歉。」他們說：「那不是我們的專業。」

任何事情，如果將之孤立起來，我們能學到什麼呢？唯一的結果就是標籤化，而標籤，省略掉的多於告知的。某些事情，一旦冠上「邊緣」之名，我們也就將它定位，這時候，明明是野草，卻硬說是野花，荒地硬說成荒野，至於奴隸，在古代的希瓦，則是指你我這樣的人。希瓦城的泥牆迷宮到處都是壁龕，近在一個世紀前，還是展示奴隸的地方，而博物館裡陳列的生物，在我看來，並無異於將生命分類及物化，把一個有生命的整體貶為零件或奇珍異玩。同樣地，博物館裡，一個大罐子裝著一個胎兒泡在福馬林裡，我搞不懂在幹什麼。上面的標籤說這個樣本是「一個無腦（brainless，寫錯了，應是『未出生的』〔bornless〕小孩）」。

在烏茲別克，我們紮營的地方，梅莉和我都給取了名字：傷臀營、汗斑營、沙漠雨營、不能再吃燕麥粥營。梅莉不得不把營養豐富的燕麥粥停掉，但有一天醒來，我實在受不了了。五個月來，每天早上都是以濃得化不開的粥糊開始，但這會兒，再多的糖、奶粉或飢餓感也救不回來我的燕麥粥。改喝即溶咖啡，很快就餓了，每當汽車和卡車對著我們按喇叭，道路工人及人們在我們騎過時吹口哨或喝采，都弄得我特別容易生氣。但大家其實都很友善，所以我也好玩地笑著揮手，但要答的禮實在太頻繁，道路品質又差，我根本不敢放掉死抓著車龍頭的手才作罷。

「我們還是不要每個喇叭、口哨或喊叫都揮手回應的好。」停下來休息時，我咕噥著對梅莉說，以為她會附和贊同。

「才不，就是要。」她說，悶悶不樂。

看著我的朋友。只見她一張臉又是塵土又是防曬油，糊成一團，一身汗水淋漓，一副滾水活煮的模樣。汽車和卡車駛過，興奮地按著喇叭，我們沒好氣地坐著，不發一言，誰也不揮手。我把手臂撐在光著的膝蓋上，但滑掉了，防曬油加上汗水，太過於滑溜。

「欸，怎麼不揮手了？跟每個人揮手呀？」我忍不住開口，沒話找話說。

久久不說話，賭氣。「因為我累了。」

中亞，什麼東西都烤：土地、我們兩個，還有，謝謝上帝，食物。我們還能保持清醒，保持胃口和勉強的友善，多虧了路邊的卡車休息站，走到烏茲別克東邊這一頭，這變得多了起來，菜單油膩美味。每天下午，不進帳篷烤箱，我們都到這類地方小睡，梅莉暱稱為「娃娃圍欄」。窩在人工絲絨枕頭和毯子裡出汗，有多少人曾經和我一樣，蓋在裡面出過汗，我盡量不去想。整天蹲那裡，煎蛋或番茄黃瓜沙拉，點了一盤又一盤，每盤都帶來一陣蒼蠅旋風。真希望能夠和馬一樣，只要抽動身體某個部位就可以趕走牠們。梅莉驅蠅則是做餐後瑜珈。「體操耶！」一老者經過，讚許地說。

儘管有蒼蠅，棚子裡涼風徐徐，勝過我們的亮亮蟲許多。靜靜躺著，慕天地之倒懸。雲在蒼穹，自顧自書寫著象形文字。光在樹間尋路，枝枒繞著彎子找太陽。有鳥築巢，口中叼啣草葉，才放下，風便吹走。打發時間，聽播客（podcast）的《紐約時報》小說，約翰・契佛（John Cheever）的〈泳者〉（The Swimmer），講的是一個男人在游泳池裡朝聖，居然和逆風騎自行車穿越烏茲別克一樣痛苦，無法理解。「日子美好，他活在一個豐裕的水世界，看似受苦，不失恩慈。」讀之，泫然欲泣。

只有到了布哈拉（Bukhara）——已是數天之後——才碰到一汪像樣的水池，水色翠綠，水源來自一口自流井，有個契佛的同好剛要開始他的追尋。這個絲路城市，所有的池子晚上看起來都一個樣，不過不是因為水藻，也不是高含鐵量，而是這些綠色亮點都座落舊城（Old Town）附近——原因不明——為古老的泥城牆添一絲活力。黃昏，雨燕掠過橫樑，轉眼變成翡翠，幾個小男孩騎著自行車，沒有負載，令人羨慕，投影牆上，其色微青，有如戲偶，或單輪騎，或甩尾，映在牆上，影亂變形。其中一個險些掉落溝渠；城中溝渠呈放射狀，讓我想起帕希瓦爾．羅威爾（Percival Lowell），二十世紀初，宣稱他看到了火星上的「供應管道」（arteries of sustenance）。這位美國天文學家看到這顆紅色星球上有一束長長的直線（實際上並不存在），誤以為是火星人建造的一套系統，將水從冰凍的兩極調運至赤道城市。羅威爾甚至引用達爾文理論支持火星上有外星生命存在的說法，他的論證是，地球上既然演化出了有智慧的生命，隔鄰的火星為什麼不行呢？但華萊士不同意，為了反駁羅威爾，他還寫了一本書：《火星可以居住嗎？》（*Is Mars Habitable?*）。他辯稱，火星太冷、太乾，條件惡劣，根本不適合進步的文明，就算真有小綠人存在那兒，為什麼會建造這樣不實際的渠道系統，讓大量的水流失蒸發呢？同樣的問題也可以用到烏茲別克的灌溉上。沒錯，為什麼有智能的生命竟造得出這樣一個不實際的渠道系統，可以吸乾一個活生生的海，在沙漠上種植世界上最耗水的作物？

薩根深信：「如果只有我們，未免太浪費空間了。」我完全認同。但我也認為，外星文明從未跟我們有所接觸，因為，經過極長時間的仔細觀察，他們確定我們這顆行星並不存在智能生命。梅莉和我再度在烏茲別克火燒的地獄裡騎車上路，就親身驗證了這個結論。途中碰到一條灌溉渠道，我們和衣躺到裡面，安全帽也不脫，完全不在乎那水根本就是一灘混合著肥料及殺蟲劑的化學水，也不顧水泥岸上一具發臭、脫水的牛皮，仍然包著顱骨，十足一具原尺寸的毒標本。

但撒馬爾罕（Samarkand）壯麗的圓頂與塔樓起碼證明了人類的智能與創意，只不過你還得假裝不知道它們都是帖木兒汗（Timurlane）的奴隸所建造的。帖木兒，成吉思汗的繼承人，殺人魔王，一肩一膝癱瘓，人稱跛子帖木兒，卻未能阻止他在十四世紀時建立一個帝國，幅員西起土耳其東至印度——統治期間切斷歐亞之間的洲際貿易路線，終結了絲路的光榮歲月。儘管屠殺百萬之眾，並以其骷髏建造金字塔，惡名昭彰，這個游牧戰士攻城掠地，卻寬待城中的藝術家、織匠、玻璃師傅、作家及其他工匠藝人，使他們得以獻力榮耀他的都城撒馬爾罕，使其名至實歸。伊斯蘭．卡里莫夫則以小帖木兒自居，要我們全都知道這個烏茲別克總統的領導風格。至於帖木兒，並非烏茲別克人，而是突厥—蒙古人，卻被指派成了烏茲別克國的神話創建人。悍然不顧今天的烏茲別克實是一九二〇年代由蘇聯一手打造，而布哈拉與撒馬爾罕傳統上均為塔吉克的城市，因蘇維埃專斷的邊界劃分才納入烏茲別克的事實。

塔吉克的觀光業凋敝，全都要歸咎於邊界問題，因為，中亞所有的絲路歷史景點中，布哈拉與撒馬爾罕吸引了最多的遊客。在這兩個城市，短短幾分鐘內，梅莉和我所見到的外國人，多過我們過去六個月在絲路上所看到的，只不過，對於我們，他們卻都假裝沒看到。多數年歲稍長的，多數是法國觀光客，根本連正眼都不瞧我們，只顧著尋找他們一頭鑽進了地毯店裡的丈夫或妻子。這一類的觀光客很好認，多半都是休閒褲，乾淨服貼。至於自行車遊客，也不難辨識，浣熊眼的褐色太陽眼鏡，衣著邋遢，舉步維艱，一副太空人重新學走路的模樣。至少我自己就是這樣跛著腳在逛撒馬爾罕，驚嘆於那些瓦片、曲線、鑲崁，竟然如此想像無限，眼光無限，縱使這個城的建造（及重建）只是在榮耀一個神，榮耀一段歷史。在我看來，地圖之為物，也是在暗示同樣的無限，眼之所見，雖然只是一條路、一個國家，但實際上卻是無數，各以些微差異向每一個旅行其間的人揭露其自身。國家向真理借來的，到了明天，就還了回去。

撒馬爾罕雷吉斯坦廣場（Registan）庭園，群鴿咕咕，三所無與倫比的伊斯蘭學校穿越世紀相互凝視，綠松石瓦光滑的穹頂，青草滋生。附近街道上，一群男子，頭戴瓜帽，聚在一棵桑葚樹下，緊緊扯住一塊布的四角，高高樹上一小男孩搖晃枝條，桑葚果實有如雨下，下頭不乏指指點點甚至爭論，無非要男孩搖晃哪一根枝條，來一場最甜蜜的暴雨。男人們拿著布來回接取白色桑葚，一如數千年來撒馬爾罕人之所為，紀元四世紀以來，桑葚樹便在這裡種植，其葉子則是蠶最喜愛的食品。男人輕輕將收穫傾入碗缽，但裡面的桑葚看起來卻令人作嘔，有如搗爛的幼蟲或蠶蛹。蠶蛹濃縮劑有助快速生長，很早就有人建議，可以做為太空長期任務的蛋白質來源——看來這理由是說給地上的人聽的。一小男孩給我一粒白桑葚試吃，我有點猶豫，還好嘗起來並不像是幼蟲。

前往烏茲別克首都塔什干（Tashkent）的路上，桑葚樹越來越多，沿途鄉村愈見興旺。每一塊可耕地上，紛紛冒出作物、動物或社區，要找一處地方營宿更加困難。一天晚上，在一塊工人彎腰忙碌的田邊停下來，問他們可不可以紮營，他們不置可否。滿以為這就是首肯，於是在田畦間找一塊空地，十幾個男孩女孩跟隨而來，排成長長一列，咯咯笑著看我們紮營。紮帳篷時，他們倒是挺有興致，但一開始煮水泡麵，便覺無趣，紛紛散去。

日落時分，光線為田野塗上一層蜂蜜，使乾草散發溫暖氣息。晚餐後，天色漸暗，梅莉和我鑽進帳篷，由於炎熱依舊，睡袋無法睡，只能躺在上面，剛要入睡，恍惚聽到腳步聲。馬上醒過來，傾聽，卻只聽得蟋蟀聒噪、汽車路過、遠處犬吠、母牛低沉哞叫——全都是可以歸之為安靜的聲音。接著，又聽到更多腳步聲，夾雜隱隱耳語。我戳一下梅莉，感覺到她驀然警醒。我們等待，彷彿水聚成滴，黑暗沉沉，醞釀各種可能。無有動靜⋯⋯一直無有動靜，然後，一陣猴哮、牛哞、狗吠、狼嚎，接著被咯咯笑聲打斷。

我們保持安靜，但一如往常，梅莉忍不住了。「BEEF AND NOODLES!（**牛肉麵**）」只聽到她猛然大吼，弄得孩子們樂得尖聲大叫，笑著跑開，喊著：「beefandnoodles, beefandnoodles」一口外國音節，唸經一般，反反覆覆，一路回家去了，至少，我們再也聽不見，更何況我們自己也已經笑翻了。又一個絲路的夜晚，寧靜止息於田野，蟋蟀又唱起牠們難解的咒語，將草葉幻化成露珠，催我們入眠，在星星的煙靄之下。

09

河的源頭

帕米爾山結

The Source of a River

Pamir Knot

關於絲路，馬可波羅所言多有誇大，但對於旅途上的艱難，他則輕描淡寫，倒也功不可沒。這位威尼斯商人行至波斯一處沙漠，遇匪打劫，他的報導絕不加油添醋，用第三人稱：「黑暗中，馬可波羅險些遭這些人擄走。」他成功逃脫，但同伴不是被殺就是被賣為奴隸。而在絲路上他也好不到哪裡去，由於生病，咬牙苦撐。到了巴達赫尚，今之塔吉克與阿富汗接壤，馬可波羅說——還是用第三人稱——「他仍然生病，拖了一年。」

在塔什干，烏茲別克首都，我開始發燒，再也逞不了強。「我看，我要掛了。」沙啞著喉嚨對梅莉說，彷彿含著鐵絲網漱口。我懷疑這是幾天前在中國大使館排隊等候的結果，排前面的男子不時爆咳吐痰。當時心想，這大概是為了中國觀光簽證必須要付出的小小代價吧，因為，面對絲路，這是僅存的官方障礙，過了，就可以不必再次非法偷跑進入西藏。換句話說，接下去，只要偽造的住宿證明不被抓包，我們就出了烏茲別克。燒是什麼時候退的，我也說不上來，總之，騎向邊界時，世界又開始運轉。眼看官員對我們婚姻狀況的興趣遠勝過住宿證明，但人實在太累，並不覺得鬆了一口氣。

進入塔吉克，看到第一棟房子我們就停下來，希望在院子裡找個地方紮營。一男子，臉刮得乾乾淨淨，眼睛核桃褐色，前來應門，刷白的灰泥建築，說他名叫波波。天氣雖熱，只見他一頂白色圓帽，一身清爽潔淨，腳底涼鞋啪啪有聲，帶我們去到一處可以紮營的草地。我恨不得馬上鑽進帳篷，波波卻邀我們去他家用餐，連開口說話都懶，我沒拒絕。

一路上，波波喃喃重複我們的名字：「凱特莉娜（Katerina）、梅莉莎（Melissa），凱特莉娜、梅莉莎。」進得屋裡，意外地陰涼宜人，他的妻子擺上兩塊墊子，旁邊是麵包，相疊有如碟子。然後，又拿出幾個碗，從裡面盛的東西來看，鬆鬆散散，應該是帶軟骨的肉。但叉一塊到嘴裡，卻是番茄和黃瓜。剛以為用餐已經結束，只見他妻子又端出一道主菜：堆得有如金字塔的 *plov*，米、肉和胡蘿蔔混合的油飯，塔吉克人及烏茲別克人的國菜。象徵性地吃幾口，躲回睡袋裡，睡了一整天。

第二天早晨，無論肌肉痠痛、喉嚨發炎及頭痛，自以為都比前一天大幅改善，但才騎一個小時，我放棄。樹底下，躺在我的 Therm-a-Rest 牌的睡墊上，憋住眼淚，汗流浹背，有時候，覺得身上有螞蟻爬過，有時候，害怕真的是螞蟻。一兩個小時後，梅莉催我上車，騎了好一段距離，才碰到一戶塔吉克農家。又一戶熱心接待我們的人家，但家裡太吵、太熱，蒼蠅成群，我倒寧願是螞蟻了。一台電扇吹著，滿室熱風，一年長婦人，有可能是盲人，手拿電蠅拍，四下盲目揮動，每觸碰小蟲，便甩出一陣閃光。儘管累得要死，這種隨機的噪音，加上電視，弄得我無法入睡，眼看電視關了，外頭狗吠卻來擾人。整個晚上，我先是穿著衣服用院子裡一根水管把自己淋一身濕透，然後，在水蒸發乾後的涼意中小睡，直到再度熱醒，外出重回日常。

第二天早晨，病體未癒，梅莉接洽一輛共乘吉普車前往杜尚貝（Dushanbe），塔吉克首都，去看一位會講英語的醫生。一路上別無所記，只記得震天價響的鐵可諾音樂（techno music），每一記低音都重重撞擊我腦殼。坐我旁邊的老人全程沉睡，腦袋像個漏氣的球，不時甩向我，因為路況實在太險，每個急轉彎都點綴著汽、卡車殘骸。

醫生的英語不如我想像的流利。檢視我的喉嚨，一臉疑惑，然後在一張紙上匆匆寫下一些東西。「我為妳開了一些有益的藥。」口氣不甚篤定。按照處方藥劑師給了四份藥水和藥丸，每天不同時間服用，為期一個星期。在杜尚貝的客棧，我們在院子紮營，因為比房間便宜，梅莉Google了處方箋以確定其有效無害。搜尋結果，銀色硝酸鹽在西方極為罕用，因為可能導致嚴重腸胃炎，結果可能致命，至於Dexoral，在多數國家則是獸醫用藥。Cipfast是環丙沙星（ciprofloxacin），比較通用的名稱是cipro，一種用來治療多種細菌感染的抗生素。至於Traclysan，無法找到任何資訊。把Cipro服了，其他的丟一邊，我去睡覺，感覺像是一個星期。

終於，我爬出帳篷，覺得精神不錯，還能訪問政府部長談塔吉克的荒野保護。這是我們來杜尚貝的主要目的，說起來，這次走訪對我的痊癒還頗有幫助，因為這中間包括許多時間的等待，療癒效果有如臥床。梅莉和我預定的會晤時間說好是下午兩點，部長十分客氣，答應派車來載我們。等到三點，車還沒來，我們打電話問計畫是否改變，唯一的回答是「快了」。又等了一個小時，再打電話，答案還是：「快了，快了。」一個小時後，車子來了，司機跟我們一再保證「兩分鐘就到辦公室」。穿過杜尚貝樹木成排的街道，多次停停開開，原因不明，二十分鐘後，終於抵達部長辦公室，但除了奉茶並被告知還要再等外，別的都沒有。

我們很快就學會，這一類的外出場合都會帶著電子書，並花時間重讀魯米（Rumi）。魯米出生於塔吉克與阿富汗接壤地區，後來曾在伊朗度過並曾定居土耳其，所有這些國家都說這位詩人是自家的，諷刺的是，一部魯米全集其實就是在抗議邊界，並強烈呼籲揚棄權力、財富，以及民族國家通常所看重的一些東西。「何者更有價值，成千上萬群眾，還是你自己的獨處？」魯米問。「自由，還是統治整個國家的權力？」我懷疑專制的塔吉克總統讀過魯米的詩，為慶祝這位詩人八百歲誕辰，塔吉克政府發行了一枚魯米像的硬幣，其悖理於此可見。

悖理也罷，恰當也罷，在所有前蘇聯國家中，塔吉克是最貧窮的一個。這個國家卻還洋洋得意宣稱山羊多於人，山地多於平地，超過半數國民所得來自國人赴外工作寄錢回家。令我驚喜的卻是，這個國家的百分之十七受到塔吉克國家公園的保護。可悲的是，這個統計數字虛有其表。由於缺乏經費，沒有足夠的巡守員有效執行保留地的保護，多數無人監管地區淪為毒品運銷及非法盜獵的理想管道，包括馬可波羅大角羊及行蹤隱密的雪豹。梅莉問一位部長，國家公園每年遭到盜獵的野生動物大約多少，只見他對傳譯說了些什麼，不足為外人道吧。

「沒有盜獵，沒有統計——很難說。」她冷冷地說。

儘管塔吉克缺乏資金，無法在國家公園建造堅固的圍牆，或強力執行罰則，政府卻變魔術般拿出數百萬美元，建立了世界最高旗桿（數年後降為世界第二高，比沙烏地阿拉伯的低二十五呎）。

「樂觀主義是我們的傳統。塔吉克人都這樣。」當我提出這樣離譜的事情時，傳譯小心翼翼，沒有翻譯我的問題。

「他是樂觀主義者嗎？」我問，朝那位部長努了努下巴。只見他皺著眉頭正喝茶，腳輕拍著地上，不耐煩的神色。

「不，他比較像哈薩克人。」傳譯承認。「悲觀主義者。」

但只要提到騎車穿越帕米爾高原，塔吉克人似乎就成了悲觀主義者。「那裡非常極端。」另外一位部長警告我們。「非常極端。那些山嶽，妳無法呼吸。」地球上三座最大山脈——興都庫什（Hindu Kush）、喀拉崑崙（Karakoram）及帕米爾（Pamir）——在那裡匯聚，地理學家稱之為帕米爾山結（Pamir Knot），在地人稱為Bam-i-Dunya，波斯語，意為「世界屋脊」，連最底的谷地都高於北美洲最高峰，即便盛夏，溪流仍見浮冰，與西藏高原同名，當之無愧。但彼之極端，於此卻是恰好，一如野蠻是相對的，或許文明也是。騎自行車穿越沙漠峻嶺，連續好幾個月，一路歷經不同強度的雨淋、日曬、冰雹、飛雪？合理。在六樓高的無菌實驗室化學分析等同於類固醇的細菌？非常極端。

很明顯地，我好多了。幾天後，騎上杜尚貝街頭，所有的一切，混亂的交通，坑坑洞洞，塔吉克有如警笛般的汽車喇叭，驢嘶，腳踏車鈴聲，叫罵聲，電視上消音的粗口，無不讓我心曠神怡。到了城外，道路半融化狀態，黏度有如瀝青，但長時間休息之後，我彷彿脫胎換骨，縱使強力黏膠，自信也能一闖而過。如此這般，大約持續了一個小時。當城市逐漸遠離，汽車喇叭聲漸消，我的能量也漸弱。在一農村休息，馬上引來了一群小男生。

可他們有興趣的不是我們而是車子。幾個小傢伙高談闊論，談著排檔的大小、數量及車籃的容量（我是從他們的指指點點猜想的），又擔心路過的汽車會撞到停在路肩上的車子，經我們同意，將車子推到比較安全的地方，十分留心在意，將車子維持著他們第一眼看到的狀態，甚至連梅莉鼓鼓的背包也一併靠著後輪放妥。幾個小時之後，第二次休息，另一群小男生，朝附近一棵樹上丟擲石頭打下杏子，殷勤地送來給我們。果實異常甜美，難道是因為那是禁採的？只見那群孩子，幾個人攻擊那樹，另外幾個則負責把風。終於，孩子們石頭丟擲杏子累了，開始互相投擲。我們叫他們戴上我們的安全帽，這一來，他們愛到不行，因為就算被打中也渾然無事。

道路從柏油路變成石子路又變成柏油路。溫度從炎熱變成酷熱。穿過一座橋樑，橋上有管子破裂，清涼的水噴射而出，噴至路上，噴到我們身上。這天外飛來的淋浴讓我們一鼓作氣登上一處隘口，俯瞰雷努克水庫（Nurek Reservoir）全景。水庫狀似浴盆，一汪碧水，水位低於平常，露出一緣鮮亮紅土。水壩建於蘇聯時期，攔截瓦赫什河（Vakhsh River）河水，供水力發電與農田灌溉，同一條河上，另外一座更大的發電廠正在興建——令地處下游的烏茲別克惱怒不已。塔吉克真正的財富是地心引力和水：帕米爾群山集雨收雪，儲於冰川，融化為河，有如生命之流灌注乾燥的中亞，其中包括琵亞尼河（Pyanj），古名歐克瑟斯（Oxus），下游即是阿姆河，一個多月前，在烏茲別克，我們就曾騎車經過這條河上的一座橋樑。

舊地圖上——至少我們帶的絲路地圖就是如此——這條河仍然注入裏海，已經無法反映今天的缺水現況。那天晚上在帳篷裡，埋首於等高線間，手指循著這條河的藍色曲線，從烏茲別克沙漠進入塔吉克，由此，有一條路傍河而行，始於東邊的山腳，蜿蜒而上，穿過帕米爾高原。塔吉克與阿富汗的邊界沿河標示，從地圖上看，有一高山湖泊，名叫佐庫里（Zorkul），河流沒入其中，是塔吉克與阿富汗唯一可以肉眼辨識的分界。換句話說，這條河循著一條邊界到了自己的源頭。

花了一個星期，我們才抵達這裡。一路上，青山起起伏伏，有如一勺勺的薄荷冰淇淋，途中經過一個蘇聯時期的舊巴士車站，站棚下待著一頭驢子。一旦進入中亞，那就表示我們用不著趕路了，塔吉克大方地給了我們六十天的觀光簽證，足夠來回這個國家兩趟，換句話說，我們可以好整以暇迎向絲路。塔吉克的西半部，一路走來緩慢、炎熱，地平線罕見。一段磨人艱辛的爬坡之後，進入天空較涼的層面，途經懸岩峭壁，其色鮮紅，岩石有如淌血，到了這裡，再度與傳說中的歐克瑟斯河重逢。

車輪之下是塔吉克，對岸是阿富汗，周圍群山環繞，有如手掌作杯狀高舉，河水自其間下奔有如獻祭。群峰參差，將陽光紐絞成潔淨的光束，照亮一個又一個世界。沿琵亞尼河而騎，像是自黑白進入彩色。幾個小時下來，走過寸草不生、岩石嶙峋彷彿生機蕩然之地，然後，轉眼間，但見綠意綻放，一小溪銀光閃閃躍下山坡。村落傍隴畝，小麥田大麥田有如拼圖，石屋石牆座落其中，櫻桃杏樹成園，桑樹叢叢，只不過後者在這裡，其價值並不在於作為蠶的飼料，而在於漿果本身的營養。

俯瞰村落的山巒，阿富汗境內的都比較高，也比較尖銳，有如劍之利刃——如此風景，彷彿手指過處便將皮破血流。但話又說回來，在塔吉克這一邊，我們卻看到了更多衝突的證據。軍事瞭望塔大剌剌矗立琵亞瑟河上，河岸上散落草綠色裝甲車，繡色斑斑。沿路的標誌，畫著人腿炸飛的卡通，警告此為脫離蘇聯獨立後塔吉克內戰時留下的地雷區。我們盡量待在路上，避開地雷，甚至連路邊小解都不敢，同樣地，營宿也都找人家的庭園，但說實在的，塔吉克最危險的莫過於天候。一天下午，梅莉和我正騎在一段毫無遮蔽的路上，暴風來襲，我們只得縮到一處懸崖下方，等待風頭過去。但見雷電鞭擊群山，冰雹臼齒大小，打在金屬桿上，其聲有如牙齒格格作響。冰雹風暴過後，豪雨傾盆，沖刷我們上方的山坡，土鬆泥散，岩石轟然滾落路上。暴風一過，天地隨即恢復平靜穩定，我們重回路上再度踩踏出發。不出幾秒，一塊岩石，大如人頭，與梅莉擦身而過，勢若奔雷。

一天下午，我們看到一處宜人的營宿地，隱於山腰一堵低矮石牆後面，群樹遮蔭，有陳舊小路可通。心想既然有路，應該就不會有地雷，於是推車上山，準備在牆後小睡，等天色暗下來再紮營，以免被人看見。約一個小時左右，聽到聲音，趴到牆上細窺，路上有六、七個人，迷彩裝，帶槍。

「要不要讓他們知道我們在這裡？」我小聲對梅莉說，不想驚動了塔吉克巡邏隊。但為時已遲。一個士兵看見了泥巴路上我們自行車的痕跡，眼睛順著車轍落到我們正窺視他的牆上。

梅莉和我二話不說立刻站起身來，大聲打著招呼，揮動雙手，希望表現出友善的姿態。他揮手示意我們下去。

士兵們出奇地年輕、高大、生嫩。我們比著手勢說想在這裡紮營。一開始他們一致點頭同意，但彼此商量之後，又改變了主意。其中一個指著阿富汗那邊，模仿有人游泳過河，然後拿槍瞄準。河岸僅有擲石之寬，但水勢湍急，泡沫翻騰，很難想像有人過得來。士兵堅持要我們回去之前我們經過的小鎮，鎮上有一客棧，但卻得往回騎兩哩，一段可怕的、山勢起伏的石頭路。

我寧願往前騎十哩也不願再回頭走兩哩，但太陽正落山，別無選擇。士兵看著我們把車子整理好，推下去回到路上，然後費勁地騎上第一個陡坡。抵達村莊，結果竟說並無客棧，但有一好心人家，看起來有點怪怪的婦人接納了我們。一個女兒，大約我們年紀，經常咯咯笑著，卻不說話。另一個女兒稍微大些，一眼失明有眼翳，從來不笑。我們幫忙擠犛牛奶，扯著乳頭全然無用，徒然樂了看熱鬧的人，兩個女兒接手，三兩下就白泉入桶。

家裡面，深紅花卉圖案地毯不只鋪地板，連牆上也是，你彷彿可以走上去。天花板原木橫樑漆松綠色，中間鋪以未經加工的板子。燈泡沒有罩子，懸吊樑上，閃爍不定，窗台上植物茂盛，看來備受照顧。金屬爐子作箱形，架在石頭與木頭上，總覺得不穩當，偶爾有火焰自爐門絞鍊處竄出。母親——富泰，熱情的婦人，胸部實際上下垂進了口袋——放一壺到爐上，我偷偷掀起地板上的地毯打量，是油地氈，作大麥色。

晚餐吃自做的麵包，配奶油和新鮮黃瓜，母親在一片紙上仔細寫下手機號碼遞給我們。我從日記本上撕下一頁，把我們的給她，儘管塔吉克這個地區根本無法接收，就算收得到，我們也不懂彼此的話。

數百年前，琵亞尼河兩岸在政治上同為巴達赫尚（Badakhshan）的領土，信仰上為伊斯瑪儀派（Ismaili）穆斯林，由不同的酋長國統治。十九世紀末葉，在英國與俄羅斯爭奪中亞與南亞領土的大博弈（Great Game）中，才有了今天分割此一地區的分界線。當時，英屬印度（British India）管轄的喀布爾酋長國（Emirate of Kabul）將河東岸割讓給俄羅斯保護國布哈拉酋長國（Emirate of Bukhara）。邊界建立之後，將近一個世紀，琵亞尼河兩岸仍然貿易來往不斷，直至一九七九年蘇維埃入侵阿富汗，一九九〇年代塔利班（Taliban）崛起，以及一九九二年塔吉克爆發內戰，邊界日益軍事化並缺乏流動，整個情況才為之丕變。家人兩岸分離，同一水中洗衣，舟船卻禁止往來。

沿著這條分隔線一路騎下去，我不禁覺得迷惘。塔吉克這邊的路，雖然不好走，但多少都有鋪設路面，我們留宿的家庭，有些還晚餐配電視。但河對岸的阿富汗，卻有如隔著好幾個世紀，石屋村莊入了夜就黑暗下來，沒有道路，連可以稱為路的路都沒有，只有驢子走出來的小徑通至河岸。有幾個早晨，我看到阿富汗女孩，一身簡單的靛藍袍服，行走這些小徑，大概是到鄰村去上學。只見她們遠遠看著我們，好奇？驚訝？同情？由於臉遮著，我們說不上來。

即便是塔吉克人，也不常看到外國人騎自行車。在一小鎮，一位年輕母親在溪中為孩子洗澡，小男孩看到我們騎過，興奮地追趕，光著身子只穿拖鞋。這讓我想起北卡羅萊納大學，每當學校籃球隊凱歸，學生都會半裸上街，掀翻車子，跳越火堆。運動的勝利不可能激起我這樣的狂喜。對我來說，要我欣喜若狂上街裸奔，除非是太空總署宣布發現外星生物這一類的事情──基本上，那小男孩追著我們跑，大概就是這樣吧。只見他直盯著我們，目瞪口呆，直到他母親過來抓他回去。

幾天之後，碰到兩姊妹，同樣令我們驚訝不已，只不過她們卻是衣衫整齊，一身色彩豔麗的圖案連衣裙，看起來像是特長的襯衫，年紀約在十到十二歲之間，一個褐色鬈髮，另一個黑色直髮，我們短暫停下來打招呼時，兩個人正在路邊玩耍。但見她們突然使出渾身解數，我們也就留下。首先，照例是唱歌跳舞，兩姊妹大聲唱著，不斷旋轉，直至暈頭轉向，明顯有點鬧著玩。接下來，是帶我們參觀她們的娃娃屋，用瓶子和一些廢棄不用的東西蓋出來的，很花了些心思，一棟想像的豪宅，座落她們家院子的邊緣。我們正要轉身離開這件藝術品，兩個男生溜進來，順手拿起其中幾樣東西，不懷好意地丟向女孩。梅莉追上去，拿水瓶噴灑他們，弄得兩個男生哇哇大叫，一副害怕的樣子，逗得兩姊妹開心叫好。然後，兩個女孩和我們自己打起水仗來，正好消暑解熱。

好一個純粹遊戲的午後，沒有目的，不趕時間，不需要翻譯。女孩的母親提議我們在他們家院子紮營，兩個小女孩可樂了，帳篷才一搭好便衝進去，拿掃帚打掃起來，然後把 Therm-a-Rest 睡墊充氣，攤開睡袋。那天夜裡，兩姊妹戴上安全帽及太陽眼鏡，穿上我們的自行車裝備，看起來比我們更像大壞蛋。我們又用腳架撐起自行車，讓她們騎上座墊，儘管腳搆不到踏板，她們假裝騎車，學會了左右搖擺做出揮鞭式曲線，輪子揚起灰塵時要瞇起眼睛，高速衝刺時俯身伏在龍頭把手上。

海拔較低處，琵亞尼河閒步而流，彷彿一個不急著趕路的人。到了比較高的地方，河道變陡變窄，河流卸掉了淤沙，變成靛藍，阿富汗也一吋一吋地更加靠近。急流沖壞道路時有所見，岩石或水泥板塊如鹽般溶解，為避免逐波而去，我們只得繞開。群山參差，四處拔地插天，使得小鎮霍羅格（Khorog）有如含在食人魚的口裡。到了那兒，在一家在地印度餐廳停下，門口一幅巨大海報，印著我們放大的畫素畫像，歡迎我們到帕米爾——其實是歡迎我和「Mellisa Yue」。

一個朋友的朋友，阿濟茲．阿里，知道我們要經過霍羅格，特別為我們辦了一場歡迎派對。來自巴基斯坦，現住阿富汗，在帕米爾的塔吉克邊界做社區發展工作，阿濟茲．阿里為人和善，膚色黝黑，臉頰團團，講話有如唱歌，語句間似有音樂。他發表了一篇長長的歡迎詞，裡面頻頻出現「完完全全」一詞，很是可愛，譬如：「我們聚在這裡歡迎這兩位加拿大女性從加拿大騎到這裡完完全全靠自己的力量！」如果這還不足以讓我們臉紅，他們更為我們獻上玫瑰花束，送我們極美麗的帕米爾項鍊，由紅、白、黑色珠子串成，做工精緻，使我們邋遢的T恤也優雅起來。

晚餐大約有九個人，其中一位男士，坐梅莉對面，不斷來來回回看著海報和我的搭檔。「Yue 這個姓很怪。」他大聲說出心中所想：「聽起來像是中國人，但妳不是中國人，不是嗎？」

一桌子的談話停了下來。大家都好奇地盯著梅莉，等著她解疑。

「呃，哈哈……」她有點猶豫，想要委婉地指出是字拼錯了。「你們知道的，也沒什麼啦，我的姓其實是 *Y-u-l-e*。」

大家全都嚇傻了。結果證明，說真話也要看時間和場合，這在絲路是不常有的——當一個三十來歲的民族植物學家，名叫穆妮拉，也在歡迎派對中，問我們一個問題時，又進一步證實了這個教訓：她問我們的自行車要花多少錢。我們說，我們的車是訂製的，是鈦金屬旅行自行車，實際上是自行車公司免費贊助。於是，她又問，如果是用買的要花多少錢。

「嗯，大約五十美元吧？」

「沒錯，差不多那麼多。」梅莉很快應和。

穆妮拉睜大了眼睛。後來才知道，即便是這樣大幅地壓低了價格，但那還是比她在帕米爾生物研究院（Pamir Biological Institute）一個月的薪水還多，這個研究機構儘管是塔吉克頂尖的科學單位，卻沒有網際網路連結，沒有足夠的實驗和辦公空間，沒有訂閱最新的科學期刊，沒有經費讓穆妮拉和同事出席會議與邊界的科學團體接觸——總之，我在麻省理工擁有一切資源，而這裡，一無所有。

我想到幾天以後的一次交談。在達爾夏村（Darshai），認識了一位地理教師，心智活潑旺盛，對他狹隘的生活天地來說，似乎太過於遼闊深邃。穆巴拉克．蕭雖然會講些英文，談起晚餐的菜餚，我們卻搞不懂他在講些什麼，於是他用畫的：一隻陷阱裡的長耳兔（梅莉現在已經成了個「中亞素食者」，也就是說人家給什麼她就吃什麼），換句話說，用過了複雜的前菜——新鮮麵包、煎蛋、甜奶茶和滿滿一碟餅乾及糖果，在塔吉克，甜點往往都在正餐之前——接下來我們吃的肉，是兔肉——夠勁，耐嚼，但美味。用餐的時候，穆巴拉克把他精通廣博的世界知識展露無遺，無論怎麼考他，無不手到擒來：加拿大的大湖，如蘇必略湖、伊利湖，美國的河流，如密西西比河、密蘇里河，如數家珍。談到亞馬遜叢林部落，模仿吹笛狩獵維妙維肖，並用畫的描述北極凍原、圓頂冰屋及鯨油燈。接下去，袋鼠、鯊魚、大象及眼鏡蛇輪番上陣，以及所有喜馬拉雅山的主要高峰，從埃佛勒斯峰到洛子峰（Lhotse）到安娜普納峰（Annapurna）。

住在這樣一個偏遠的塔吉克村莊，就我所知，沒有圖書館，沒有網際網路，我問他，所有這些他都是怎麼學來的？但穆巴拉克聽不懂我的問題，儘管他的英文令人印象深刻，但很明顯地，只限於對這個世界的學問——所有地方都在他的心裡，唯獨塔吉克例外。「佐庫里湖跟馬丘比丘（Machu Picchu），比較一下？」當他知道我們去過那裡，驚呼一聲。「宇宙傑作，馬丘比丘，外星人傑作。」

由此看來，穆巴拉克的學問畢竟有所不足：一個星期之後，我們抵達佐庫里湖，那美，美到我差點從車上跌下來。湖色深藍，水漾黃昏，彷彿日頭永遠端坐帕米爾高原，星星自湖裡升起。湖泊所在的谷地，群山環繞，阿富汗那邊，巍峨嶙峋，塔吉克這邊卻是礫石圓坡。谷地雖然高居一萬四千呎，卻完全沒有缺氧的感覺，空氣清新涼爽，充滿驚喜，隱隱有鼠尾草及冰川氣息。騎車時，風解開了我的鞋帶，但還好是吹我後面，推我前進，只不過路況太糟，把多數推力都給抵銷了。有時候，路完全消失，竟是騎在茂盛的草氈上，黃花隨處綻放，紫色地衣作完美同心圓四下點綴。只要湖保持在右手邊，總能找到路，或像路卻又不是路，這反倒是我的最愛：看似有路不可辨，勝過完全無路可循。

從佐庫里，幾乎可以望見我們絲路之旅的終點。過了湖就是瓦罕走廊（Wakhan Corridor），這條阿富汗的細長手指，遙遙指向塔吉克與巴基斯坦之間的中國，在那裡，錫亞琴凌空湧向北印度。冰川就在幾百哩外，一如烏鴉的飛越，騎車也只要幾天而已，但政治的邊界卻意味著要三個多月才能到達。

我想到芳妮·布洛克·沃克曼，她在世時，沒有看到她鍾愛的「玫瑰」失去世界最長非極地冰川的地位（塔吉克的費琴科冰川〔Fedchenko〕以長不及一哩的長度奪冠），也沒看到錫亞琴變成戰爭摧殘的垃圾場，她若地下有知，想來定是傷心。同樣令我傷心的是，我連錫亞琴的冰都不曾看過一眼。我看過的只有朱諾冰原，但那一瞬間，對我來說意義非凡。若不是那年夏天站在冰上，錫亞琴的故事不可能叫我如此著迷，我就無從想像克什米爾一條偏遠的冰川，也就不會只是憑空哀嘆它的蒙塵。相反地，心存一片冰凍的邊界，反而讓我心有所感，關懷起另一片未曾謀面的天地。探險之為物，其最高境界或許就是練就一副比喻（metaphorical）的實力。說到 *Metaphor* 這個字，來自希臘文的 *meta*（在上的）及 *pherein*（攜帶）——凌空攜帶，一種聯想的飛翔，這樣一來，一旦旅行得夠長夠遠，每一座山都會喚醒你走過的另一座山，每一條河都會令你想起另一條河，認識的里程碑夠多了，自會讓你愛上整個世界。

因此，無法旅行時，就沒有言說，沒有世界了？沿著佐庫里湖東岸而行，經過一石屋，屋外犛牛數隻，排便吃草，叮噹有聲。一小男孩看到我們，奔跑而出，但天色已晚，梅莉和我沒有停下來，只是揮手跟他道別，繼續前行，沒料到他卻回敬我們一粒拳頭大的石子，樣子看似鬧著玩的並無惡意，但我們還是賣力踩踏脫離飛石距離，以防萬一。我常想，那男孩內心深處是否有著某種說不出口的目標，譬如某些運氣好生來就自由的人，又或純粹就是一條路走不一樣的人，通往不一樣的地方。梅莉和我自過自己的路，繼續向前，風過處，身後不留痕跡。

不像政治邊境那樣的分明、肅殺——這一頭，塔吉克，那一頭，阿富汗，涇渭分明——生態邊界往往比較模糊，是一塊多元的拼圖：在佐庫里，林木線以上，植被逐漸稀疏，或者，黃昏的短暫時分吸引土撥鼠離開巢穴。這種自然邊境，科學上有個專有名詞，生態過度帶（*ecotone*），由希臘文 *oikos*（家）及 *tonos*（緊張）組成，意思是，既要安身立命，某種程度的不安定是必要的，家不是一個靜止的地方，而是蘊蓄著能量的一種狀態。如果不是用在由政治所建立的固定圍牆上，這個概念適用於生活在帕米爾的每一個生命，從人類社群到馬可波羅綿羊群。雖然我看不到羊群，牠們並非不存在，而是混在巨石之間，完全融成一片，大地與生物合一，羊與移動的群山一體。

「看到了嗎？很多，很多。看那裡。」謝爾蓋喊道。一個飽經風霜的導遊，我們雇來幫我們找羊的。但我們用他的望遠鏡觀看，只看到礫石、天空、雲。梅莉看了一陣，搖頭。怕人的羊群消失在山脊上。

回到謝爾蓋的四輪傳動吉普車，他想要開得靠近些，那就得加速衝上一個土質鬆軟、礫石遍布、雜草叢生的陡坡。眼見輪子空轉，梅莉同情地點著頭。「這由不得我了。」她心有戚戚。終於，謝爾蓋成功上到了山頭，只聽到他歡呼出聲，弄得帖木兒（Timurlane）——他十四歲的兒子——直翻白眼，對他老爸的不上道深不以為然。一個城市孩子，暑假被丟到山裡來，一件仿真皮夾克，藍色牛仔褲，磨損的運動鞋，仿金屬飛行員太陽眼鏡，一副霸氣十足神色，拿一個中亞最兇殘的統治者取名字還真是挺適合。這位帖木兒也頗有政治野心，還好他們都要進牛津，將來做外交官。當我提到我上過牛津時，他眼睛為之一亮，但一想到真情流露未免太遜就閉嘴了，這也由不得我了。

謝爾蓋停下車，朝一個看起來空蕩蕩的山坡揮手。拿起望遠鏡朝他比的方向看過去，看到原以為是巨石的其實是成百上千的綿羊，在地上漫開，有如光，既是粒子也是波，往山上移動，優雅有如液體，令我震驚不已。

「我們可以走了嗎？」帖木兒說，不耐煩到了極點，拿著他花稍的手機一直在玩音樂鈴聲，彷彿那樣就可以接收來訊似的。他父親應該供得起他上牛津，但不是靠梅莉和我這種陽春觀光客，只想拍野生動物，而是靠那些外國的運動狩獵獵人，他們要的是開槍射擊。儘管馬可波羅羊已經是瀕危物種，在塔吉克，獵一對巨大的捲角，外國人付的價錢可以高達四萬美元。諷刺的是，同樣的角，狼或雪豹殺死後棄置，高原上到處都是。「狼丟掉不要的。」謝爾蓋呵呵笑著說，踢著一對泛黃的舊角。「外國佬掛在家裡牆上。」

塔吉克的導遊則是把外國人的照片掛在牆上，至少謝爾蓋的雇主賈爾提．昆貝茲就是這樣，從他家到他的民營狩獵保護區莫不如此。狩獵保護區的閱覽室，木板裝潢，裡面有撞球檯、有連結衛星的大螢幕電視，以及一大面牆，掛滿戰績輝煌的狩獵照片：得意洋洋的男人——我只看到一個女人——面色紅潤，一件臃腫的白色迷彩夾克，跟他們的戰利品合影。照片裡的野生綿羊看起來巨大無比，後來我才明白，獵人緊靠獵物後面，景深效果使得羊角顯得格外巨大。有些照片，公羊齜牙裂嘴作咆哮狀，全然不像羊的樣子，有的卻安詳平和，彷彿剛垂下大腦袋打個小盹。

槍擊是單純的暴力行為，運動狩獵容易受到譴責關鍵在此，特別是其目的不在於維持生活，只是自我膨脹而已。在這樣一個選擇有限的國家，比較容易受到忽略，更不用說避而不談的，反而是那些更少被看見也更複雜的生活暴力。在塔吉克，長期的貧窮意味著殺害野生綿羊天經地義。唯一的問題是由誰來扣扳機：是由腐敗的國軍嗎？謝爾蓋告訴我們，在塔吉克，內戰結束之後，武器遭到沒收，他們是唯一擁有槍枝的人；還是由當地的居民？有些人貪圖肉食或肉類帶來的黑市金錢，可以向軍人租到槍枝。或者是由那些偶一為之的外國人？這些人熱衷於裝飾一面牆，願意為此付出一小筆財富。

說到運動狩獵，只要能確保其事業的持續，至少就為保護區提供了保護野生馬可波羅羊的誘因及手段。沒錯，這樣的算計滿令人厭惡，但話又說回來，每隔幾年犧牲一隻老羊，得以保住羊群，乃至在地社區——保護區提供了許多待遇不錯的工作——應該還不是最壞的事情。據估計，在塔吉克，馬可波羅羊約有二萬三千隻，將近半數是在賈爾提．昆貝茲保護區內，這絕不是僥倖，而是保護區的野生動物保護做得比國家公園更好。此外，當馬可波羅羊繁殖興旺時，以羊為食的狼及雪豹也隨之繁盛，這又使得外國的運動狩獵獵人無意間成了塔吉克的生態保育英雄。

看著牆上的照片，那些獵人一身白色迷彩裝，槍斜斜搭在背上，刮痕累累，看起來並不怎麼英雄氣概。突然間，我若有所悟，他們看起來很像錫亞琴的士兵。我心想，如果克什米爾的衝突只是我對世界失去荒野的憂心，雖然值得重視卻也只是瞎操心，比起塔吉克更複雜的暴力形式，譬如貧窮，運動狩獵更容易遭到譴責，但對紓解塔吉克的貧窮卻間接地有所助益。不管怎麼說，今天，每個地方的冰河都受到氣候變遷的慢性摧毀，北美洲與歐洲過度浪費的生活方式對冰層就是每天都在進行的威脅。世界上最高最大的垃圾堆不是喜馬拉雅山的冰川，而是其上空的大氣層。從這個角度看，我們全都是同一個國家的人民，是共犯結構的一份子。越是看著這些照片，對自己的眼之所見就越沒有信心。馬可波羅羊，毛色乳白，只比雪的純白稍微深一點，牠們重重倒下時，有如影子投在雪上，要是影子會流血的話。只見牠們四周濺得一片殷紅，恰如朱諾冰原上的色調，當雪藻開花，整片淺紅漫開，遍布光線浸透的冰上，冰川為之短暫燃燒。

最難跨越的障礙通常不是摸得到看得見的圍牆。在塔吉克尤其如此，梅莉和我在那裡唯一碰到的障礙物，是我們往北經過穆爾加布（Murghab）時，一道鐵絲圍欄，年久失修，許多木頭柱子都已不見，可以一躍而過，從足跡判斷，早已有許多人和動物穿越。這堵牆始建於蘇維埃時期，作為與中國之間一片廣大緩衝區的界線，後來也就成為兩國之間的邊界，當時塔吉克割讓百分之一的領土給中國——相當於加拿大放棄新布倫斯威克，或美國放棄印第安那州——以解決一項長達數百年的邊界爭議。牆之所至，謠言隨之，此一地區其他國家有樣學樣，紛紛計畫以國家安全之名跟進，但說來荒謬，以帕米爾山脈之尖銳崎嶇有如破碎玻璃，其阻擋人類之入侵遠遠勝過鐵絲網。山嶽、湖泊及河流乃是最古老的邊界，或許也是我最尊敬的一種吧。

塔吉克與吉爾吉斯（Kyrgyzstan）之間的邊界位於一處高海拔的山口。快要到時，一塊牌子寫著英文的「停」，有人在上面潦草寫下「鐵鎚時間」（hammer-time〔工作中〕）。邊界區看起來還真像有人拿鐵鎚砸過，幾輛破舊拖車，旁邊一棟建築，半蓋或是半毀——很難判斷——但無論如何，都帶著一種末世預言的氛圍。昏暗中冒出一個塔吉克士兵，睡眼惺忪，站到我們旁邊，檢查我們的自行車。梅莉的車直立，我的則是倒放地上，幾天前我把壞掉的腳架拆掉了。士兵用腳踢我車的後輪，連著踢，輪子就一直轉，每踢一下，背上的槍跟著搖晃。

幾分鐘後，一位軍官領我們進入一輛昏暗的拖車，裡面擺滿桌子，桌面半埋在黃色表格下。拍著床上髒兮兮的墊子，他示意我們坐下，匆匆記下我們護照上的細節，旁邊另一個士兵正吃飯，見我們看他，便拿出碗邀我們共食。「什麼東西？」梅莉問。士兵咧嘴笑起來，手比出槍的形狀，發出「砰」一聲，手指在太陽穴上一轉，彷彿說有人瘋了，幹了傻事：馬可波羅羊的註冊商標：捲角。

10

一粒懸浮於陽光中的微塵

塔里木盆地與西藏高原

A Mote of Dust Suspended in a Sunbeam

Tarim Basin and Tibeten Plateau

剛迷上一國的語言和風俗，梅莉和我轉身又要丟下，只不過在吉爾吉斯，我們連一個晚上都沒耽誤。塔吉克與吉爾吉斯兩國邊界站中間的道路，車轍極深，石頭散布，顯然雙方都覺得沒有義務維護。終於選定紮營地點，草地上土撥鼠尖叫發出警告聲，隔天早晨，在吉爾吉斯邊界站，衛兵檢查我們的簽證時，同樣的警告聲又響起，只見他瞇著眼睛，似在質疑他們國家的名字怎會壓在我們的哈薩克簽證上。所幸他們只是聳聳肩，蓋章放人入境。如果一切順利，三十六小時之內，我們又將蓋章出境。騎至中國，行程剛好一天。

道路完好，下著細雨，進入阿萊谷（Alai Valley），草原蔥鬱茂盛，圓頂帳篷、馬匹、畜養的羊群點綴其間。回首早上來時的山脈，騎得越遠越見其高聳，在吉爾吉斯營宿第一個也是唯一的晚上，三個青少年孩子奔馳馬上，其中一騎，一死羊拋擲鞍上，羊喉裂口醒目，宛如鮮紅一笑，羊腿拍擊馬肋。吉爾吉斯男孩們——高瘦，單薄，太陽曬得焦黑——友善而好奇，一直問我們問題，我們聽不懂，他們便更大聲重複問，彷彿音量具有翻譯功能。

第二天，中國海關官員使出同樣招數，放大分貝詢問，但梅莉和我五年前隨便學的一點中國話都忘得差不多了。等待自行車和車籃通過X光掃描時，心裡胡亂想著，當年馬可波羅走中國絲路時是否也求教過日常用語手冊。有些話語，在他那個時代一定也流通過，十二世紀的版本相較於今天的，相似度驚人的高。我看過一本馬可波羅時代的藏漢語對照，有食物、衣服、工具，以及在陌生地方找一張床、一頓飯的翻譯，另外還包括一些用語，對旅行一般會碰到的問題很有幫助，譬如生病、遭竊，甚或遭到控告，包括百世不變的申訴：「我是犯了哪一條了？」回想起來，當時我還真希望自己記得這句話，因為，到中國的第一個晚上我們就需要它了。

越過邊界就是希姆哈納（Simuhana）卡車司機休息站，這個國家最西的城鎮，有時候又喚作「中國陽光最後照到的地方」，頗引人遐思。抵達時，我心想，太陽不知為什麼遲到了。比起中亞同樣大小的邊界城鎮，這城鎮無論哪一方面都誇張得多：人、噪音、貨卡車、垃圾。街上髒得嚇人。塑膠泡麵包裝紙隨風亂飄，腳下踩得呱嘰作響。最礙腳的是地上的碎玻璃及剛宰殺過的牛隻鮮血，屠體就放路邊，蒼蠅嗡嗡亂飛。

慶祝重回中國，決定招待自己住旅店，為什麼，不記得了，只記得每次付錢睡什麼地方，而不是免費營宿，結果都是失眠，不是旅店水龍頭整晚滴個不停（我們在土耳其碰到小水災的另一章），要不就是飯店房間底下一到晚上就成了迪斯可舞會，鐵克諾音樂（techno music）震得地板直跳（上一次在中國的經歷）。但希姆哈納這間維吾爾人經營的旅店卻十分安靜。維吾爾人，突厥穆斯林（Turkic Muslim）少數民族，在中國同西藏人一樣受到壓迫，但缺少一個像達賴喇嘛那樣的人在海外為他們發聲。我們寧願支持他們也不願把人民幣塞到漢人口袋。漢人是中國的優勢族群，在中國當局有計畫的移墾政策下，大量移民至中國西北部的新疆維吾爾自治區（正好位於西藏上方）。何況我們也等不及要再次吃到拉麵，維吾爾的招牌菜，辛辣的手拉麵條加甜椒。一到旅店，我們就吃到了。

晚餐後，旅店老闆十幾歲的女兒和我們正要觀賞維吾爾音樂錄影——畫眼影眼線的年輕男子在沙丘上吟唱——屋子裡爆起一片喊叫及相機閃光喀嚓聲。沒有敲門，沒有絲毫禮貌或尊重的表示，當然也沒有逮捕狀，四個便衣警察衝進來要逮捕我們和主人，說我們涉嫌犯罪：陰謀策畫維吾爾叛變，或者，就只是呼吸同樣的空氣。

「**護照！**」有人喝令，我看不見是誰，相機閃光令我眼花。

「加拿大，大使館，緊急問題！」梅莉大聲反抗，假裝要用我們的手機撥加拿大使館，只不過我們還沒買中國的SIM卡。

「護照！」警官再次大吼，制止梅莉的虛張聲勢。這樣侵門踏戶，原因何在，我們完全莫名其妙。但綜合判斷得出結果，旅店老闆沒有收留外國客人的正式許可，而這一點我們並不知道。梅莉和我不願意交出護照，只拿出影本交給警察，同意早上到警局去，並被告知如果我們不告而別，我們旅店的主人將要承擔全部後果。警察離去，我鬆了一口氣，女孩回去看音樂錄影，彷彿警察闖入在希姆哈納只是家常便飯。或許，在中國，對維吾爾人來說，確實如此。不消說，當天晚上我沒睡好。

早上，我們前往警局。一隻羊在昨天殺牛的路邊待宰。維吾爾婦人一身連衣裙打掃街道，毫無意義的勞作，在街上跟灰塵打交道。門口台階上有中國男人吐痰，濃痰。只見他們一件T恤拉起來，坦露著圓鼓鼓無毛的肚皮，也不知是在地的風尚，還是要在已經酷熱的天氣裡討個涼快。我們經過時，聽到有人小聲說「警察」、「護照」及「加拿大」。梅莉和我在一些不知所云的文件上簽名，誰知道認的是什麼罪，然後走人，不告而別。

前美國總統約翰．甘迺迪喜歡談中國字的「危機」一詞，說是由兩個字組成，一是「danger」（危險），一是「opportunity」（機會）。相當精明而有趣的觀察，只不過，事實並非如此——但管理大師、勵志演說家及新世紀運動（New Age）的權威照樣到處兜售——沒錯，中文「危機」一詞的第一個字是危險的意思，但第二個字，看似是「機會」，卻沒有這個意思，就和英文字母 *ex* 並不會自動衍生出 *explorer*（探險家）一樣。其實，「機」字指的是「初始之時」或「關鍵的轉折」。「因此，『危機』其實就只是 *crisis*，是危險的時刻，是事情開始惡化的時候。」傑出的中國文學教授維克多．邁爾（Victor Mair）說：「並不是一個讓人尋求利益及優勢的時刻。」

但梅莉和我到了喀什的時候，中國自己似乎還在擁抱「危機＝危險＋機會」的錯誤翻譯。絲路繞過塔克拉瑪干沙漠之後，這個城市是南路和北路交會的地方，數千年來，儘管歷經多次劫掠，先是成吉思汗，然後是帖木兒，最近則是中國政府，迄今仍是重要的貿易中途站。我們第一次騎車來喀什，是在二〇〇六年，舊城的泥草房舍保存完好，是傳統伊斯蘭建築的代表，在《追風箏的孩子》（*The Kite Runner*）這部電影中成為阿富汗一九七〇年代的場景。兩年以後，二〇〇八年，距離遙遠的四川發生嚴重地震，給了中國政府一個夷平喀什舊區的機會，宣稱這些歷史性建築十分脆弱，是地震的危險群。「哪個國家的政府不會保護自己的國民免於天然災害的危險呢？」當政的漢人辯稱，但事實上，削平舊城只是要將維吾爾原住戶邊緣化的方便之舉。苦無反對政府和平示威的出口，部分維吾爾人鋌而走險，對漢人官員及百姓進行炸彈及利刃攻擊，而政府的回應則是加倍奉還。每椿由「維吾爾分離主義份子」製造的危機，都成了中國的藉口，加強控制不滿的少數民族及有爭議的邊界，包括鋪設邊界道路，方便軍隊應急巡邏。這就正是二一九號國道施工封路的原因。二一九號國道，車轍深深、超凡脫塵，從新疆出發，進入同樣受到壓迫的西藏自治區，也就是我們前次穿越西藏所走的路。

那些路邊的礫石堆終於派上了用場，我雖然為班恩高興，但也因為不能重回阿克賽欽而感到傷心震驚。現在，要穿越西藏高原，最近的一條替代道路則是國道一〇九號，起點在兩千哩外青海省境內的工業城格爾木。從喀什騎車到格爾木，然後再繼續騎一千哩穿越尼泊爾高地，但由於簽證時間不夠，我們只得把自行車搬上火車。又因為火車及巴士限載乘客，換句話說，梅莉與我要和自行車分開走，在絲路傳統的貿易站敦煌再會合，然後再繼續搭巴士到格爾木。但人到了敦煌，才知道自行車不見了。

一個高大、五官稜角分明的瑞士自行車騎士，名叫菲利浦，碰到同樣的情況，面對壞消息卻處之泰然，或許是因為他學禪，是個在家居士。我們在喀什認識，聽說我們要騎車穿越西藏高原，他決定加入，只不過騎到拉薩到底有多遠、有多危險他卻沒什麼概念。上次梅莉和我偷跑穿越西藏，時在二〇〇六年，比起今天的北韓來，西藏還稱得上是香格里拉。二〇〇八年春，趁中國準備北京夏季奧運之際，西藏人指望世界都在看著中國，整個西藏自治區爆發示威爭取更大的獨立。中國維安部隊反擊，開槍對付手無寸鐵的示威群眾，發動大規模逮捕，施虐拘留者，刑求涉嫌人——全都打著維護國家統一之名。那一年，政府發動一項斬草除根的監視專案，名之為「造福群眾」，分派官員進入整個自治區的農村及寺廟，揪出異議份子，並舉辦宣傳活動，「揭發達賴十四世集團惡名昭彰的反動罪行」。此一歐威爾式的（Orwellian）監視措施——原本要實施三年，但卻延續至今——打出的口號是：「村村成堡壘，人人是警衛」。人人者，也就是觀光客除外，因為中國不希望外人看到這一切。上次我們騎車進入西藏，外國人單獨旅行只是書面禁止，如今則是當真實施。這次能不能夠偷渡西藏，梅莉和我全都沒有把握，但有一事卻是確定的：我們得先找到我們的自行車才行。

趁鐵路公司還在找自行車的空檔，菲利浦建議利用在敦煌的空檔參觀莫高窟，也就是千佛洞，這裡的佛陀壁畫及佛龕可以上溯到四世紀。我們叫了計程車出城，瑞士大高個得弓著身子才進得了車，所幸路程不遠。帶我們進入洞窟的中國導遊陳女士，白淨、纖瘦，戴墨鏡，陽傘不離身，甚至在昏暗的洞窟裡亦然，為的是保護她細緻近乎透明的皮膚，其上清晰可見泛青的血管。儘管知道我們是加拿大人，不知道為什麼她居然以為我們不懂英文。「妳們知道『flaking』（剝落）這個字嗎？」她說，指著一幅壁畫剝落的顏料。「這是一個專用術語，『flaking』。」她的英文字彙倒是出乎意料的豐富：在一個洞窟裡，她指出畫中一些胖呼呼的人物是「有著強壯身體的吉祥神仙」。我忍住笑，她感到困惑不解，說：「妳知道robust（強壯）這個字嗎？R-o-b-u-s-t？」

蜂巢一般匯集於整座山岩的洞窟原本多達一千個，如今僅存四百九十二，其餘均毀於地震。和麻省理工一樣，每個洞窟都以號碼標示，標示數字的門牌，乍看起來，讓人覺得洞窟倒像是為修行人蓋的時髦公寓，其中許多洞窟都遭到探險家——如斯文．赫定（Sven Hedin）與奧萊爾．斯坦因（Aurel Stein）——竊取。二十世紀初年，他們點點滴滴將無價的經文據為己有，刮取部分壁畫，假考古收藏之名盜竊（或廉價收購）宗教雕像。這些人因為他們的偷盜行為而受封爵位，洞窟中帶得走的珍品都轉到了整個歐洲的博物館，中國人迄今為此義憤填膺：敦煌研究院一本有關洞窟的書，就把斯坦因這一類的人統稱為「極可厭憎的盜寶者」。幸運的是，九十六號洞窟整個保存完好未遭劫掠：世界第三大石佛安坐其內，其高有如太空梭。中國遊客拚命往前面擠，只為了看得更清楚些，但大佛端坐，散發如山的凝靜。

我不禁想，被人這樣瞪著瞧，佛陀（梵文的「覺醒者」）這樣的人定然不願意。悉達多．喬達摩生時就反對一切的偶像崇拜，擔心那會使他在別人眼中似神而非人。他堅持自己不是神而是人，他所教導的也不是一個宗教，而是一門實用的覺醒指南。佛陀死後幾個世紀，人們尊重他的願望，僅用間接手法描繪他，一個空的座位，或路上一個腳印。直到紀元一世紀，才有比較擬人化的表現，如這些洞窟裡的壁畫和雕像。我們看佛像，擠在爭先恐後的人群中。「見佛即殺佛。」菲利浦說。「禪宗如是說。」他趕緊澄清，才沒讓我們以為他這個人有破壞傾向。

但這又要從何說起呢？佛像到處都是，洞穴牆上多到數不清，證明佛教一度盛傳於絲路如同貨物的交易。乍看之下，多數洞窟看來烏黑暗沉，但每當陳女士的閃光燈亮起，一照之下，全都充滿著溫度、生命及色彩。我不免心想，還好黑暗並未掩蓋一切，譬如陳女士，她用傘尖指著有些菩薩臉上的凹痕時，她臉上的那副表情。「穆斯林幹的。」她嚴肅地說，因為，十一世紀時，中國西邊這一段絲路，伊斯蘭教取代了佛教，這意味著，偶像是該受到譴責的——這一來，誤打誤撞，倒是回到了佛陀反對神像的本意。有些畫像畫的是聖人，同樣也遭到破壞，還有一些是富裕的贊助者，他們出資修造神龕。我突然有一種奇怪的感覺，他們的畫像雖然遭到破懷，其實並沒有差別，無損於他們的賢德、富裕或尊貴。

還好有些僧侶夠聰明，使這種洞窟遺產沒有蒙受到更大的損失。一千年前，他們密封了一座洞窟中的一個空間，珍藏數萬卷手抄佛經，直至一九〇〇年才發現。此外，敦煌洞窟也逃過了一九六六年的中國無產階級文化大革命——一場由主席毛澤東發動的瘋狂群眾運動，號召破除「四舊」：舊風俗、舊文化、舊習慣、舊思想。共產中國天翻地覆，十年之間，兩百萬人死亡，學生組成紅衛兵，侵入學校，逼迫老師下放工廠及農村勞動，教育、科學及藝術被冠上「知識份子」及「資產階級」的罪名，僧院、寺廟、書籍及藝術作品有系統地遭到破壞摧毀。中華人民共和國總理周恩來——錫亞琴築路方案的幕後策畫——親自出面制止才保住了莫高窟。

陳女士完全沒提到這些，也許她太年輕，不曾經歷毛澤東領導之下她的國家所遭逢的集體瘋狂，但毫無疑問地，中國也不會明白交代這些過往事蹟。中國共產黨一九八一年通過一項決議，承認文化大革命是一項「全面的、影響長遠的嚴重錯誤」。但決議同時強調，「過去三十二年的成就才是重點，不應因此一嚴重錯誤而予以否認、忽視」。其中當然包括「和平解放」

西藏。

啪地一聲，陳女士收起傘，彷彿她等待的風暴已經過去。遊覽結束。慢慢走入明晃晃的炎熱，弓著身子，菲利浦鑽進另一輛計程車。車回敦煌，一路上洞窟揮之不去，彷彿蝕刻在我的內眼皮，每一眨眼，都見千佛。

回到旅店，令人振奮的消息：鐵路公司在蘭州找到我們的車，將直接運到格爾木。梅莉、菲利普和我打包行裝，連夜搭乘巴士前往會合。

巴士搖搖晃晃經過，聞起來像化學工廠，看起來像礦場，彷彿地上淌著油油亮亮的潰瘍。即使時過傍晚，熱氣仍然惡毒，前面幾排床位，一男子脫掉了襯衫，令我羨慕。只見他背部白皙光滑有如青少年，但他轉過身時，我大吃一驚，看到的是一張幾十歲的老臉，一塊皺紋疤痕的浮石。右邊的中國男子身材魁梧，摟抱一婦人，腰圍及年齡都只及他的一半。我指給梅莉看。「啊，小情人。」她小聲說。空氣中的化學氣味，加上巴士上棺材大小的床位，行駛時的喧鬧，無不奪人睡意，彷彿存心要讓乘客不眠，但無論如何，我們到了格爾木，下車卻把梅莉的安全帽丟在車上，等巴士開走才發覺。

騎西藏的高海拔道路，不能沒有安全帽，到了格爾木，第一件事就是找一頂替代。不幸的是，唯一的選擇只有摩托車用的——全罩式的硬殼，起碼十磅重，下巴有護套，有色護目鏡。

梅莉欣然同意戴一頂上路前往拉薩，婉拒我那頂汗臭骯髒的自行車安全帽。「這頂挺robust（強壯的）。」在有如窟窿般的摩托車安全帽裡，她說。「妳知道這個字嗎？R-o-b-u-s-t？」

店裡一位好心的中國年輕人，估量著我們兩輪車不是電動的，帶我們繞了幾個圈子，來到一條死巷，一家自行車店，如假包換。梅莉試戴一頂安全帽，流線型，寶藍色，我在店裡四下看著，驚嘆於每樣東西的新穎：內胎、備胎，至少七種不同款式的自行車短褲。角落一塊看板，上面貼著照片，有幾張是自行車手在布達拉宮前手握拳頭。「這很常見的。」店老闆見我在看，說道：「很多中國人騎自行車走青海—拉薩公路。」照片裡的自行車飄揚著中國國旗，自行車手都戴安全帽、墨鏡及聚脂纖維面罩，應該是遮陽或擋灰塵的。乍看之下，還真看不出是女是男，是老是少，加拿大人或中國人……

「你這裡有賣這樣的面罩及旗幟嗎？」我問道，壓住聲音裡面的興奮。

當天傍晚，梅莉、菲利普和我騎出格爾木，戴著面罩，我幾乎無法呼吸，但看起來儼然一個無名的亞洲人，我也就不在乎了。路上很安靜，只有偶爾經過的貨卡車揚起我們的中國國旗。沉積岩的山嶽自平地拔起。黃昏的光線強烈，給人一種實在的感覺，彷彿某種可以抓得住並藉以穩住自己的東西。這一路前往西藏，檢查站十幾個，眼看第一個就在前面，我還真需要這股支持的力量，儘管我們並不真的擔心，因為尚未進入西藏自治區。

果不其然，我們在抬起來的欄杆下騎過，警察沒把我們放在心上。由於要加速行進，我將車檔調到較高檔次，結果鍊子卡在後齒輪，停下來修理。剛過檢查站沒多遠，梅莉和菲利浦守望，但我力氣不夠，拉不出卡住的環節，最後只得拆車，取下後輪，扳開齒輪，鬆開鍊子，然後換一個環節，大功告成。修理過程中，弄彎了一根條幅，導致後輪偏離，但直到第二天，我幾乎跟不上梅莉和菲利浦才注意到。我想不出原因何在：難道是海拔穩定升高所致？幾個星期沒騎，幾乎才騎五十哩？等到停下來要紮營，車子推離路上才發現，是剎車磨到了輪子。

我們在河邊紮營，上面是通往拉薩的一座高速鐵路橋梁。鐵路建在永凍土上，就和它的工程複雜一樣，引起諸多爭議。一首中國流行歌曲這樣歌頌青藏鐵路：「一條驚奇之路，通往天堂，帶我們直抵樂園。」很明顯的，所謂「我們」，指的是漢族工人，二〇〇六年之後，利用這條鐵路他們到中國的「蠻荒西部」，奪走西藏人的工作和機會，強化中國對西藏自治區的控制。抬頭看著鐵路，見一人站在上面揮手，我揮手回應。沒隔多久，十二個穿迷彩軍服的人出現。

中國士兵圍著我們，虎視眈眈，檢查我們的帳篷及自行車，問我們問題，都是我們聽不懂的中國話。其中一人用手提式無線電呼叫，看來問題找上門來了。儘管胃裡不舒服，我繼續修理車。半小時後，另一個穿軍服的人出現，從迷彩服的花式比較繁複及配戴的標示判斷，應該是個軍官或主管。

「哈囉，歡迎來到中國！」他說，英文無可挑剔，語帶歉意，說我們在相關的軍事用地上紮營，我判斷指的應是鐵路。「我恐怕要請各位移到道路半哩以外的地方去。」

沒問題，我們向他保證，大大鬆一口氣。

「祝各位旅途愉快。」他繼續說，十分客氣。「有什麼需要效勞的地方？」

我想問他「外國人旅行許可」的事，但心想這樣並不明智。因為，他一定知道，我們走青藏公路，離西藏自治區還很遠。到目前為止，我們完全合法。

士兵離去，我們更往前騎，經管理人同意，在一座佛寺紮營。管理人個頭很小，還不到我肩膀高。菲利浦拿出寬鬆的居士服，表明自己是禪宗居士，只見管理員的笑容，有如佛塔的飛簷。對面山谷有一台巨大黃色推土機，拚命剷著一處山坡，我以為到傍晚就會停下來，但天黑了，照明燈亮了起來。晚上，向營帳外望去，看到剛被剷掉的山坡泛著白光有如牙齒，重機械的噼啪聲及鑽擊聲持續直至天明。醒來頭痛，都怪海拔太高。

事實上，我們還沒多高。穿越西藏高原要經過十幾個山口，兩天之後，我們才攀越第一個，道路爬升於山間，冰川髒兮兮，上面看起來有如篩了一層肉桂粉。一路往上，多數時間我滿腦子就都是新出爐的肉桂小圓麵包。結果，上到山口頂上，梅莉從籃子裡挖出來的卻是一盒走了味的巧克力小圓麵包。但咬一口，沒有巧克力，只有一個塞巧克力餡的空洞。還真是惡性不改。

「什麼是中國包裝食品材料的第一名？」梅莉說。「**謊言**。」

「第二名呢？」咬了一口，甜得不得了，我說：「**糖**。」

接下來要吃的是中國能量棒，標籤上寫的雖然是「鬆軟」及「肉香」，但我們已經認定主要是謊言及糖，只不過後者卻意味著，完成這一趟絲路的紀念品就會是九顆蛀牙。我要給菲利浦一些餅乾，他婉拒了，不改一副笑臉。這會兒，他決定不冒險騎去拉薩了，打算轉往玉樹，同屬高原的一部分，也是藏族，但不在自治區內，換句話說，到那裡去不需要許可及導遊或費盡心思偷渡。

看著瑞士居士就此分手，梅莉和我都覺得滿難過，特別是他掉頭走的那條邊道，僻靜，碎石，看起來滿有吸引力的，不像我們面對的這條公路，平平整整，路邊電線噼啪作響，聲響有如凹折手指關節。要在中國簽證到期之前趕到尼泊爾，梅莉和我每天要在這條路上騎滿五十哩，穿過無情的高海拔，頂著強勁的逆風，戴著面罩，規避法令，為期二十一天。沒有多餘時間，沒有犯錯空間，沒有補給——並非西藏東部沒有便利商店及餐廳，而是我們不敢停留，怕遭到逮捕。同樣的道理，每天晚上要找隱蔽的地方紮營，但在這樣一個地平線遼闊的地方畢竟不容易。

一旦在面罩上開了幾個呼吸口，掩著臉孔騎車至少不再滯悶。無論我們笑著，或張開嘴巴騎車，氣喘吁吁，面罩都給了我們一副巴結的笑臉，迎著巡邏的中國警察倒也顯然得體。剛開始，只要一看到白亮亮越野車，車頂閃著紅燈，我們就緊張得要死，但他們經過並沒有一輛慢下來看一眼：我們混在路上形形色色的中國自行車手當中，儘管在我的眼裡，差別再明顯不過。其一，他們的車籃都只有兩個，不像我們有四個，只因為他們沿路可以吃餐廳，睡旅店。

還有，他們大多是費力地騎極高速檔，而我們則是低速檔快轉。此外，儘管這是一條平整的公路，中國自行車手全都騎登山自行車，至少都有前避震，有的甚至是前後避震。唯有一個看來四十多歲的母親例外，北京來的，騎一輛折疊自行車，只有幾個可憐的檔。但不管怎麼說，她卻亦步亦趨跟著她十多歲的兒子——騎一輛登山車——至少她邀我們同行的那一個小時左右是如此。他們想要練習他們的英文，從我們開口說「你好」的那一口腔調，他們就聽出來了。但這些中國車手就算知道我們沒有導遊不應該到這條路上來，都好心地不說。

雖然下定決心什麼地方都不停，但再怎麼信誓旦旦，難免有弱點。梅莉和我的弱點是公路旁邊一個羚羊復育中心。儘管明目張膽，粗心大意，我們的獎賞卻是數十隻失親的幼羚羊，凸眼褐色，絨毛深棕，可愛討喜，踩高蹺般的腿彷彿總是彎著，像是踮著腳在走，小口啃嚙草葉，一副愛吃又不愛吃的模樣。前次自行車之旅，我們看過野生藏羚羊，又稱奇魯（*chiru*），如煙一般飄過西部高原。這種遷移性的西藏特有種，由於盜獵嚴重瀕臨絕種，牠們的絨毛柔軟如絲，又稱沙圖什（shahtoosh），論磅計價，貴逾黃金、鑽石。有鑑於其珍貴，中國政府嚴懲非法盜獵，同時體貼地抬高部分清藏鐵路以利遷移羚羊群通行。可悲的是，國家卻又以維護野生保護區為名，強迫游牧藏民離開傳統土地，搬入無有情感的集合住宅。

日復一日，一個山口又一個山口，每一個都高於前一個。有些時候，一日兩座，海拔都超過一萬六千四百呎，譬如正式離開青海進入西藏自治區的山口就是如此，邊界標示為唐古拉山口，意思是「高原上的高山」，頗令人回味的名字，但實際上卻有如一處鬧哄哄的廢墟，汽車與垃圾遍地。塑膠套、塑膠袋齊飛，儼然經幡的拙劣翻版。一塊石碑，上面所刻的，看似兩名士兵，其中一人在講電話，底座卻是排泄物成堆。梅莉和我落荒而逃。

幾天之後，登上另一座山口，但見經幡飄揚，才真正感覺到重回西藏。經幡中犛牛骷髏散置，上刻「嗡嘛呢叭彌吽」，無有垃圾，無有人群，不見人跡，直至幾名西藏男子騎摩托車出現，寬邊帽、晚禮服、尖頭皮靴，有如一身時髦的牛仔，神情卻極為冷淡，直到他們離去，我還在琢磨，為什麼。啊，是了，我看起來是中國人。

我們的旗幟和戴的面罩非常關鍵，唯有這樣，才讓我們目睹了中國不想讓我們看到的西藏：每個城鎮進出口設有檢查站，限制西藏人的移動；傳統人家懸掛中國國旗，白色灰泥建築上，大紅一片有如血漬；一路上，每隔一段距離便出現水泥警官雕像，臉部經常被砸得面目全非，脖子上掛著啤酒罐及白色哈達；路標上，西藏文小小的，置於大出許多的中文下方，擺明了只有乖乖聽話的份。但每當騎過城鎮，我們又近乎偏執地不肯停下來，每晚在隱蔽處紮營，在山口碰到西藏人，他們卻連正眼都不瞧我們，讓我覺得自己無可避免地與「現實」若即若離。人在西藏，但看到的不是西藏，而是對這塊土地的部分詮釋，是我自我侷限的探險扭曲了的西藏。實際上，我形同置身樹脂玻璃後面。

亞麗珊卓．大衛尼爾也是偽裝來到西藏這塊禁地，但這使我若有所悟，她是佛教徒，換句話說，她那一身朝山的服裝反映了更深層的真實。口中反覆「嗡嘛呢叭彌吽」穿越高原才是真正的祈禱。騎車經過西藏人的人家，見他們在收割後的金黃麥田裡撿拾麥粒，或以經幡潔淨路過的山客，一股衝動便熱透全身，想要向他們表明自己的身分、向他們道歉。但我沒有。繼續保持沉默，繼續騎車。靜默中，聽到自行車尾端旗幟噼啪作響，一種羞恥感油然而生，腥紅的喧囂，緊緊追著我不放。

達爾文在小獵犬號上，幾乎才航行到一半就萌生退意。暈船、孤獨及身體勞累使他精疲力竭。在家書中他坦承：「有時候我擔心自己根本無法撐完全程。」穿越西藏至半途，有時候我也有著同樣的恐懼，總覺得世界上什麼都不對勁，都被放大了。有一間鄉間小屋可供躲藏，看起來再好不過了，尤其是總算有個地方隱藏我們的帳篷了，沒想到卻是個垃圾堆，破破爛爛的東西一地——破碎陶片、舊藥丸紙袋、一件格子襯衫、東一只西一只鞋子。當天晚上，突落暴雨，來勢洶洶，擊打帳篷聲如落石。總以為自己隨時都會給活埋掉，但人已經累得什麼都不在乎了。才到西藏高原不過一個星期，梅莉和我消瘦憔悴，疲累倦怠，腿部肌肉有如糊在骨頭上的樹脂。

第二天上午中途休息。「全身每個地方都在痛。」梅莉呻吟著抱怨。「但我學會了一個克服的祕方……」

「說來聽聽。」我說。

「別聽妳的身體。」

但我的心喊停時，我的腿卻大聲附議。我滿腦子想的都是牛仔褲、躺椅、披薩。懷念醒來時迫不及待要看下一個轉彎的光景，而不是懷疑自己是否還有好奇心。懷念自己是一個活生生的人而不是一個鬼魅的感覺。這些都是我不時跟梅莉抱怨的。但第一次有機會和西藏人互動時，我卻很快就癱掉了。一天，找不到一個夠平坦或夠隱蔽的地方營宿，儘管百般猶豫，還是接受了一家人家的邀請，在他們家後面紮營。梅莉和我都擔心我們的非法行為會牽連他們，但營地從路上看不見，又有食草的長毛犛牛圍繞，不太可能引起注意。日子晴和美好，搭好帳篷，才不過中午時分，但爬進睡袋就不想再出來，整個人疲累不堪，覺得剩下來的行程已經將自己開除，灰心，厭世一如阿蒂爾・韓波（Arthur Rimbaud）——看得夠了，知道得夠了，擁有得夠了，夠了。

但縱使閉著眼睛躺在那兒，卻聽到西藏人家的中國旗幟噼啪作響，更別提我們自己自行車上的，在外面草地上擴散。腦海中浮現一幅景象，軍車車隊拖著公路走，一路噴吐著政令宣導。我想像游牧人家羊群一般被驅入集合住宅，而藏羚羊卻自由自在奔跑於荒野保護區。我看到一片荒涼貧瘠的土地，威權所至，地平線體無完膚，所有的行動遭到監視，任何抗議風吹草動都在國家的腳跟下瓦解。而我卻在這裡，欣欣然騎車穿越這片飽受壓迫的風景，在一個西藏人點火自焚並逃亡的政權下旅遊。就在我們騎車穿越的那一年，十一個人自焚——有男有女，都是二、三十歲年紀，高喊「西藏人要自由！」，「達賴喇嘛萬歲！」然後汽油澆身，點燃火柴。次年，八十六個人同樣以火殉身，同年，中國政府沒收自治區內居民的護照，並使新護照的申請變得格外困難，實際上等同於囚禁六百萬西藏人民。如此不公不義，令我痛心難過，對於自己能夠脫身感到慶幸，恨不得趕緊離去。梅莉獨自去西藏人家拜訪，解釋說我身體不適。

帳篷周圍，犛牛呼嚕噴息，咀嚼有聲，越來越靠近。我搖動防水布，使帳頂發出嚇退聲響。遠方車聲嗡嗡中，可以聽到困在帳篷內外壁之間的蒼蠅發出細微的乒乓聲。躺在睡袋裡，全身疼痛，強烈希望人類永遠去不了火星，我們不配擁有一個新世界；我們只會再一次摧殘一個星球。小時候，我確實相信外星生命的發現——無論是有知覺的存有或微生物——會改變人類，可以促成近似神蹟的革命。明白我們全都屬於同類，無論土耳其人或亞美尼亞人，印度人或巴基斯坦人，西藏人或維吾爾人還是漢人，每個人都是地球的子民，最起碼，我們會更加善待彼此。我們會一同覺醒，原來我們全都是迷失在這個謎團之中的生命。

如今，我不再相信了。外星生命的發現什麼都改變不了，正如學會了飛行並不曾提升人類的高度，又如航海家所拍攝的淡藍斑點的照片，如果你真正看懂了它，民族主義的糾結應該就此化解，但結果並非如此。「再看看那個點。」卡爾．薩根懇求：「那就是這裡，那是家，那是我們。在那上面，每一個你愛的人，每一個你認識的人，每一個你聽說的人，每一個人類，都度過他們的一生……在一粒懸浮於陽光中的微塵。」另一方面，我們發現，海底沸騰的裂隙中有吃硫磺維生的微生物，外太空深處有類似地球的外行星環繞遙遠的太陽，在在證明生命的稀有、智慧與璀璨無所不在於宇宙中——而這樣的事實並未讓我們的自我優先退讓分毫。身而為人，如果一味堅持一成不變地，亦即自私地、無動於衷地活著與死去，科學與探險又有什麼意義呢？

或許，無限之始，始於過去的某一點，而那一點我們既看不見又不關心。當我們自己就是那一點時，我們何等渺小呀。我漸漸開始瞭解，邊界的問題不在於它們的殘酷、跋扈及違反自然。邊界的問題其實就是漢娜．鄂蘭（Hannah Arendt）所指出的邪惡平庸性的問題：我們潛意識地接受邊界乃是風景的一部分——至少是邊界所給予我們的特權，那一紙護照意義重大——因為邊界說出了我們最深層、最卑劣的慾望，為了榮譽與持久，為了秩序與安全，永遠以其他人、其他事為芻狗。邊界，強化了外來、異類及非我族類的概念。但如果我們多數人都不同意，這樣的虛構故事還會繼續存在？他們加諸於別人的不平等所帶來的利益，他們還能夠默默享受？鐵絲網始於當下，在我們裡面，割裂我們自己的心。

腳步聲響起，接近帳篷，門的拉鍊打開，梅莉伸進頭來。

「妳還好吧？」她問：「我好像聽到哭聲。」

「一定是犛牛。」我說謊，心想，所有探險必皆死於心碎。

在遠古中國甲骨文中，世界是平的：火是火，魚是魚，山是山。中國這種最早期的書寫，刻在龜甲及動物骨骼上的占卜，約成於紀元前二千年的商朝，由於非常象形，幾乎用猜的都可知道意思。今天的中文從這些符號演變而來，雖然比較無法從字面看出來，但仍然可以認出一個大概。譬如「漸」（*gradually*）這個字，就是以象形為基礎，顯示的是水滴穿石頭。

這也始終是達賴喇嘛向中國爭取自由的方式，溫和但堅持。儘管中國政府將這位流亡佛教領袖貶抑為恐怖份子，這位我在牛津有幸一見的「一介僧人」甚至不主張西藏獨立，只要求在中國境內一個更真實的自治。他的非民族國家、非暴力方式使某些西藏人感到挫折，認為他太過於軟弱退縮，他們要爭回的是他們國家。如今，達賴喇嘛已經退休，不再擔任西藏流亡政府的元首，換句話說，他的領袖地位如今只限於精神上的。以這樣的角色——一個慈悲菩薩的人間化身——他的責任不僅是要結束他的人民的，也是全人類的痛苦。在他的眼裡，看到的不是好的西藏及不好的中國，誠如皮科・艾爾（Pico Iyer）在《開放的道路》（*The Open Road*）中所說，達賴喇嘛所看到的是**本質上**好的西藏及**本質上**好的中國。騎車經過西藏高原時，我也想要這樣看大不看小，這樣開放，但放眼所見，卻全都是不好的一面。

才不過八月底，白楊樹已經飛金，落葉在車輪下碎裂，我們翻越山口時，紙幡四處飛揚，嘩嘩作響。西藏人拋撒這種方形紙幡到空中祈求好運，就算什麼都沒發生，卻也為一條暗沉沉的道路拼貼出繽紛色彩。在一個山口，一輛巴士經過，正好有乘客拋撒紙幡至窗外，但見禱告落如雨下，其中一張黏在我的安全帽沿未再繼續飄落。沙沙的一方紙，作鼠尾草色，我插到日記裡求個好運。上面畫的一匹風馬（*lung ta*）是一種佛教之前就有的符誌，馬馱著珠寶，象徵內在的氣，亦即一種正向的能量。西藏人說，人的風馬減弱，表示會有不好的事情，若風馬增強，事情就會是正面的，順利的。「同一個想法，結果可能是得心應手，也可能是一蹋糊塗。」一個西藏喇嘛說：「端看風馬方向而定。」

山口下坡逆風，困難一如上坡，我祈禱風向改變，結果如果無效，便試著要我的風馬換個方向：這趟自行車之旅哪有一定輕鬆的道理？我曾經讀到過，中國字的「有」，源自一個以前的一個象形字：一隻手遮住月亮，這令我想起，我曾經不太相信太空人阿姆斯壯。或許他真的如他所說，在阿波羅登陸月球時，曾經用大拇指遮住地球，好像是說，用心，徹底用心。這個世界值得你最深的關注。還有類似的句子，一條困難的路在說，保持清醒，緊緊盯著比你眼前更巨大的悲傷，那個隱而未顯指向某個更大未知的悲傷。我就是如此，我看到的那些朝山者也是如此。

一路行來，你不可能不遇見他們，匍匐路上，有如被車撞倒，但令你鬆一口氣的是，他們活著，站起來了，有規則地。兩個西藏人，一男一女，但見他們雙掌合十於胸，高舉至頂，然後放下至額頭，至喉嚨，至胸口，一氣呵成，接著彎腰俯身，雙手，兩膝，身體，然後額頭，逐一滑向路面，汽車就在幾呎外呼嘯而過。然後站起來，向前走幾步，合掌高舉至頭，重複先前的動作。就這樣一路反覆，直至拉薩或開悟。

梅莉趕上他們，取下面罩和太陽眼鏡，我也照著做。只見他們睜大了眼睛，瞪著她的雀斑和我髒兮兮的金髮，然後，笑了。我們握手，開懷笑著，交換幾句彼此共有的話語。梅莉和我最感安慰的是，我們只帶足夠保暖的輕便裝備和泡麵，走完我們的西藏高原全程，但他們兩個，什麼都沒帶，除了一身衣服。厚羊毛衣袖保護手臂，皮革護膝，雙手套著木板。我們給他們一根巧克力棒，兩人額頭正中央，硬幣大小，不會眨動，第三隻眼睛，是路面與額骨磨出來的繭，令我不敢逼視。

終於，我們說再見，*tashi deleg*，各自繼續自己的前程。從車龍頭照後鏡看到他們在我們身後公路上縮小下去，卡車貼近他們匍匐的身體呼嘯而過時，我屏住呼吸，看到他們再站起來才吐一口氣。灰塵煙霧自路上升起，有如香煙，車輛疾馳，噴擠石礫飛入溝中。每一步，每次重複，眉心間的繭一定又長厚長實一些，皮膚硬化成更暗更永恆的突出。有時候，傷痕也是一種保護，使祈禱成為可能。有時候，甚至荒野也需要牆。朝山者消失不見，我繼續踩踏，口袋裡別無他物，唯有故事、風和各種各樣的天氣。

繼續騎往拉薩，絲路上警察部署最多的一段，軍車車隊經過，排氣管噴出廢氣，擴音喇叭爆發政令宣導。我忍住大聲喊叫：閉嘴，另一個包括在古代絲路用語手冊中的字眼，由此可見，十二世紀的西藏一如今日。我們加速下山，通過一連串鐵手套般的檢查哨，急轉閃車，迫使雙方都停下。幾個小時之後，我們衝進神聖的心臟，拉薩，在那裡，「城市居民全都穿外國衣衫，向敵人屈服；但每年祭拜祖先，穿上自己的服飾，脫下時都痛哭流涕。」這樣的敘述，看似描述中國統治下的西藏首府，實際上也是指中國佔領的整個西藏。

第七及第八世紀，西藏帝國擴張領土，曾經征服許多中國邊陲，其中也包括敦煌，前面所引述的那一段話出自唐朝編年史，講的就是當年受到殖民統治的敦煌居民，而不是今天的拉薩。敦煌洞窟出土的其他文獻也顯示了中國人與西藏統治者之間的緊張關係。在一份政府文書中，一名西藏高官處理有關西藏官員強納中國女子為妻的陳情。西藏歷史學家山姆·范·沙克（Sam van Schaik）寫道：「他回覆說，這種強娶行為應予禁止，女人嫁人應按照她自己的意願。」在另一份文書中，一次中國人反抗西藏治理的暴動之後，一名西藏高官悍然駁斥中國官員爭取更大權力的要求，並列出政府內部嚴格的階層職位。「長長的清單對研究西藏帝國官僚體系的人無疑是一個寶庫。」范·沙克說。「但也讓我們注意到一個現象：文書清楚顯示，即使是最低階的西藏人，地位也高於最高階的中國人。」

後來，西藏本身卻毀於貪瀆及殖民政策。就我所知，今天，任何一樁因違約而引起的地緣衝突，都有著某種程度的歷史失憶。這有好的一面也有壞的一面：原諒意味著忘記，但有的時候也會盡棄前嫌，譬如中國與西藏九世紀簽訂的和平條約。西藏國王與唐朝皇帝都同意，「西藏與中國保有兩國現有的國土與邊境」，「雙方邊境不再有戰爭，不再有進犯，不再有領土侵佔」。此一條約以兩國文字刻石立碑，豎立在拉薩的朝山古寺大昭寺，「使世世代代永誌不忘」。

據說此碑迄今仍然矗立，碑文逐年風化，已不可讀，講述的是一段遭政治與地理侵蝕的可悲婚姻。梅莉和我在拉薩的時間不夠，未曾一訪。另一碑，時間近代得多，紀念「西藏和平解放」，我們也沒去看。這座雕像，設計上，是一座具體而微的混泥土埃佛勒斯山，但我看過照片，與其說像珠穆朗瑪（Chomolungma）——此山的西藏名，意為「世界之神母」——實際上卻像極了一架笨重的波音七四七作鳥的優雅狀。不令人意外的是，這碑的銘文隻字不提解放西藏還包括軍用飛機攻擊寺院。「西藏人看到大『鳥』接近，丟下一些奇怪的東西。」中國裔作家李姜林（音譯）報導：「但他們的語彙中既沒有飛機也沒有炸彈。」（其實是有的，至少，飛機就有：*namdu*，意思是「天舟」）在拉薩，梅莉和我哪裡都沒去，我們唯一的目標就是過境。

相對來說，亞麗珊卓．大衛尼爾停留得並非太久。花費半生時間想去拉薩，終於在一九二四年二月成行，一身乞丐裝扮，使她無法走進她最嚮往的知識圈及靈性圈，兩個月後，與養子楊丹離去，卻以餘生理解她在高原之所見——或者，不止於理解，而是將西藏的神奇與神祕付諸筆墨，寫下美好的回憶，為中國佔領高原前的樣貌留下無價的見證。

隨著梅莉到城裡，經過觀光巴士或警車，經過賣場、酒吧及舞廳，經過發光發熱卻只是宣傳北京流行品牌的霓虹招牌，我唸經一樣唸著她的名字。突然間，聽到身後一聲大喊，趕緊加快踩踏，滿腦子的鋃鐺入獄和刑求逼供。是的，長官，我天涯海角到處跑，不知道怎麼回去，也不想回去。不，長官，我從不以為此生此刻或下一刻是理所當然。

但逃出這座傳奇之城時，沒人注意我們。路沿著拉薩河（Kyi Rever）走。這河是西藏最長河流雅魯藏布江的支流，而雅魯藏布江則是布拉馬普特拉河（Brahmaputra）的上游。幾個小時後，前面路邊出現一座警察雕像，面無表情，一隻水泥手臂舉起，僵硬打出停的手勢。梅莉經過時，好玩地給他一個擊掌。

接下來幾天，河流與公路擠著穿過狹窄的山谷。牲畜之外少見車輛。突然間，溝中跳出一頭犛牛，就在我正前方，彷彿對面車道有巴士衝過來似的，我趕緊拉剎車。犛牛倒沒怎樣，我的前輪卻扁了。停下來修理時，梅莉則防著那頭牲畜，只見牠遠在溝中平靜嚙草，尾巴掃草有如黑帚。前輪有釘子，拔出來，補好內胎，才充好氣，又發現後胎也有，一拔出來，輪胎就扁了。補胎時，見後胎側壁有裂痕突出，鼓脹得輪胎變形。這可是我的「新」輪胎，一路從伊斯坦堡帶著走，在塔吉克，前一個輪胎磨平了才換的。我們沒有備胎了。

一個中國自行車手——到拉薩之後遇到的第一個——趕上我們，分我們醬汁厚塗的麵包，也是要去尼泊爾，一口破英文，但聽他說他每天騎的里程，我們認輸。「六十，可能到九十哩？」梅莉和我盯著他：我們頂多騎到五十。三個人一起騎了幾個小時，一路上，上坡時，他騎輕裝登山車，我們落後，下坡，拜我們的長征重裝備之賜，我們超過他。梅莉和我決定下午兩點紮營（天沒亮騎到現在），他看來有點不解。「那妳們要做什麼？」他問，彷彿騎自行車旅行不騎車就沒別的事可做似的。看書，寫東西，打盹，我們告訴他。看著帳篷邊的雅魯藏布江，滾滾淤沙，滔滔水聲。這樣養足了精神，醒來，明天又照著來一遍。

狹窄的峽谷放寬，進入寬闊河谷，儼然西伯利亞景色：天空湛藍，群樹高聳連綿，江水遼闊緩慢，翻騰尋路入海。有些地方，江水泛至岸上，淹沒樹木，群樹枝條高舉，有如舉起手臂抗議或投降的人們。工業與軍事活動的跡象隨處可見：構築中的鐵路，某種無懈可擊的空軍或軍事基地，夜裡營宿，爆炸聲響遍山谷，不知所為何來。

但拉薩東南方卻少見中國國旗，特別是過了第二大城日喀則，連警察巡邏也少得多。西藏人的村落飄出燃燒杜松、鼠尾草與犛牛糞便氣息。只要是平坦地方，小麥燕麥田畝整齊，田中工作婦人高歌，孩童追著我們跑，再騎半哩路就是一個甚高的山口，一路空氣稀薄，呼吸困難，氣喘吁吁。登至頂上，但見遠方群峰崢嶸閃爍，但珠穆朗瑪為雲所蔽。下坡路曲折迂迴，傍一綠松石色河流而行，然後止於協格爾（Shelkar），又稱新定日（New Tingri），我們在這裡停下來，等到夜晚伺機偷渡這一路下來最恐怖的檢查哨。

根據我們在自行車論壇及部落格上搜尋到的資訊，所有車輛包括自行車，在這個檢查哨都一定要停下來出示文件。一個澳洲自行車手跟一個旅行團導遊騎這條路線，為未來尋找可以避開的漏洞，結論是這個檢查哨不可能偷渡：軍方的工事設有兩道護欄，其後緊接著是一座跨河的橋樑，因此，若要偷渡便需要涉水過河。同年早春，一名美國自行車手成功自格爾木偷渡到此，沒有導遊也沒有許可證件，但到了這個檢查哨，他洩氣了，乖乖就範，自動送上門去，警衛看了看他的護照，將他拘留一陣，然後放他走，或許是因為頂多兩天他就得出境西藏。但已經走了這麼遠，梅莉和我都不願意就此打住，此外，美國人提到過一個滿有希望的線索：檢查哨前面不遠處，有一條偏離公路的泥巴路，可能可以走遠路繞過檢查哨。問題是我們找不到。

那位自行車手對檢查哨的描述雖然含糊，但符合協格爾的情況：檢查哨在一座小丘後面，就在鎮上，再往前則是轉往埃佛勒斯峰基地營的路。設有一道護欄，一長排建築物，鎮的遠端有一橋樑跨河而過。我們唯一沒看見的就是那條泥巴路。

隱身碎石坡後，準備待到夜晚再行動，左手邊，一群綿羊和山羊吃草，頸上繫鈴，聲響有如風鈴，看羊的西藏孩子十來歲，慢騰騰晃過來，然後蹲坐下來，距我們約十呎。若不是太累，加上擔心夜晚前途未卜，又害怕他會洩漏我們的行蹤，梅莉和我應該會友善些。但我們不搭理他，卻也樂得自在，因為他也沒有要和我們互動的意思，就只是坐在那兒，看著我們寫日記，小睡，然後一如往常地煮泡麵晚餐。終於，他招呼羊群走開，我們也鬆了一口氣。

不過，晚些時候，我勘查小鎮上方一條「可能路線」時，卻又和他相遇。那路包著公路左邊一片草坡而行，看來似可繞過檢查哨。只見他面帶微笑向我揮手，遞給我他的汽水瓶，裡面裝滿白色乳酪狀飲料，嘗起來涼爽可口，並堅持要我留著，看我將剩餘的給了梅莉，才揮手道別，趕上他的羊群。走回藏身處時，我心裡嘔自己，我們居然當著他的面吃東西卻不曾邀他，彷彿我們吝於分享食物及時間，長久以來戴著的面罩縱使已經脫下，也彷彿仍貼在臉上。

夜色降臨，面罩及中國旗幟都不再有意義，黑暗才是我們唯一需要的掩護。午夜出發，飄著小雨。由於無路可循，只得連抬帶撇地推著負重的車子越過不平的坡地，偶爾打亮頭燈瞭解情況，馬上又熄掉以防暴露。如此盲目摸索約一個小時，終於到達鎮外，已經遠遠超過檢查哨越過了橋梁。大功告成。

一輛貨卡車咆哮著經過，高高的頭燈照亮彎彎曲曲的道路，一路平緩下坡，我們趁勢而下，連踩一下都不需要，距離感與空間感不再。迢迢絲路，一路行來，不論哪個國家，一樣是我所熟悉的星空。卡車行約一哩左右停下，有亮光熠熠，我們估計應該是到了轉往埃佛勒斯峰基地營的岔路。但更走近一些，才發現那亮光竟是一列房舍，前有護欄阻擋：是我們以為已經繞過了的檢查哨。

默默地，梅莉和我連聲詛咒，只得又回過頭去尋找那條號稱在檢查哨前方的小路。果然沒錯，正如那位美國自行車手所說，在距離房舍約四分之一哩處，公路折出一條泥巴小路。沿路而下，但苦於地面泥濘，只得下來推車步行，卻沒料到這樣反而是件好事，減輕了輪胎輾過碎玻璃的壓力，突然間，只見四下裡一片閃光，宛如星空湧現。為了以後要來探險的朋友們，這裡附帶一提，這條泥巴小路是條死路，是個垃圾場。

我們放棄越野直接走向河流，一路下來，鞋子和輪子沾滿厚厚泥濘。絲路之旅，每碰到困境，我都會興起一陣恐慌，彷彿撞在某種巨大無形的東西上。但話又說回來，這或許只是我心想要將之突破的效應。抵達河岸我們才發現，河流既深且急根本無法涉水而過，唯一可以過河的地方就是橋梁。藉著衛兵室的燈光，我們可以看見橋樑緊貼衛兵室，僅有的掩護則是衛兵室的陰影。於是，我們壓低身子潛入陰影，緊張地靠近，可以看到裡面走動的士兵，心裡指望，他們如果向外望，看到的是他們自己的影像。

梅莉和我蹲伏堤岸底下，等待機會。堤岸上到橋面約有十呎距離，坡度看起來約六十度，但無疑地，所有這些尺寸都因為緊張而擴大了。一輛卡車經過，梅莉利用車聲爬至路上，隱入黑暗過了橋。我本想跟著她攀上堤岸，卻因為車子滿是泥巴，我幾乎無法使之動彈，上到一半，來不及伏下身子，整個人已暴露在衛兵室的光線中。接著，一輛汽車啟動，恐懼流竄我全身，奮力舉起車子前輪上到路面，緊握剎車抓住地面，接著將自己拉上來，總算脫離衛兵室的光照，剛停下來喘口氣，卻見身後一道光線大開。

跳上車，我死勁踩踏，但泥巴卡住了鍊條及齒輪，無法轉動。摳掉泥巴再試，車子總算動起來，逐漸有了速度。除了泥巴飛濺橋欄、自己的心跳、幾聲狗吠及我濕透的褲子咻咻有聲外，聽不見其他聲音，我加速超過梅莉——她在橋的另一頭等我——衝入一條溝裡。梅莉緊接著跟上，說時遲那時快，卡車掠過。抬頭上看，只見十幾個西藏男女坐在車斗裡堆放的東西上往下瞪視著我們，面露驚訝。在你停下來之前，每一個心跳都是一次決定的歷史，你做出決定，選擇某一條道路，放棄其他的。我舉手，揮動，但卡車呼嘯著沒入黑暗。

除了兩個高到令人氣喘不過來的山口，外加兩段一哩長的陡坡，縱身一躍而下西藏高原，穿過雲層，我們與尼泊爾之間已經別無他物。幾天後抵達樟木鎮（Zhangmu），但中尼邊境管制站剛好下班。大雨傾盆，空氣溫暖，泥土、花朵及綠色植被無不濕透，芬芳瀰漫，幾乎滿盈，氧氣多到過剩。站在中國邊界管制站已經關上的大門外，全身透濕，精疲力竭，總算衛兵同情，讓我們站到屋簷下。

「護照呢？」其中一人問，我們交出來。

「你們的導遊？」另一人問。梅莉從背包裡摸出一本導遊指南，一臉無辜，笑著。

衛兵卻不覺得好笑，但他們急著回家，領我們進入一間小辦公室，其中一人指著兩張滿高檔的皮椅示意我們坐下，但我們婉拒，比劃著我們一身濕透泥濘的褲子：怕弄髒了皮革。軍官首次露出笑容，堅持我們坐下。待我們照做之後，只見他將我們護照的資料鍵入電腦，不一會兒，帶著我們的證件出去，隨手關上房門。

梅莉和我在小房間裡等待，沒人說話。衣服濕濕黏黏，越是坐立不安越覺得不舒服，所以乾脆安安靜靜，但心卻跳到了牆外。我們聽說過，騎車偷渡進入西藏最嚴重的結果就是驅逐出境，但近年來，少有人來這裡自由行了，而且中國的政策總是在變，很難說他們不會為我們開個先例。如果真是那樣，我發誓，即使身陷囹圄，我也要把西藏寫出來，完成我身為一個探險家的第二責任。連馬可波羅都在獄中口述了他的遊記，就算沒有筆記型電腦或紙張，我也要用占卜符號刻到牆上，以幾個符號傳達幾千公里的絲路故事：翅膀、圍牆、星星、一顆懸浮於陽光中的塵埃。

衛兵打開房門，把護照還給我們。我們大惑不解。「妳們可以走了。」聲音平靜，若無其事，我心想他定是在騙人。梅莉和我謝謝他，當他是講真的，拿著和我們褲子幾乎一樣髒的手套一個勁地擦著皮椅，然後一溜煙衝出去，卻裝作沒事人的樣子。

心裡面總以為會被叫回去，挨一頓訓斥，或至少處個罰金，但什麼都沒有，我們走出中國邊界管制站，推著車子，十分平靜，走向橫跨波特科西河（Bhote Koshi）連結尼泊爾與西藏的友誼橋。空氣潮而稠，濕熱撲面。自行車鞋金屬鞋釘踩在潮濕的混凝土橋上，啪噠悶響。我想到亞麗珊卓．大衛尼爾，遙想她當年足下那一片天空的狂野。我想到朝山者，行遍世界，彷彿他們對世界最大的責任就是驚嘆。橋似乎永遠走不完，雖然只有一百五十呎。到了那一頭，梅莉和我走進我們碰到的第一家餐廳，菜單上所有的油炸食物，一口氣全點了。

11

終點

印度河—恆河平原與喜馬拉雅山

Road's End

Indo-Gangetic Plain and Greater Himalaya

聚西藏冰川之融水，波特科西河傍珠穆朗瑪峰之西流入尼泊爾，曲折通過陡峭深谷，谷中村落宛如人類欲將喜馬拉雅山撬開的小楔，河至尼泊爾境內，匯集另外六條河流成為戈西河（Sapta Koshi），然後在印度境內與恆河會合，入孟加拉後再與布拉瑪普特拉河（Brahmaputra）合流，最後流入孟加拉灣。波特科西河蜿蜒流經尼泊爾，但並未流至三萬年前仍為一湖泊的加德滿都谷（Kathmandu Valley），後來，或許是波浪持續不斷的拍擊，也或許是一次突然的地殼移動鋸開了湖岸，湖水排出，露出大片土地肥沃的搖籃，就此孕育了一個人口百萬的都會。

加德滿都，街市忙亂，佛寺、房舍及商店林立，梅莉和我逛得暈頭轉向，但我們的需要不多，就只是申請印度簽證及新輪胎而已。迷路，不再是為看山。儘管這個尼泊爾的首都基本上緊貼著喜馬拉雅山，是個看山的好地方，但身在加德滿都，都市的煙塵卻也將山貌毀滅不少，彷佛是在護著城市居民，不讓他們知道自己的渺小。「一座無處不可修行的山。」佛教詩僧道元（Dogen）這樣說，但我從來沒開悟過，不需要這樣的好事兒。有時候，我還擔心自己不夠狂野，太過於馴化。我不只欣賞遼闊、一無遮攔的地平線，還將之當作一種支撐，一種扎實的輪廓，可以讓我攀住，讓自己上到高處，去看那我們所自來，我們將迴轉的廣袤。要不，至少來些新鮮空氣，在加德滿都，這還真是不可多得。

城裡供應最豐盛的就是吃的，但在中尼邊界大吃一頓之後，肚子極不舒服，換句話說，我能夠處理的卡洛里，也就只剩下那些陪我撐過西藏高原的陽春麵。面對全世界的佳餚：泰國咖哩、印度三角煎餃、德國糕點、法國牛角麵包，只要你講得出來，加德滿都都做得出來，美食當前，我卻什麼都不能吃，這懲罰還真是殘酷。我感染的是沙門氏桿菌，或是其他什麼，診所的診斷沒有定論，但還不止病名如此：隨後接下去半年，每星期都收到電子郵件寄來檢查結果，抬頭寫的都是「凱特．哈里斯先生」（Mr. Kate Harris），儘管我已經回覆釐清：（1）我是小姐，十分感謝，及（2）這份通知我已經收到。但檢查報告還是照寄不誤，看來這機關自己也感染了。

一個星期後我們出發，這一次，太陽在我們的背後。朝東騎過高加索及中亞後，然後向南穿過西藏，現在則是要往西穿越尼泊爾的印度河－恆河平原（Indo-Gangetic Plain），但到了印度再折而往北，回到喜馬拉雅山，盤旋而入錫亞琴冰川，有如一艘太空船藉著地球的重力進入軌道。揮別城市，一路往上，同樣的弱力跟我們作對。拚了命騎上加德滿都陡峭的外環，整個山谷看起來仍然是一座湖：我們的頭臉和衣服宛如泡在水裡，彷彿又回到了黑海，只不過這裡的雨是熱的，是從裡面往外面下的。

根據佛教傳說，把加德滿都山谷裡的水排出去的既無關於地殼構造也不是侵蝕，而是文殊師利菩薩，他看到湖心有一株蓮花生長，便開一裂口將水排出，使人能夠在下面肥沃的土地耕種。說到文殊菩薩，一般都將他與洞察力相關聯，但這一次卻不怎麼高明，因為，就地震來說，原先湖底的土壤是地球上最不穩定的區塊之一。我們才離開加德滿都就發生一次規模雖小破壞力卻嚴重的地震，只不過我們是過了一個星期才從朋友及家人寄來的電子郵件得知，訊息中無不憂心。四年後，一次七．八級地震動搖整個國家，近萬人罹難，數萬人受傷。

即使在我們短暫停留的穩定期間，整個城市看起來似也處於分崩離析的邊緣。我們經過的房舍搖搖欲墜，鋼筋外露有如零落的思緒。陽台結構單薄，彷彿就靠在花花綠綠T恤及紗麗（saris）飄揚的曬衣繩上。馬路也一樣，色彩繽紛，險象環生，路上跑的，多數都是塔塔卡車（Tata truck），彩繪著橘色、紅色、綠色圖案及聳動的廣告詞：「馬路王」、「大老闆」、「好戲登場！」。卡車呼嘯奔馳，呼嚕嚕噴出黑煙廢氣，看起來危險卻也顯得滑稽，像是機動的河馬。駕駛看到我們大鳴喇叭，頗有點小姑娘驚聲尖笑的味道。我心裡明白，那聲音響起的地方，無論前後多遠，梅莉定然就在旁邊，正所謂從閃電到打雷中間的秒數可以知道暴風的遠近。

在轉往博克拉（Pokhara）——一個頗受歡迎的長途健行城鎮——的岔路，兩條車道都回堵，長達三哩。因為塞車，整個氣氛特別平靜，甚至有點節日況味。卡車司機在引擎的陰影下鋪著竹蓆小睡，小販忙著賺錢，穿梭於車輛間兜售新鮮椰片及橙色香草冰淇淋捲。我們在車陣中左閃右閃，必要時搬動車籃擠過停得太靠近的車輛，其中有輛巴士，車上一個孩子，畫著眼線，從窗戶向外盯著我們看。梅莉笑著揮手，小女孩卻像是嚇到了。「我還真沒有小孩緣。」梅莉承認。

幾天後，到了納勒央甘爾（Narayangarh），看不到一個小孩，完全沒有。我們抵達時，城鎮蕭瑟得詭異，所有的商店都拉下鐵捲門，人行道上空空蕩蕩，只有一婦人，骨瘦如柴的雙腿裸著，不時抽搐，有如遭到電擊。只見她兩眼無神，表情空洞，身邊一只金屬乞討碗，空空如也，只有陽光。我們繼續往前，到了十字路口，大量群眾高呼我們聽不懂的口號。警察全副鎮暴裝備，緊張地團團圍住。

我們找了一家旅店，問老闆什麼事。「政治活動。」他說，有人遭到刺殺，支持者要求處決兇手。那天晚上，或許是城裡瀰漫的不安使我無法成眠，總覺得我們立身的所在充滿各式各樣的動盪，但濕熱照常，電風扇嗡嗡攪動屋裡滯悶的空氣照常。起身喝水，瞄一眼窗戶，見一隻壁虎在另一邊爬行，小小腳趾抓住出窗紗，腹部在我的頭燈光束下泛珍珠色澤。外面，群眾早已散去，但那婦人還在，人行道上堆一堆棍子。看她，只能藉她周圍微亮的黑暗間接地看，如同觀星，要看星星之間黑暗的天空才最清楚。她一動不動，甚至不再抽搐，就那樣，我思索她周遭的虛空。和衣沖個涼，衣衫未乾，沉沉睡去。

尼泊爾，自在，一個落雨天。一個沒有影子的日子，一個有風雨的日子。抵達藍毗尼（Lumbini），天下著小雨，田畝和樹林打著哈欠，處處尋常景象，唯一例外的是悉達多．喬達摩，未來的佛陀，在這裡，向母親發出第一聲討奶吃的哭聲。根據傳說，兩千年前，在藍毗尼，悉達多生為王子，於豐盛與呵護中長大，不知世間有悲傷與失望。待至二十九歲才冒險走出宮門，進入真實世界，眼見人世苦痛，驚駭莫名，乃棄榮華富貴出走，尋找對治之道。五年後，歷經苦行與放縱而豁然開悟，得出一套解脫法門。佛陀之所以成為佛陀，在於他逃離藍毗尼及其所代表的優渥生活，儘管如此，藍毗尼今天卻成為世界遺產，這裡的殘跡、壁龕及園林都是朝山者的聖地。

抵達時，一群印度婦女身著明亮紗麗，置身傘下，焚香膜拜，煙升騰於雨絲之間。數位僧人身著暗黃僧服坐於菩提樹下，大樹枝繁葉茂，方圓十餘呎，稍遠有經幡繫於葉尖有如觸角。一僧人招呼我過去，繫紅絲帶於我腰間，祝福路上平安。附近有人力車數輛，車夫於車後座打盹，等待顧客。其中一人纏著我們搭乘，梅莉說我們騎自行車來的。「所以說，妳們現在應當休息！」那人說道。

水在兩輪間噴起有如噴射氣流。一旦成了兩輪車的行李而不是引擎還滿愜意的，更何況人力車還有棚子。車子經過一尊佛陀打坐的巨大雕像，雨中閃著隱隱金光。我突發奇想，這尊雕像到底用掉了多少這種貴重元素。是純金打造，一如傳說中馬可波羅攜帶的御牌（*paiza*），忽必烈帝國幅員內使節所持的一種符節？或只是薄薄的一層鍍金，就像旅行家號太空船上的金唱片大部分是銅？唱片的封面是鋁，上面蝕刻相關內容與源起的提示：說明留聲機及唱針的操作、一張地圖顯示我們的太陽系與十四個不同時期的脈沖星（pulsar）的相對位置等等。唱片上面的電鍍原料是鈾，薄薄一層，肉眼看不見，是一種放射性元素，會隨時間自然衰變成為子體同位素（daughter isotopes），讓任何發現旅行家號的外星文明透過科學解讀可以知道它發射後已經經歷了多久時間。

或許，我們所講的自己的故事，我們對事情的偏好，同樣也脆弱得會慢慢衰變。絲路之旅，我走得越遠，金唱片看起來就越像是一則謊言，不僅因為其表象無法反映其深度，更重要的是，我終於瞭解到，還有些東西，比這宇宙瓶中信所蒐羅的更發人深省，是薩根及他的委員會遺漏了的，那就是這位婦人孤獨抽搐於路邊的這類細節。事實上，任何可以反映戰爭、貪婪、死亡或殘暴的線索，這張唱片連一點都沒有。其中，承認存在之苦的，最貼近的，不過就是一個嬰兒的哭聲，而最令人不解的是一張照片，一隻姬蜂，選來代表自然飛行的現象。這項選擇極為怪異，因為，這種昆蟲是寄生的，牠在別的昆蟲體內打洞產卵，孵化成幼蟲再咬嚙一條路出來。「別的昆蟲，譬如蜜蜂，其生命方式比較符合我們的道德與社會意識。」薩根承認：「但此一生物也是地球居民的一份子，我們哪一個有資格對牠的生命方式加以裁判呢？」

但話又說回來，薩根委員會卻對地球上的生命意義做出了無數的裁判，最後決定，向宇宙呈現我們最好的、最光明的一面，例外的只是少數。其結果是，金唱片讀起來就有如一部經過淨化的地球生活百科全書，無異於我童年所讀的刪節本《馬可波羅遊記》。沒錯，薩根委員會也收錄了布萊恩．威利．約翰生（Blind Willie Johnson）對〈暗夜〉（Dark Was the Night）所做的藍調詮釋。這首老歌唱的是黑夜降臨，無處安眠，唯有酷寒與硬地。布萊恩的演奏儘管迴腸盪氣，卻看不到這些，因為，三分鐘的演出中，只聽到他彈奏滑音管吉他及無言的哼唱。儘管他什麼都沒說，而世間的疑惑與心碎滿溢，但我懷疑外星人懂得這些微妙的細節。因此，實際上，這張唱片所描繪的地球是這樣一個行星：其上的住民安居樂業，獻身於音樂及飛翔這類可能的藝術。這就好像悉達多．喬達摩出生的那個世界，舒適而狹隘。但也正是這樣的一個世界，使真相得以大白，他乃毅然棄之而去。

雨落，處處留下蝸牛黏液的痕跡，也落在蝸牛殼上。觀光行程結束，人力車伕把我們在一家小餐館放下，等候大雨過去。一頭牛有同樣想法，慢慢踱到隔壁蔬果攤的棚子下，骨骼粗大，皮毛緊繃，背部有一隆起，大小形狀有如人臉，瞪著兩眼直瞧。只見那牛觸碰一堆堆得有如金字塔的萊姆，店員拿著水桶出來，沾水揮灑其臉，噓聲驅趕——是那張真臉而非背上的隆起，但那動作與其說是嚇阻還不如說是施洗。終於，牛慢慢踱開，搖搖擺擺，使背部的隆起有如向四方點頭示意，左左右右，上上下下，那姿態大不同於印度次大陸，彷彿對一切事情同時間說著是也說著不是。

藍毗尼之後，在尼泊爾，走到哪裡都看得到悉達多，就像是認識一個新字後，突然間它就無所不在一般。有悉達多銀行（Siddhartha Bank），行員大腹便便，數著盧布，汗水把襯衫濕了一大圈。有悉達多公路（Siddhartha Highway），路面上鋪著速度與雄心，偶爾還有輾平的響尾蛇，遠看像是路面龜裂。在尼泊爾打廣告，似乎普遍都有一種強烈的信念，這個商標可以減輕一點拚命賺錢的罪過，而且和佛攀上關係，至少吸引虔誠的顧客。騎車經過悉達多網咖，心裡不禁想著，如果真正的佛陀看到他的名字這樣被紀念，不知會說些什麼。或許，他會提醒我們，旅行悉達多公路，走得越慢越有意義。或許，他會強調，金錢是虛假的偶像，是腦與心的溫差所造成的幻象。也或許，一如傳說有人問達賴喇嘛，中國人在布達拉宮附近開酒吧和夜店他有什麼看法，他也會呵呵笑著說，沒有關係。依我看，精神生活有如任何一種旅行，關鍵在於每一天都要過，即使過得不甚了了：物質世界很重要，達賴喇嘛的回答其實是說，但再怎麼重要也有限度。

越往西走，路越平緩，而且充滿自行車，許多都和我們一樣滿載，甚至超過我們。有人載著滿架子的活雞，倒吊著，搖搖晃晃，有人拖著堆得山一樣的半熟香蕉。在尼泊爾，沒有變速的自行車十分普遍，龍頭高聳，騎的人不得不挺直著腰桿，儼然一副自行車賽主車群的堂皇派頭。自行車在這裡不僅是運輸工具，也是一種自我表現的方式，無論是繫在龍頭上的花束或輪轂飄揚的彩帶。還有的人擺出自己發明的騎法，譬如小女孩身材太小騎不上去，便穿過車架騎，一腿插在上桿與下桿中間，站在踏板上一路騎著飛跑，彷彿自行車本來的設計就是要讓人那樣騎的。

騎向巴迪亞國家公園（Bardia National Park），白色蝴蝶迎著我們。一時間，騎著穿過一大叢，輪子彷彿從路上的翅膀和塵埃的浮動中升起來。我們在公園盤桓了數日，指望看到不是路死的野生動物。儘管又熱又濕，跟著兩名導遊進入貝拜（Babai）谷，就後悔沒有穿長褲長袖，好一個可以把人刺穿的生態系統：深草銳利有如刀子劃過，沿河鱷魚懶散，咧齒如鋸笑著。水牛和犀牛我老是搞錯，但要看到後者那也是第二天了，母親帶著孩子猛不防的突然遠遠出現在河岸上。也不知道看了多久，總之，看到牠們皮上的新泥巴從閃閃發光變成了乾巴巴的灰泥。

這種犀牛，體型較大，獨角，學名 *Rhinoceros unicornis*（印度犀牛），由於棲地喪失、運動狩獵（現已禁止）及盜獵，如今僅存在於少數幾個自然保護區，原來的棲地遍布整個印度河—恆河平原，但由於犀牛角在亞洲傳統藥物中具有極高的黑市價格，因此遭到濫殺，但事實上，其成分根本就只是角蛋白，病人若想從它得著好處，從療效上來說，啃自己的指甲也就夠了。我只能隱約看到母親的角，小小的，孩子則沒有，只有一對有如潮濕卵石的眼睛，隔著河凝視著我們。我們花了無數的金錢想要跟外星文明溝通，我心裡納悶，但犀牛噴氣，悄悄走過草地，卻到現在還不懂得牠們在說什麼。至少我不懂，可導遊定是懂的。「該走了。」他說，領著我們往回走。

走回木屋的路上，野草刮腿，導遊說，猴子看到孟加拉虎會發出警訊，警告老虎想要獵捕的鹿快走。而鹿的回報，無論是不是有意的，則是養大蝨子，讓猴子在牠們身上大快朵頤。我們聽到猴子發出警報，但可能是我們引起的，因為並沒有看到老虎或鹿，卻看到一個洞，一根巨大牆柱的形狀和大小，若不是導遊說出是誰的傑作，還真認不出來是個腳印。地球上，說到最有感情的動物，大象是其中一種，大腦的神經結構有如人類；會使用工具，埋葬死者，會流眼淚，偶爾還會暴怒橫衝直撞。導遊描述大象有的時候闖入巴迪亞附近的農田，大肆破壞收成，撞毀擋住他們去路的泥草房屋。但誰又能責備牠們呢？豈不是人類先四面八方地侵佔了牠們的領域？公園周圍建了一道通電圍牆防止在地居民入侵，但卻常常停電，這還是到了晚餐後的夜裡才知道的。

電停燈熄，梅莉回我們房間休息，但我仍然逗留餐廳，用頭燈及一支蠟燭看書，每有昆蟲飛進燭火，燭火便嘶嘶作響燒得更亮。木屋有一小圖書館，在一堆推理、驚悚、愛情小說中，居然有一本談密勒日巴（Milarepa）的書。密勒日巴，西藏佛僧詩人，獨自居住洞穴，以一餐蕁麻勉強維生，看來還沒成道倒是會先餓瘋了。我真的希望好好弄懂佛教，但對其基本準則似乎總難以心服口服。譬如說，追求開悟的慾望難道就不是慾望，換句話說，難道渴求達到的目標是要否定目標？又如，永遠跳脫轉世輪迴，豈不只是一種被美化了的退場；實際上，有如一張上火星的單程票？還有，希望逃脫輪迴，逃脫現象世界的一切缺失與幻覺，就我看來，無異於逃避主義。給我這個美麗而破碎的行星，或是任何一種空白，我寧願選擇前者。另一方面，依我看，我們自己的缺失及幻覺是最不容易看到的，遑論逃離。

外面，黑暗中，蟬嘶響亮，作金屬聲，儼然刀叉交鳴。藉著頭燈走回房間，心裡想著悉達多想要終結一切存有痛苦的渴望：你不能怪這位先生的目標不高，盡其可能而已。此生，就此一回，何不放手一搏，錯了又何妨？沒錯，對於此生此回，佛教徒別有所求，但不管怎麼說，說到萬全之計，既要活出自己，冒險看來還是最理性的回應。在一個陌生的國度裡猛然醒來：除了環顧四周還能做什麼？探險家，歷史上的這個行業，或許已經絕種，但探險還存在，永遠都存在：無非想要弄清楚此時此地在這個宇宙中自己是怎麼活的而已。哲學家西蒙娜・韋伊（Simone Weil）稱禱告為「絕對純粹的專注」。以這樣的專注，任何渺小、無用的追求——一次朝山、一首詩——走向荒野，縱使世界為之顛倒，無論其為一時或為長久，逆來順受。

梅莉早已熟睡，屋裡黑暗。藉著頭燈我刷牙，在白日熱氣仍未消散的床墊上躺下。朦朧睡去，夢到犀牛的凝視中有遙遠的星雲，夢到老虎穿過森林，眼如滿月——生命，有缺失，不安定，充滿慾望，另有一說，則是充滿嚮往。

旅行真正的風險是失望與轉變：害怕回到家時你還是同一個人，害怕回到家時你已經不是自己。然後，在印度的路上，還有特別嚴重的害怕，害怕連家都回不了。

剛出了印度、尼泊爾邊界，我們此行的最後一程，起初，交通平順。然後，看到遠遠地平線上汽車不規則地改變方向，彷彿司機突然恍了神，或是要閃避巨大坑洞。其實，他們竟是在閃避猴子。一大群靈長類，呼呼有聲，搔首弄姿，東逛西晃，佔據了路面，有幾隻，弓起的背上還有小猴抓著，不安地扭動著人一般的腦袋，看著我們經過。要避過這些路障，一下要左閃，一下要右晃，弄得我們看起來神經兮兮的——套法國人的一句話就是「脫序」，就是印度的交通法則。

馬路模糊成灰塵、喇叭、人及煙霧的大集合。汽車傾盆大雨般有如蒼蠅飛舞於腐肉。天空泛著酸味，因汙染與熱氣而凝固，空氣聞起來百味雜陳，糞便、咖哩、燃燒的輪胎、燒木頭的煙霧、劃火柴的硫磺味、尿騷味，不一而足，還有某種化學物質，有如游泳池的氯，燒灼我的鼻子。偶爾，巴士喇叭刺耳的巨響，彷彿聲音的犁，將打結的馬路清出一條路來，而我們耳朵嗡嗡作響，幾乎成了一種解脫，聽不見各種喊叫：「哈囉！」、「妳好？」、「叫什麼名字呀？」

梅莉和我對這些鬼叫充耳不聞，但我們臨時加進來的旅伴荷娜卻當他們是熱情招呼，只要有人鳴喇叭，一定揮手回應。荷娜，環境律師，來自英屬哥倫比亞，空閒時製作吉他，幾個星期前通過律師資格考試，利用還沒去律師事務所上班前的空檔飛來印度加入我們。在她的想法裡，所謂假日就是騎自行車，整天騎，每天騎，要命的交通、色瞇瞇的騷擾、令人窒息的汙染及酷熱，全不當回事。荷娜凡事都敞開接受，的確令人羨慕，但我擔心她的熱情會用完。事實上，這無非是少見多怪，她動不動就大喊「聖牛」，使我們驚覺梅莉和我視之為罕見的標準都改變了。聖牛瀆在喧鬧的車陣中翻垃圾對我們來說已經司空見慣，那又該怎麼說呢？看到一塊甜點店招牌，我們仨停下來休息。在裡面，看中一塊澆糖的綠色方塊，看起來很美味，但店員送上來時，我看到上面有隻蒼蠅翅膀，招呼店員過來，他一副震驚表情，馬上換了一塊——上面卻是另一隻翅膀。趁店員沒在看時，我把甜點塞進口袋，轉身跟一群圍著我們的年輕印度人哈啦，只見他們連珠砲似地問些有的沒的。「妳們還好吧？」「打哪兒來的？」「叫什麼名字？」應接不暇，連荷娜都有點煩了。最後，一個大塊頭年輕人，頗有點權威的模樣，挺身而前，叫大家都閉嘴，自我介紹說他叫阿洛克，口氣有點急地說，隔壁有人在等我們。

「什麼事？」梅莉說。

「拜託，女士們，五分鐘就好，務必過來一下。」他請求道。「他們在等！」

誰在等？為什麼？等誰？樂得有個藉口還不要回到車上，我們跟著阿洛克到了附近一棟建築，看招牌是一間英語補習班。進到裡面，牆上都貼著些勵志的句子，諸如：「天下無難事」、「宇宙需要良好溝通」。的確，大家都在等我們，有茶，有三角煎餃。在老師的良好調教下，這些印度學生口語尚稱流利，我們輪流回答他們。「我們很好，謝謝。」「我們來自加拿大。」「我是凱特，她是梅莉，這位是荷娜。」

「妳們覺得印度怎麼樣？」一個女孩熱切地問。

幾十張熱切的臉龐靠近過來，急著要聽我們的答案。梅莉看著我，把問題推給我，我看著荷娜，荷娜又看回梅莉。沒有答案，一片靜默，氣氛有點僵。還是梅莉，清了清喉嚨，看著那女孩。

「非常熱。」她給了一個外交式的答案。學生都笑起來，表示同意，鬆一口氣。

直至到了喜馬拉雅山腳下，世界才再度涼下來。甚至連光線都明亮些、輕盈些，打磨得有點高海拔味道，明晃晃的。空氣裡有松樹、陰影及薄霧的氣息，一個月來，第一次覺得能夠呼吸。我們是用偷吃步來到這裡的，也就是說，我們搭巴士走了一百哩，躲過極度惡劣的交通，騙過死神來到西姆拉（Shimla）的。這座前英屬的山城有如落在水裡的石頭：從鵝卵石的廣場及殖民時代建築，霧氣朦朧的山巒以同心圓如波浪般湧出。以喜馬拉雅山的標準來說，西姆拉雖然不高，但說到消暑，其海拔卻綽綽有餘。若要往更高處去，這裡是必經之途，從這裡前往印度的賈姆穆（Jammu）及喀什米爾省——拉達克（Ladakh）之所在——還需要特別許可。

申請內線許可證（Inner Line Permit）需要照片，拍照前，荷娜先整理頭髮，後來比較彼此的照片才瞭解箇中原委。儘管是站在同一塊光亮的白色布幕前，荷娜的照片，仔細梳理過的頭髮帶一圈淡淡的光暈，看起來神采奕奕，至於梅莉和我的照片，用「大頭照」來形容還算是客氣的。另一方面，荷娜還有一項不公平的優勢：她的「遠征」行囊中包括四塊（四塊耶！）香皂、除臭劑，以及一身色彩與她紅色自行車及車籃搭配得宜的裝束。梅莉和我都只有一條自行車短褲，荷娜卻帶了兩條，只不過，那也是她來了一個星期之後，猴子偷走了我的短褲才亮出來的。至於說猴子偷的，那也只是我的猜想，如若不然，一條晾在外面過夜的臭自行車短褲有誰會看得上呢？總之，荷娜慷慨地將她的第二條給了我。

謝天謝地，我們總算還有幾樣事情可以調侃荷娜，因為她可是仿生的、渦輪動力的，輕易就可以超越我們直上高山隘口，彷彿她已經騎了九個月的絲路。每當一路遠遠落後她時，我就對自己說，她帶的東西比較少——沒有相機或筆電，輕便的露營睡袋而非帳篷——但我也知道，這些都是殘障的最基本裝備。直到道路消失，坍方成了臨時道路，我才有一點技術上的優勢。在一段這樣崎嶇的路上，兩個牧人碰到我們，喊道：「*Atcha!*」及「*Tigge!*」只見山坡上一條長長的傷口上，他們趕著幾百隻有角的動物走來。我們左邊是深淵右邊是峭壁，無路可走，但幾百隻動物分開兩路繞過我們，我們成了一條麝香河的中流砥柱。

抵達卡爾帕（Kalpa）正是落日時分，光亮緩緩自山嶽移向星空。嚴格來說，我們還沒有到拉達克，而且一路走來印度教的神壇多於佛教的經幡，但鎮上一間佛寺裡的擴音喇叭卻響著一片「嗡嘛呢叭彌吽」的樂聲。在印度，宗教如果不大聲就沒有搞頭，至少在外面如此。裡面，一群僧人打坐，一點聲息也無。我真的很想把他們拍下來，但又怕打攪到他們。其實，我的擔心未免多餘：才想著，一陣手機鈴聲在一個乾瘦老僧的僧袍深處響起。只見他摸了出來，大聲聊著，他的同修繼續打他們的坐。

出了卡爾帕，地勢極為陡峭，一群鳥飛過頭頂，我急忙閃躲，以為是落石。一路往下，稍遠處有一瀑布，祝福每一輛經過的汽車（及自行車）。騎車四個半小時之後，其實花掉了一整天，看到一塊牌子，標示著普鎮（Pooh）到了。荷娜一臉笑意，伸手到袋子摸，不過幾秒鐘，拿出小熊維尼（Winnie-the-Pooh）貼紙。

「妳是剛好有這些吧？」我大聲說。

「有備而來啦！」梅莉逗她。

那是荷娜一個朋友送她的，認為可以當作輕便小禮物路上送給小朋友。這會兒，我們把它們貼在路牌上當成標籤。幾天後，荷娜假期結束，看她離去，我們都不捨。

梅莉和我更往北爬，山上冷空氣越形銳利。山石崩裂，坡面寬闊，呈靜止角（angle of

repose）斜度。之字形轉彎急上，越過等高線，起伏有如浪板，自遠處看，似乎隨便哪個角度道路都會突然間斷掉。地平線隱隱約約，時斷時續，這也正是喜馬拉雅山誘人的地方——一路的風景永遠都讓你難以捉摸。

其實，絲路也一樣。到現在為止，這趟旅行的終點似乎還很遙遠，沒什麼好去想的，至少我就沒有想過，倒是梅莉，打從喀什一路行來，就一直都在申請工作。她清楚自己要做什麼，要住在哪裡：多倫多，社區服務，非營利性質。至於我自己，我只知道，不會再回實驗室了，要不停地探險。法國水手伯納．摩提希赫（Bernard Moitessier）的想法我喜歡：一九六八年金球（Golden Globe）大賽——為期一年，單人，不中斷的環球帆船競賽——一開賽他就大幅領先，但大海已經滿足了他，別無所求，他跳過終點線，獎金和世界紀錄都被取消，繼續航行。「或許，我可以走出自己的夢想。」他心想：「進入裡面，活出真實……」

那麼，絲路的裡面是什麼，外面是什麼，真實又是什麼？我想要的，不是繼續騎下去，像一艘低軌道上的太空船，永遠與地球擦身而過。在我心目中，路的終點是朱諾冰原附近一間小木屋，以書做為絕緣體——與山嶽、文字、星星、荒野為伍，所有的一切，金錢除外，但真到了那一天，誰還會需要更多呢？沒有達爾文那樣豐厚的遺產，依我看，我大可以量入為出過一個基本生活，一如華萊士，作一個自由業探險家，賺取足夠的所得，購買自己的時間和空間，看書，漫遊，寫作。我再也不指望會有另一個迥異於今日的世界，可以讓每個人過得不一樣、過得更好。或許，好的文字可以把我們送到那兒，或說得更精確一點，帶我們回家。

道路爬升至一條河上，其色澤有如撒馬爾罕的瓦片穹頂，換句話說，彷彿千千萬萬綠松石。注入其中的小溪都太淺，無甚顏色，水清如冰。其中一條，源頭是一狀似淚珠的湖泊，根據我們的地圖，夏天時有好幾家 *dhabas*，亦即路邊餐廳營業，但現在卻都歇業了。岸邊仍然泊著幾艘漂亮的腳踏舟。「那可是我們運動！」梅莉開心地大叫。「我們可以用腳興風作浪了。」但小船都用掛鎖鎖上，半沉在水裡。我們只好紮營，做晚餐。

白日的最後一線光明在山巔冷卻。天色漸暗，穿著羽絨衣，坐在外面飲茶。但見明月欲滿還缺，漂浮群峰之上，漸高漸小，我想到阿姆斯壯的第一次月球漫步，其實是那之後發生的事。他與巴茲．艾德林（Buzz Aldrin）回到狀似昆蟲的鷹號（*Eagle*）登月小艇，發現升空引擎的斷路器開關故障。兩位太空人向任務控制中心報告，並利用地上的工程師腦力激盪解決問題時小睡。幾個小時過去，同僚太空人麥可．柯林斯（Michael Collins）的指揮艙哥倫比亞號（*Columbia*）繞行於他們上方，遠在七十哩外，根本鞭長莫及。也不知是福至心靈還是狗急跳牆，最後，艾德林拿一枝簽字筆塞進斷路器，開關啟動，因此，與其說是火箭，更關鍵的是一枝筆，太空人才得以離開月球，重返地球。

數天之後，我們登上巴拉拉喬拉（Baralacha La），過此山口就進入拉達克。一路曲折向下，穿過火焰舔舐的群山，然後是一峽谷，但見一川翠綠貫穿其間。最後，路變得平坦，穿越一平頂山，黃草在落日中如火旺燒。犛牛群食草於一片明淨的光輝中。「妳喜歡拉達克，怪不得！」梅莉說，我們並肩而騎。「看起來就像火星，只是有生氣得多。」

把西藏高原拋向空中的大陸撞擊與摺曲，將拉達克也抬了起來，在許多地方，拉達克感覺起來比西藏更西藏。回想在麻省理工時利用暑期來到拉達克首府列城（Leh）的第一個上午，達賴喇嘛座車經過我住的旅館，戴著他的註冊商標眼鏡，笑呵呵看向窗外。進城的街道上，人們沿街排列，專注靜默地目送他經過，手裡握著香束，香煙裊裊。越過邊界，在西藏，不過數百哩之外，連擁有他的相片都會鋃鐺入獄。

帶我重回西藏的，不是那飽經滄桑的經幡，不是那藤壺般黏附懸崖上的寺院，也不是那冰與岩與天空組成的結構，而是那光的揮灑。光落下，鋪天蓋地，如絲如緞，漫入拉達克的群山，細雕密刻大地的皺褶與層疊，直至其宛如一張剛睡醒的容顏，其上壓印著巨大枕套上的花紋，害我不停地揉著眼睛。

拉力車賽把你真正搖醒來，那可完全是兩回事了。嘉塔環道（Gata Loops），一段有如小腸般迂迴上山的路段，梅莉和我加速衝上二十一個之字形彎道的第一個。壓根兒沒料到一輛灰撲撲的自行車直衝而過，噴起地上石礫。幾分鐘後，又一輛，在一個髮夾彎差點撞到我們。然後，一輛改裝加強過的吉普車歪歪斜斜疾行而過，駕駛及乘客頭戴白色安全帽，搖搖晃晃有如貨箱裡的雞蛋，後面跟著六十多輛灰撲撲的自行車、四輪車及拉力車，無意間我們竟成了世界最高、最艱難的拉力賽——喜馬拉雅跨國拉力賽——最慢的參賽者。

號稱「人類與機器的終極考驗」，在為期一星期的賽程中，參賽者一天要跑完二百哩，起點在西姆拉，終點在列城，但路線也可能每年不同。賽程初期階段，參賽者與非參賽者同行，但列城－馬納利公路（Leh-Manali Highway）這一段向北的路段則禁止其他車輛通行。梅莉和我沒有注意到封路，因為我們是在兩個城鎮中間紮營，賽車手也沒有注意到我們，因為他們總以為路上不會有人。這一來，險象環生，好幾次千鈞一髮，尤其是在之字形轉彎，速度太快，很不容易閃開。「啊，好險。」梅莉嘆口氣，我們硬逼著自己躲到一處峭壁下，避開一輛疾馳而過的拉力車。

走走停停，一天下來，意味著我們無法走完計畫要走的距離。原本要騎過四個山口，走到第三個就放棄，在一個叫做威士忌納拉（Whisky Nala）的山谷，我們想要找出地名的由來，或至少找口水喝。但唯一的一條小溪結冰，谷地也已荒廢，僅有一處喜馬拉雅拉力賽的檢查站。罵了一整天拉力賽，我們尷尬地向檢查站志工討水。他們給了我一瓶，正好最後一名參賽者疾馳而過，他們也就跟著走人。

群峰俱寂。太陽落山後，空氣瞬間感覺降了二十度。梅莉和我穿上我們所有的衣服，爬進帳篷，鑽進睡袋。還不是睡覺的時間，但實在太冷，講話、吃東西、看書，什麼都不想做。看著帳篷頂，心裡想到在什麼地方讀到過一位佛僧講過的話——「無所去，無所為」——不覺驚訝，還真把我們此刻在路上的情形講得透徹。無所去，無所為，但要保持溫暖，保持平靜，等待黑暗降臨，有如墨水暈開，從這一頁擴散至下一頁。

我們睡到太陽曬上帳篷，但溫度慢熱。所有一切都凍結：塞在我們睡袋底部的水、牙膏、我們的鼻子和腳趾，甚至自行車潤滑油，梅莉想要拿些來潤滑吱吱叫的鏈條時才發現。爐子不太情願點著，因為氧氣太少，好不容易喘著氣活過來，冰才終於融化。勉強自己灌下微溫的燕麥，打著哆嗦出發，目標一個一萬六千四百呎的山口。

路上的裂口似在說明底下有什麼巨大的東西在往上頂，一個龐大的根系或新的山脈。梅莉把喜馬拉雅拉力賽的空瓶綁在車子後面，嘩啦響著，擺動著，突然鬆掉飛走。「喔，不——」她慘叫。「我要保命的！」我停下來幫她撿，但馬上後悔了：再度開始踩踏，才不過十秒鐘，雙腿便感到一種熟悉的深層疲倦，一陣痠痛爬過大腿及小腿肚。同一時間梅莉也感受到了燒灼，從她和我同時發出呻吟可以證明。但停下來並沒有用，只要一騎就痛。我們摸索著寸步前行，不計較速度，縱使踩踏只是腿的重量被地心引力往下拉，然後又吃力地拉上來。感覺什麼時候回來的，不記得了，總之，雙腿有力氣了，雙手可以緊緊握住龍頭了，不再因為路面有如風鑽般震得腰痠，手指只能虛虛地扶著。

所有的東西都支離破碎，報銷了。衣服破破爛爛，襪子在鞋子裡洞穿，我的手錶，帶子斷掉，電池耗盡。梅莉的車子從吉爾吉斯起就丟了一個龍頭把手，一條彈性綑索纏在後輪軸上，再也弄不下來，而我的腳架及照後鏡，好幾個國家之前就已經棄我而去。我們的內胎，如今已經是補釘比橡膠還多，至於鍊條及排檔，每踩一下就大聲抗議。帳篷拉鍊拒絕咬合，Therm-a-Rest 氣墊漏氣，但刺實在太小，既找不到也沒得拔，醒來時，整個人趴在堅硬冰冷的地上。上路將近一年了，一切都走過來了，真是神奇，尤其是友情。

友情之所以得以保全，都在於一些細微末節：每當我回眼看她在哪裡時，梅莉定會踢腿，動作誇張，傻呼呼的模樣。她想法之古怪跟我們經過的一些景象還真是絕配，說法也總是別有所見，譬如說，我們無意間到了一個地方，只見一地的灰色長髮，令人毛骨悚然。「撒旦的儀式，包括大剪刀和老人。」梅莉言之鑿鑿。「妳倒是好像目睹了一樣。」我回答。我們兩個渴望獨處一如作伴，也正是這種不即不離的能耐讓我們一路走完了全程。沒錯，我們也有不好的時候，譬如說，早餐時，她給自己倒一大杯即溶咖啡，全都喝掉，後來才發現連一口熱水都沒留給我。「哎喲！」她嘆口氣，一副早晨的咖啡有沒有都死不了人似的。「梅莉，妳可也是有兄弟姊妹的！」我火大了。「分配的道理妳總該知道吧！」有時候，我也讓她火冒三丈，但縱使如此，她定會跟我走到天涯；反過來，我也是，因為，我們每天就都是這樣過來的。我們騎呀騎的，不管我們的脾氣還是天氣，直到最後，十個月過去，我們益發親近如同絲路之於群星。

或許是高度使我頭昏腦脹所致，在一萬七千四百八十呎的塔格朗山口（Taglang La），我們旅程中的高點，但我發誓，我真的從山口看到了地球的曲面。一時間我竟然相信，不曾有自行車飛得這樣高這樣遠過。當然，根本不是這麼回事：有人騎過更高更遠的，而且一定更快，因為比較少破胎，比較少走錯路。但說到探險，比起別的事情來，更像是戀愛：那種經驗，感覺起來新奇、前所未有、別開生面，儘管之前已經有別人走過。沒有人能替你戀愛，一如沒有人能替你騎絲路或漫步月球。最強烈的感受是地圖不管用了，文字也不管用了，尤其是你喘得連說話的力氣都沒有了的時候。山口上，梅莉和我把一串經幡綁到另一串上，讓它們去聊個痛快。

從一個荒涼有如月球的景觀——群峰紫紅，寸草不生，破碎壯觀——歷經好多個小時，我們總算重回地球。山口下至半途，一座潔白寺院高高閃耀於陽光中的崖上，其下村莊，屋頂整齊排列畜糞，曬乾以備冬季燃料。白楊樹沿路施捨落葉，其金黃猶勝銅錢。轉進一個峽谷，大塊片岩組成，斧劈般冒出地面宛如恐龍脊骨。路隨河走，河映石色，或杏黃或銅黃或金黃。頭頂，一條天河映照著水流穿過插天的群山。

終於，我們來到印度河河谷，肺裡充滿氧氣，我有點想要騎完這最後的三十哩直取列城。但幹嘛急著走完呢？於是，我們在烏布希（Upshi）一家餐廳停下來享用饃饃，一種餃子，然後，最後一次在印度河岸上搭起亮亮蟲，河裡流的是錫亞琴冰川的融水。

就某種程度來說，這是我們最接近冰川的時刻。第二天騎進列城，到的正是時候：再過幾天，一場暴風雪封掉了我們剛通過的山口，那一年，道路完全關閉。另一條通往魯巴谷（Nubra Valley）及錫亞琴的道路仍然暢通，但需要許可，辦手續又花掉幾天。為了打發時間，我們搭乘一輛共乘吉普車去印度這邊的班公措（Pangong Lake），那綠松石色的水，正是五年前我們在西藏游過的。

傍著冬天，傍著西藏，梅莉和我打著哆嗦，我們站的地方，如果絲路的第一個夏天我們繼續向東游，身後拖著淡淡的防曬油油跡，我們就會在這裡上岸。但話又說回來，抄捷徑永遠到不了同一個地方。穿著羽絨衣及捲到腿上的長褲，慢慢走進水裡，湖水平靜清澈，有如涉足空氣。十秒鐘之後，又慢慢走出來，脛部以下麻木。當天晚上，在斯班米克村（Spangmik）過夜，和兩個印度觀光客晚餐，吃扁豆米飯，我們聊天，但我只記得，兩位男士來自大城市孟買還是加爾各答，班公措是他們第一個看到星星的地方。

回到列城，領取魯巴谷的許可，然後繼續搭車至巴納米克（Panamik），錫亞琴之前，最後一個民間據點。司機在最後一個檢查哨把我們放下來，我們獲准遙望冰川，距離超過五十哩。走向放下來的護欄，冷風吹得鐵鍊格格作響。然後，停下來，看著路的盡頭。不知道為什麼，我竟覺得此時此刻有任何差別，冰川不可思議地近在眼前，但政治上卻絲毫沒有改變。兩邊的士兵，仍然經年生活在高得離譜的海拔，跟雪崩及高山病搏鬥，穿著相同的白色迷彩裝，說著本質上同樣的語言，有如一支聯合部隊。他們四周，群山微光閃閃，彷彿幻象，而信誓旦旦始終擁有邊界的國家就那樣闖了進來。

巴納米克群峰的峰緣，太陽在放火。一群飛鳥把天空捲起來又打開。風，更冷更強，撕扯白楊樹僅存的葉子，撼動枝枒，比枝枒更有生命力，而且如此強勁，只能是山的呼吸了。梅莉掉頭回去車上，手插口袋。向冰川，我作最後的巡禮，冰還是其次，而是那荒涼，還要全神貫注再看一眼，只一會兒就好。

然後，轉身。到頭來，錫亞琴，一如火星，不是一個可以抵達的地方，只是一個造訪的理由。

∞

終曲

重寫一切道路

Epilogue

離去，很簡單：踏出門，騎上車，進入人生的風裡。難的是，不回頭看，不計較逝去時光的得與失，或痠痛的雙腿，或野心製造者的獰笑。當你為趕進度，猶如破譯摩斯密碼般解讀雨點的拍擊時，你已經在路上了。當你發覺疑慮是自行車上最沉重的負荷時，你已經快要抵達了，因為，探險之路一旦開始，任何方向都沒有差別了。當你知道一直在你耳邊吱呀響著的不是你的輪子，不是你的心，而是地球的轉動時，你終究抵達終點了。

在列城，看到人群湧出巴士，整齊排隊，還以為是要用洗手間。但我錯了。在梅莉和我幾天前或一再經過的城門附近，他們在等待轉動巨大的法輪。幾個婦人，頭髮結成長辮盤在頸後有如韁繩。有些男人，背後揹著成束乾草宛如翅膀。每張臉，彷彿日頭劈砍過，浮著笑紋——好一幅為苦日子偷得半日閒的畫面，就像那鑽到法輪底下的狗兒，領受源源的善業福報。在拉達克，到處都看得到狗兒趴在法輪底下的景象，或許，牠們知道那兒安全有如天堂，至少，在牠們的眼裡，是一處庇蔭。男男女女無不小心翼翼，避免踩到那狗兒的尾巴，順時針方向轉動著法輪，增強對咒語的感應力。

梅莉和我在城裡各走各的，無非想要獨處，買些紀念品，這可是我們精疲力竭才賺來的。她在安排旅行計畫，我飛回家後，她要和男友利用假期出遊，我們約好傍晚在一家茶館碰面。我先到了，是店裡唯一的客人，為打發時間，便拿出筆電開始編輯照片。燈光微弱，投影冰冷的水泥地板上，但卻不失其溫暖舒適，每張紅色塑膠桌上都擺著蠟燭，牆上一幅布達拉宮大海報。終於，一位母親般的婦人出現，體態粗壯，一張臉卻像鬆軟的乳酪。我瞄一眼菜單，裡面有饃饃、糌粑及「犛牛」奶茶。

「來一杯蜂蜜檸檬薑茶。謝謝。」

「啊，不不不——！」婦人大叫，衝到茶館前面，拉下鐵篷子，然後關掉所有的燈。坐在黑暗中，我有點驚訝，心想，我說錯了話或做了什麼嗎？

「我們忘了！嘿，嘿嘿嘿！」婦人咯咯笑著，聲音在黑暗中散落。聽到擦火柴的聲音，然後，一支蠟燭點亮。她揮手招呼我去店前面。

「看，看。」她催我，指著篷子上的插銷孔。

從小指大小的空隙望出去，有點像是瞇著眼睛往顯微鏡的取景窗裡瞧，又像是看複製的伽利略望遠鏡，還以為會看到土星星環、深紅紅螺菌，或國王兵器酒吧的招牌。但看到的卻是街上的人潮，有的舉牌，有的持燭，一條靜默的火流。

「為了西藏。」她小聲說。

婦人和她先生忘了這場支持西藏獨立的遊行，她解釋說，所以不小心缺席了。我弄不懂的是，為什麼他們認為假裝不在家比遲到好。

「但我可以去嗎？」我問。

「不，小姐，他們會看到！」婦人堅持。「坐，坐，喝茶。」

說著拿來一只冒著熱氣的鐵壺及蜂蜜。我秀筆電裡在西藏拍的照片給她看，說我和朋友剛從那邊騎車過來。婦人坐下，目不轉睛看著。「還有？」她問。

雖然有點猶豫，我還是把梅莉和我在西藏戴中性面罩和插中國國旗的喬裝也秀了出來。「這個好，真聰明。」她說，很有默契，咯咯笑著。我鬆了一口氣，又秀了西藏傳統家庭的中國紅旗。「他們也這樣。」她說，嘆口氣。「他們別無選擇。」看到公路沿線架設的電線，她眼睛一亮。「好，這個好。」——我不該驚訝的，但還是免不了。當我秀出朝山者匍匐去拉薩的照片，她喃喃說了些話，我聽不懂。到了中國遊客在山口的照片，塑膠袋與經幡齊飛，她嘖嘖有聲，沉默一陣，然後說，非常輕聲。「中國政府很壞，但中國人民不壞。他們跟西藏人有同樣的麻煩。」

婦人進後面屋裡去了，留我一個人愣在那兒，她居然不跟我站一邊。不一會兒，她回來，帶了些她自己的照片：家庭快照，好幾排的人，神情肅穆，一身長袍，衣袖子長得看不見手；一座寺院，珍珠般座落峭拔群山中。有些是佛教繪畫，複雜精細的曲線、符號及圖案，繪以黃、綠、紅、白及藍色。

「沙。」婦人解釋說。「這是沙。」

我曾經讀過，佛教僧人以彩色石英精心鋪排幾何形的宇宙大千，亦即曼陀羅（mandala），然後隨即棄置以示不執著。這些照片是我看過沙畫曼陀羅確實存在的證據，真正的曼陀羅雖然不在於完成藝術作品，但其用心卻是。其純然專注的作為，在當下，也放下。

她先生坐我旁邊，忍住笑。輪到他鍵我的筆電，看到了那張梅莉和中國警察雕像擊掌的照片。

飲茶畢，整理好東西，婦人拉起鐵篷子讓我出去。遊行已經結束，街上黑暗空盪，遠處有一光點搖晃，我猜可能是梅莉發現茶館關門後，正要回客棧。我喊她，但那人影轉過街角消失。打開頭燈，我朝同樣方向走去。

空氣冷得我牙痛。燈光裡，雪花紛飛，黑暗籠罩中，隨即消失。流浪犬吠聲滿城，遠處有誦經聲，帶濃濃捲舌音。不到幾個小時，天還未亮，宣禮僧叫喚早課之聲唱遍列城，接著便響起佛教長號悠長的低沉。不數日，空服員送餐，問我要牛排飯還是牛肉麵，我笑起來，只差沒叫出來：「牛肉麵，牛肉麵」，懷舊之情油然而生——其實也不真是懷舊，兩腿的痠痛迄今還感覺得到，但想到烏茲別克隨便哪個夜晚，那種悠然神往之情，還真的是無以名之。那些飢餓的日子裡，梅莉和我以即溶咖啡、笑聲及剩食過日子，還是活得好好的。再過幾個月，我將揮別所愛，搬到朱諾冰原附近阿特林（Atlin）的一間小木屋，在文句中來回再走幾趟絲路之旅，到時候，才能漸漸瞭解自己走過的那些地方。

當然，此刻漫步列城，我也一無所知，迷失一如過往的人生。頭燈快沒電了，我乾脆關掉，抬頭看天，信步前行，走在屋舍牆壁結束與深度空間開始之間的模糊接縫中。狗兒安靜下來，過一會兒，我聽到鯨魚唱歌，一個嬰兒在哭，布萊恩．威利．約翰生哼著藍調。然後，寂靜，無聲的雪重寫一切道路。

致謝

「天下無有獨走極地的探險家。」安妮．迪拉德（Annie Dillard）說。這話也可以用於作家。這本書的每一頁及書中敘述的經歷之所以成為可能，無不受惠於他人：旅途上帶給我友情及協助的陌生人、鼓勵我對追根究柢發問上癮的老師，以及激發我走出去，最後又回到書桌前的作家。我有太多的人要感謝。

這當中首推梅莉．郁爾（Mel Yule），我的探險搭檔，從十歲起，她就推著我往我自己一個人不敢去的地方走。Creighton Irons、Laura Boggess 及 Jesse Stone Reeck 在卡羅萊納掏心掏肺地填滿我的時間。酒罈哥兒們 Marcie Reinhart、Mike Moleschi 及 Jamie Furniss，因為他們，牛津才充滿魅力及想像。Sara Bresnick、Linnea Koons、Andrew Frasca 及 Alex Petroff，在麻省理工，陪我騎長途自行車，或在實驗室作伴。Lori Ormrod、Bernadette McDonald 及 David Roberts，居然在我還不曾寫下一個句子之前就相信會有這本書。Sarah Stewart Johnson，大力支持我深信我們在宇宙中絕不孤獨的信念。Alison Criscitiello 及 Rebecca Haspell，永遠是我的腰包。感謝北方的朋友——特別是 Wayne 與 Cindy

Merry、Philippe 與 Leandra Brient、Dick Fast 與 Maggie Darcy、Judy Currelly 與Stephan Torre、Oliver Barker 與 Piia Kortsalo，以及 Cathie Archbould 與 Jacqueline Bedard——不僅支持我寫這本書，更不遺餘力哄著我暫時拋下寫作去健行和家庭聚餐。還有Libby Barlow，感謝他的雪中送炭。

摩爾海德—凱恩（Morehead-Cain）獎學金及羅德獎學金，拓寬了我的世界，此中一切，非我言語所能表達，但我希望，這本書是一個開始，同時也代表我的感激。衷心感謝 Seven Cycles、Polartec、WINGS WorldQuest、OneWorld Sustainable Investments、The Wild Foundation，以及每一位支持絲路自行車之旅（Cycling Silk expedition）的朋友，並向 Milbry Polk、Vance Martin、Ruthann Brown，以及 Berna 與 Diarmuid O'Donovan致意。與地球談判公報（Earth Negotiations Bulletin）團隊共事，既是靈感的來源，也是財務的資源；特別要感謝 Kimo Goree——我還欠你一趟自行車之旅。

艾倫．梅洛伊沙漠作家獎（Ellen Meloy Desert Writers Award）、班弗山岳暨荒野寫作營（Banff Mountain and Wilderness Writing Program）、英屬哥倫比亞藝術委員會（British Columbia Arts Council）及加拿大藝術委員會（Canada Council for the Arts）使我有能力與時間寫作。Marni Jackson、Tony Whittome、Fred Stenson、Lori、Kim Rutherford、JanaLee Cherneski、Erin Fornoff、Elizabeth Reed、Karen McDiarmid、Tanya Rosen 及梅莉，閱讀本書原稿的初稿，增益不少，其中若仍有缺失及錯誤，責任當然在我。同時也要感謝 Doug Carlson 與 Stephen Corey 在《喬治亞評論》（*Georgia Review*）發表大作，於推廣此書大有助益。感謝朋友慷慨提供雅舍幽居讓我寫作：Karen 的在宵尼根湖（Shawnigan Lake）、Mel Ashton 與 Chris Pleydell 的在沙居萊堡（Ségur-le-Château）、Cathie 與 Jacqueline 的在里納溪

（Lina Greek），以及 Jan 與 Pat Neville 在北卡羅萊納。

感謝我出色的旅行經紀人 Stuart Krichevsky，幫助我從許多條絲路中挑出一條可行的路線並一路協助我走完全程。深深感謝 Knopf Canada 公司出版人 Anne Collins 及 Dey Street Books 的 Lynn Grady，謝謝他們的信任及熱誠。感謝 Ross Harris 將這本書發行到海外；感謝 Rick Meier 老練而陳著地處理引述許可及證明；感謝 Five Seventeen 出色的設計；感謝 Deirdre Molina、Ruta Liormonas 及 Libby Collins 的幕後作業。特別要感謝 Amanda Lewis 使本書的書寫成為一次實驗及冒險，以及 Lynn Henry 和 Matthew Daddona，他們始終都是這本書死忠的捍衛者。

最後，謝謝我的父母、兄弟及親戚，他們始終相信（擔心）我要上火星。有朝一日，我會在一個新世界為你們選一座羊棚的。對 Kate Neville，我的愛和斯洛克灣（Sloko Inlet）一樣深，在夏末的一天，風靜湖平，乘著融雪山光滑盪舟回家。

參考文獻

Works quoted, consulted, or referred to in the writing of this book.

前奏

"To speak of knowledge . . ." in Virginia Woolf, *The Waves*. London: Vintage, 2004.

"How we spend our days . . ." in Annie Dillard, *The Writing Life*. New York: Harper Collins, 2009.

"Never to get lost . . ." in Rebecca Solnit, *A Field Guide to Getting Lost*. New York: Penguin, 2006.

"I should like to do . . ." Ellen Meloy, *The Anthropology of Turquoise*. New York: Vintage, 2003.

第 I 部

1. 馬可波羅的啟蒙

Thesiger, Wilfred. *Arabian Sands*. Harmondsworth: Penguin, 1974.

Cherry-Garrad, Apsley. *The Worst Journey in the World*. New York: Carroll & Graf, 1997.

Nansen, Fridjof. *The First Crossing of Greenland*. Cambridge: Cambridge University Press, 2011.

Service, Robert, *Songs of the Sourdough*. Toronto: William Briggs, 1908.

David-Néel, Alexandra. *My Journey to Lhasa*. Boston: Beacon Press, 1993.
Rugoff, Milton. *Marco Polo's Adventures in China*. New York: American Heritage Publishing Co., 1964.
Yule, Henry and Cordier, Henri. *The Travels of Marco Polo: The Complete Yule-Cordier Edition, Vol I and II*. London: Dover Publications, 1993.
Moule, A.C. and Pelliot, Paul. *Marco Polo, The Description of the World*. New York: Ishi Press, 2010.
Polo, Marco. *The Travels*. London: Penguin Books: 1974.

2. 世界屋脊

"Longing on a large scale . . ." in Delillo, Don. *Underworld*. New York: Simon & Schuster, 1997.
Harrer, Heinrich. *Seven Years in Tibet*. New York: Penguin Putnam, 1996.
Hilton, James. *Lost Horizon*. New York: Simon & Schuster, 1939.

3. 自然的歷史

Shakespeare, William. *The Tempest*. London: Penguin Classics, 2015.
Kuhn, Thomas. *The Structure of Scientific Revolutions*. Chicago: University of Chicago Press, 1996.
Darwin, Charles. *The Voyage of the Beagle: Charles Darwin's Journal of Researches*. London: Penguin Classics, 1989.
Dillard, Annie. *Teaching a Stone to Talk: Expeditions and Encounters*. New York: Harper Perennial, 1988.
Thoreau, Henry David. *Walden and Civil Disobedience*. New York: Penguin Classics, 1986.
Darwin, Charles. *The Autobiography of Charles Darwin: 1809–1882*. Edited by Nora Barlow. New York: W.W. Norton, 1993.
Emerson, Ralph Waldo. *Nature and Selected Essays*. London: Penguin Classics, 2003.
Workman, Fanny Bullock and Workman, William Hunter. *Two Summers in the Ice-Wilds of Eastern Karakoram*. New York: E.P. Dutton, 1916.
"indescribably grand . . ." Longstaff, Thomas in "Glacier Exploration in the Eastern Karakoram," *The Geographical Journal* 35 (1910): 639.

Ali, Saleem. *Peace Parks: Conservation and Conflict Resolution*. Boston: MIT Press, 2007.

"We tell ourselves stories in order to live . . ." in Joan Didion, *The White Album*. New York: Farrar, Straus and Giroux, 2009.

第 II 部

4．潛流

Ascherson, Neal. *Black Sea*. New York: Vintage, 2007.

Wood, Frances. *Did Marco Polo Go to China?* Boulder: Westview Press, 1996.

Calvino, Italo. *Invisible Cities*. New York: Houghton Mifflin Harcourt, 2013.

"heartbroken, wandering, wordless . . ." in Barks, Coleman. *The Essential Rumi*. New York: HarperCollins, 2010.

5．寒冷的世界醒來

"'Trust me, there is order here . . .'" in Ondaatje, Michael. *In the Skin of a Lion*. Toronto: McClelland & Stewart, 2011.

"What is the colour of wisdom . . ." in Connell, Evan S. *Notes from a Bottle Found on the Beach at Carmel*. Berkeley: Counterpoint, 2013.

"polar exploration is . . ." in Cherry-Garrad, Apsley. *The Worst Journey in the World*. New York: Carroll & Graf, 1997.

Bildstein, Keith L. *Migrating Raptors of the World: Their Ecology and Conservation*. Ithaca: Cornell University Press, 2006.

Lilienthal, Otto. *Practical Experiments in Soaring*. Washington: Smithsonian Institution Annual Report, 1894.

"comical appearance of flying . . ." in Herlihy, David. *Bicycle: The History*. New Haven: Yale University Press, 2004.

"It was not uncommon . . ." in Crouch, Tom. *The Bishop's Boys: A Life of Wilbur and Orville Wright*. New York: W.W. Norton, 2003.

"Names are only the guests . . ." from Hsu Yu quoted in Domanski, Don. *All Our Wonder Unavenged*. London: Brick Books, 2007.

6. 入射角

Herlihy, David V. *Bicycle: The History.* New Haven: Yale University Press, 2004.

de Waal, Thomas. *The Caucasus: An Introduction.* Oxford: Oxford University Press, 2010.

Domanski, Don. *All Our Wonder Unavenged.* London: Brick Books, 2007.

"In the middle of the forest . . ." in Tranströmer, Tomas. *The Half-Finished Heaven: The Best Poems of Tomas Tranströmer.* Translated by Robert Bly. Minneapolis: Graywolf Press, 2001.

"keenest among the old at reading birdflight . . ." in Homer, *The Odyssey.* Translated by Robert Fitzgerald. New York: Farrar, Straus and Giroux, 1998.

7. 跨邊界

"The creation of very particular human cultures . . ." in Cronon, William. *Uncommon Ground: Rethinking the Human Place in Nature.* New York: W.W. Norton, 1995.

"When we try to pick out anything by itself . . ." in John Muir, *Nature Writings.* New York: The Library of America, 1997.

"Each dying in its own way . . ." in Babel, Isaac. *The Collected Stories of Isaac Babel.* New York: W.W. Norton, 2002.

"Something there is that doesn't love a wall . . ." from "Mending Wall" in Frost, Robert. *The Poetry of Robert Frost: The Collected Poems, Complete and Unabridged.* New York: Henry Holt and Company, 2002.

"exactitude is not truth," in Matisse, Henri. *Matisse on Art.* Edited by Jack Flam. Berkeley: University of California Press, 1995.

第 III 部

8. 荒野／荒地

Berger, John. *Selected Essays.* New York: Knopf Doubleday, 2008.

"You cannot fill the Aral with tears . . ." Muhammad Salih as quoted in Weinthal, Erika. *State Making and Environmental Cooperation:*

Linking Domestic and International Politics in Central Asia. Boston: MIT Press, 2002.
Nelson, Craig. *Rocket Men: The Epic Story of the First Men on the Moon*. New York: Penguin, 2009.
Sagan, Carl. *Murmurs of Earth: The Voyager Interstellar Record*. New York: Random House, 1983.
Smith, Andrew. *Moondust: In Search of the Men Who Fell to Earth*. London: Bloomsbury, 2006.
Sagan, Carl. *Contact*. New York: Simon and Schuster, 1997.
Wallace, Alfred Russell. *My Life: A Record of Events and Opinions*. London: Chapman & Hall, 1908.
"Surely, for this great and holy purpose . . ." Alfred Russell Wallace's letter to *The Daily News*, February 6, 1909: 4, http://people.wku.edu/charles.smith/wallace/S670.htm.
"The day was lovely . . ." in Cheever, John. *Collected Stories and Other Writings*. New York: Library of America, 2009.
Lowell, Percival. *Mars and Its Canals*. New York: Macmillan, 1906.
Wallace, Alfred Russell. *Is Mars Habitable?* New York: Macmillan, 1907.

9. 河的源頭

Hopkirk, Peter. *The Great Game: The Struggle for Empire in Central Asia*. London: Hodder & Stoughton, 2006.

10. 一粒懸浮於陽光中的微塵

"Thus, a *wēijī* is indeed a genuine crisis . . ." Victor Mair, *Pīnyīn.info*, www.pinyin.info/chinese/crisis.html.
"What country's government would not protect . . ." Xu Jianrong, quoted in Michael Wines, "To Protect an Ancient City, China Moves to Raze It," *The New York Times*, May 28, 2009, www.nytimes.com/2009/05/28/world/asia/28kashgar.html.
"exposing the heinous reactionary . . ." and "All villages become fortresses, and everyone is a watchman," "China: No End to Tibet Surveillance Program," Human Rights Watch, www.hrw.org/news/2016/01/18/china-no-end-tibet-surveillance-program.

"I am sometimes afraid . . ." in Darwin, Charles. *The Correspondence of Charles Darwin: 1821–1836*, vol. 1. Cambridge: Cambridge University Press, 1985.

"Look again at that dot . . ." in Sagan, Carl. *Pale Blue Dot: A Vision of the Human Future in Space*. New York: Random House, 1994.

Hinton, David. *Hunger Mountain: A Field Guide to Mind and Landscape*. Boston: Shambhala Publications, 2012.

Shakya, Tsering. *Dragon in the Land of Snows: The History of Modern Tibet since 1947*. New York: Columbia University Press, 1999.

Iyer, Pico. *The Open Road: The Global Journey of the Fourteenth Dalai Lama*. New York: Knopf Doubleday, 2008.

"The very same thought . . ." from Orgyen Tobgyal Rinpoche's teaching, August 17, 1999, www.rigpawiki.org/index.php?title=Lungta.

"the inhabitants of the city . . ." from van Schaik, Sam. *Tibet: A History*. New Haven: Yale University Press, 2011.

"The Tibetans saw giant 'birds' approach X. . ." Jianglin Li quoted in Siling, Luo, "A Writer's Quest to Unearth the Roots of Tibet's Unrest," *The New York Times*, August 14, 2016, www.nytimes.com/2016/08/15/world/asia/china-tibet-lhasa-jianglin-li.html.

11. 終點

"A mountain always practises in every place . . ." from Dōgen Zenji quoted in Snyder, Gary. *Practice of the Wild*. Berkeley: Counterpoint, 2004.

"absolutely unmixed attention . . ." in Simone Weil, *Gravity and Grace*. New York: Putnam, 1952.

"Maybe I will be able to go beyond my dream . . ." in Moitessier, Bernard. *The Long Way*. New York: Sheridan House, 1995.

內容簡介

小說家唐·德里羅（Don DeLillo）說：「志向大的人，寫歷史。」志向小些的，就把自己送到陌生地去冒險，到那裡第一件事，千篇一律，就是畫張地圖。把它當作一個機會，去思考，去夢想，自由自在。

本書作者是一位從小立志移民火星極端環境的青年微生物科學家，經歷馬可波羅的啟蒙與幻滅，以及達文西《小獵犬航海記》的好奇誘惑，決心走出研究室，用雙腳完成論文，輕車簡行踏上橫越歐亞的絲路，開啟了一趟衝撞人土界限的反思之旅。

散文式的優美文字，串連了高原、沙漠、山結、平原與海岸，在地圖的段落與段落之間，是一道道關卡、哨兵與警察劃下的鋒利邊界——殘酷、跋扈及違反自然。一如漢娜·鄂蘭（Hannah Arendt）所指出的邪惡平庸性的問題：我們潛意識地接受邊界乃是風景的一部分——因為邊界說出了我們最深層、最卑劣的慾望——邊界，強化了外來、異類及非我族類的概念。

身為科學家，作者認為，探險之為物，非常類似科學本身，不僅是對事物本質有系統的探究，也是一種徹底揭露的藝術，讓人類能在科學、歷史、哲學與地緣政治的文明進程中，洞悉存在的根本疑惑：我來自何處，我是否獨存於宇宙，以及，所有這一切的終極意義。

作者簡介

凱特．哈里斯 Kate Harris

一個善於行腳天下的作家。二〇一二年艾倫．梅洛伊沙漠作家獎（Ellen Meloy Desert Writers Award）得主，作品散見於《海象》（*The Walrus*）、《加拿大地理旅遊》（*Canadian Geographic Travel*）及《喬治亞評論》（*The Georgia Review*），並入選《美國最佳散文》（*Best American Essays*）及《美國最佳旅遊文選》（*Best American Travel Writing*）。被譽為加拿大當今頂尖冒險家之一，行腳所至，遊走於國家法令、耐力及理智之邊緣，足跡遍於七大洲。現居住英屬哥倫比亞阿特林，過著遺世獨立的生活。

譯者簡介

鄧伯宸

成功大學外文系畢業，曾任報社翻譯、主筆、副總編輯、總經理，獲中國時報文學獎附設胡適百歲誕辰紀念徵文優等獎。譯作包括《黑暗時代群像》、《哭泣的橄欖樹》、《遙遠的目擊者：阿拉伯之春紀事》、《日本新中產階級》等（以上皆立緒文化出版）。

國家圖書館出版品預行編目 (CIP) 資料

無界之疆 / 凱特・哈里斯(Kate Harris)著；鄧伯宸譯.
-- 新北市：立緒文化, 2019.06
面；　公分. -- (世界公民叢書)
譯自：Lands of lost borders : a journey on the Silk Road
ISBN 978-986-360-136-4（平裝）

1.旅遊文學 2.絲路 3.中亞

734.09　　108007903

無界之疆

Lands of Lost Borders: A Journey on the Silk Road

出版——立緒文化事業有限公司（於中華民國 84 年元月由郝碧蓮、鍾惠民創辦）
作者——凱特・哈里斯 Kate Harris
譯者——鄧伯宸

發行人——郝碧蓮
顧問——鍾惠民

地址——新北市新店區中央六街 62 號 1 樓
電話—— (02) 2219-2173
傳真—— (02) 2219-4998
E-mail Address —— service@ncp.com.tw
Facebook 粉絲專頁—— https://www.facebook.com/ncp231
劃撥帳號—— 1839142-0 號 立緒文化事業有限公司帳戶
行政院新聞局局版臺業字第 6426 號

總經銷——大和書報圖書股份有限公司
電話—— (02) 8990-2588
傳真—— (02) 2290-1658
地址——新北市新莊區五工五路 2 號
排版——菩薩蠻數位文化有限公司
印刷——祥新印刷股份有限公司

法律顧問——敦旭法律事務所吳展旭律師

分類號碼—— 734.09
ISBN —— 978-986-360-136-4
出版日期——中華民國108年6月初版　一刷（1～1,500）

定價◎ 360 元　立緒

大都文化 閱讀卡

姓　名：

地　址：□□□

電　話：(　　)　　　　傳　眞：(　　)

E-mail：

您購買的書名：________________

購書書店：________市（縣）________書店

■您習慣以何種方式購書？

□逛書店 □劃撥郵購 □電話訂購 □傳真訂購 □銷售人員推薦
□團體訂購 □網路訂購 □讀書會 □演講活動 □其他________

■您從何處得知本書消息？

□書店 □報章雜誌 □廣播節目 □電視節目 □銷售人員推薦
□師友介紹 □廣告信函 □書訊 □網路 □其他________

■您的基本資料：

性別：□男 □女　婚姻：□已婚 □未婚　年齡：民國________年次

職業：□製造業 □銷售業 □金融業 □資訊業 □學生
□大眾傳播 □自由業 □服務業 □軍警 □公 □教 □家管
□其他________

教育程度：□高中以下 □專科 □大學 □研究所及以上

建議事項：

愛戀智慧 閱讀大師

廣 告 回 信
北區郵政管理局登記證 北臺字8448號
免 貼 郵 票

立緒文化事業有限公司 收

新北市 2 3 1

新店區中央六街62號一樓

請沿虛線摺下裝訂，謝謝！

立緒文化 閱讀卡

感謝您購買立緒文化的書籍

為提供讀者更好的服務，現在填妥各項資訊，寄回閱讀卡（免貼郵票），或者歡迎上網http://www.facebook.com/ncp231 即可收到最新書訊及不定期優惠訊息。